黃 胤 錫

황윤석의
학문과 음악

숭실대학교 한국문예연구소 학술총서 ⑤

黃 胤 錫

황윤석의
학문과 음악

성 영 애 지음

學 古 房

黃胤錫先生의 墓所(전남 화순군 한천면 오음리 天雲山)

묘비에 '黃先生之墓'라고 적혀 있다.

서 문

저자가 황윤석黃胤錫의 『이재난고頤齋亂藁』를 처음 접한 때는 2002년 고故 탕민湯民 류탁일(柳鐸一)선생님의 덕분이다. 당시 석사 학위를 받은 저자는 서당을 다니면서 탕민 선생님의 수업을 청강하였다. 하루는 선생님께서 이재 황윤석이 평생을 걸쳐 쓴 『이재난고』를 소개해 주시면서 방대한 내용 안에 음악과 관련된 내용이 수록되었다고 알려 주셨다. 이 부분이 바로 『이재난고』 권1의 「율려신서律呂新書」주해註解이다. 손수 이 부분을 입력하신 선생님은 아낌없이 저자에게 그 원고를 주셨으며 그러한 인연 때문에 황윤석의 『이재난고』를 처음 접하게 되었다.

그 이후로도 저자와 『이재난고』의 만남은 가히 숙명적이었다. 2004년에 한국학중앙연구원에 입학한 저자는 우연히 『이재난고』 스터디팀에 합류하게 되는 기회를 얻게 되었고 또 개별학습을 통해서 「율려신서」주해를 공부하게 되었다. 사실 『이재난고』는 일기라는 특성상 일일이 음악과 관련된 부분을 찾아야만 했고, 또 찾아도 원문을 제대로 읽어내기가 쉽지가 않았다. 특히 「율려신서」주해는 처음 접하는 율律·역학曆學에 관련된 내용이라 아직 한문에 문리가 나지 못했던 저로서는 『이재난고』를 제대로 읽으며 내용을 파악하기가 여간 쉽지 않았다. 그리고 그 당시 한국음악학계는 음악사적으로 덜 알려진 황윤석보다 북학파나 근기 남인계 실학파에 관한 관심이 높았기 때문에 자연 연구하는 학자들이 많지 않았으며, 그에 대한 연구도 지지를 받지 못했다. 그러나 많은 우여곡절 끝에 탕민 선생님의 유언과 같은 가르침에 힘입어 2012년 「황윤석의 음악관」
이라는 주제로 박사 학위를 받게 되었다. 따라서 이 책은 저자의 박사학
위논문을 수정·보완하여 펴낸 것이다.

　박사학위 논문에 미흡한 점이 많아 시간을 두고 다듬어서 출판할 계획
이었으나 뜻대로 되지 못하고 이렇게 출판하게 되었다. 황윤석의 학문과
음악에 대한 연구로 한 권의 저서로 출판하려고 하니 기쁨보다 두렵고
망설여진다. 아직 해결해야 할 과제가 많이 남아 있기 때문이다. 그럼에
도 불구하고 이렇게 간행을 하게 된 것은 더 늦기 전에 한 권의 책으로
마무리 짓고 싶은 마음도 간절해, 부족한 부분은 앞으로 더욱 보완하겠다
는 다짐을 하면서 용기를 냈다.

　황윤석에 대한 관심과 연구는 1953년에 간략한 스케치로 시작하여
1960년대 국어학 분야에서 연구가 주로 이루었고, 1970년대부터 황윤석
을 실학자 계보로 파악하여 연구가 진행되었다. 그리고 1980년대에 와서
『이재난고』가 탈초脫草 되어 정리되기 시작하였으며, 1990년대는 실학자
로서의 황윤석 연구가 자리 잡게 되었다. 이제는 '이재학頤齋學'이라는 하
나의 학문분야가 생겨났다. 그러나 여기서 '이재학'이란 학문분야가 생겼
다고 안주하는 것이 아니라 새롭고 다양한 관점에서 접근해서 『이재난고』
를 중심으로 황윤석의 연구가 진행되어야 할 것이다. 이 또한 저자 자신
도 새겨할 말인데, 앞으로 『이재난고』에 남아 있는 음악자료들을 더 검토
하여 황윤석의 학문과 음악 연구를 발판으로 삼아 그의 음악 사상과 후기
법候氣法이 공진共振현상이나 뉴튼의 만유인력, 점후학적占候學的 측면에
대한 연관성을 밝혀보기를 기대한다.

　이 책은 황윤석의 학문과 음악인식을 『이재난고』 등의 자료로 통하여
규명하는 목적으로 모두 3개의 장으로 구성되었다. 1장에서는 황윤석의
학문 형성배경과 학문적 교유, 학문적 경향을 통한 황윤석 음악인식의
학문적 배경, 2장에서는 『율려신서』와 전대前代 악률이론을 통해서 황윤

석의 악률인식樂律認識, 3장에서는 『현학금보玄鶴琴譜』를 통해서 황윤석의 거문고 음악의 수용 자세와 금도琴道 그리고 고악古樂과 금악今樂을 통해서 당대當代 음악에 대한 인식을 검토하는 내용으로 서술하였다.

인물을 다루는 저서이다 보니 다소 지루하고 어렵게 설명된 감이 있다. 또 저자의 매끄럽지 못한 글 솜씨로 독자들을 만족시키기는 어려울 것 같아 너그러운 맘으로 양해와 많은 질정을 바란다.

저자의 이 책의 체제와 내용이 나오기까지 많은 선생님들의 노고와 지도가 있었다. 신대철 선생님은 이 연구가 진행되는 동안 전반적 내용들을 교정해 주시고 논문이 완성되도록 이끌어 주시는 가르침을 주셨다. 권오성 선생님은 어려운 난관에 부딪쳐 있을 때마다 용기를 북돋아 주시고 음악을 거시적인 관점으로 볼 수 있는 안목을 키워주셨다. 김우진 선생님, 임미선 선생님, 성기련 선생님은 논문의 미비한 점을 지적해 주셨다. 심사과정에서 도움을 준 은희와 현영에게 감사의 말을 전한다. 그리고 원문을 보는데 어려운 부분을 함께 읽어주신 일평 선생님께 깊은 감사 드린다.

이 책을 펴는 과정에서 도움을 주시고 논문을 교정 해 주신 권오영 선생님께 깊은 감사드린다. 황병관 선생님은 황윤석의 후손으로서 연구에 관련된 자료를 아낌없이 제공해 주셨다. 그리고 격려와 조언을 아끼지 않았던 동학 이미선과 이동인, 박희순에게도 감사드린다.

저자는 경화서원敬和書院에서 고故 덕산德山 이민택李民宅선생님의 가르침을 받고 사상思想에 뜻을 세우게 되었다. 평소에 선생님께서는 '공자의 사상을 음악에도 적용해서 공부하라'고 당부하셨는데, 저자는 아직 선생님의 유지를 받들기에는 부족한 점이 많아서 이제 갚을 길이 없는 선생님의 은혜를 이 책으로 대신하고자 한다. 아울러 '황윤석의 학문과 음악' 연구를 할 수 있게 처음 길을 열어 주신 탕민 선생님께도 이 책을 바친다.

어려운 여건 속에서도 단 한번 내색하지 않으시고 평생토록 든든한

버팀목이 되어주신 부모님께 머리 숙여 감사드린다. 논문 교정과 물심양
면으로 항상 도와준 동생, 격려를 아끼지 않고 항상 내 편이 돼 준 언니에
게도 감사드린다. 평생 공부하도록 기다려 준 남편과 무난하게 잘 자라준
민지와 주혁에게도 고맙다는 말을 전하고 싶다.

   이 책을 숭실대학교 한국문학과 예술연구소 학술총서로 발간할 수 있
게 도움과 조언을 주신 조규익 선생님께 깊은 감사드린다. 끝으로 이 책
의 간행을 맡아주신 학고방 하운근 사장님과 꼼꼼하게 편집해 주시고 기
다려 주신 조연순 팀장님의 노고에 감사드린다.

2016년 7월
成韶堂에서　성 영 애

차 례

표 차례

그림 차례

들어가며

조선후기朝鮮後期는 음악사적音樂史的으로 큰 의미를 갖는 시기이다. 양란兩亂으로 무너진 국가의 기강확립과 사회질서의 확립이 무엇보다 시급한 상황이었기 때문에, 국가는 예학禮學에 먼저 눈을 돌리게 되었으며, 악樂이 경직된 형식주의에 빠져 폐단을 낳았던 전前 시대와는 달리 이 시기에는 예와 악의 깨어진 균형을 극복하려는 노력이 있었다. 그리고 이 시기는 정치·사회뿐만 아니라, 학문적으로도 상당한 변화가 일어났던 시기이다.

또한 조선후기는 전근대의 말기에 해당하여, 변혁을 위한 실천적 사상이 발달하면서 점차 성리학적 의식세계로부터 벗어나려는 시기이기도 했다. 그리고 서민문화의 영역이 확장해 가는 중에 양반문화의 세속화와 대중화 경향이 함께 이뤄지면서 근대 지향적 요소가 나타나기 시작하였다. 이처럼 이 시기는 조선사회가 서학西學[1]을 통해 국제 사회로 개안하는 시기로서, 이후 한국사회가 지향할 출발선이 되는 시기였다고 할 수 있겠다.[2]

특히 이 시기에는 민간음악民間音樂이 상대적으로 부각되었는데[3], 이

---

1) 西學은 중세적 스콜라 철학에 입각한 가톨릭적 그리스도 敎學사상과 耶蘇會士라는 특수 신분의 인사들이 소화해 수용한 서양 중세 및 르네상스기의 서양 과학기술을 포괄하는 서구문명의 학문적 측면이다. 즉 서학이라고 할 때에는 西敎와 西器를 통칭하는 것이다. 李元淳, 『朝鮮西學史硏究』, 일지사, 1986, 11쪽.

2) 이완재, 『18세기 조선지식인의 문화의식』, 서울: 한양대학교 출판부, 2001, 5쪽.

것은 조선후기 사회의 사상적·경제적·사회문화적·제도적 환경이 상
호작용하여 상승작용을 일으킨 결과라고 할 수 있다.[4] 조선시대 음악연
행 담당층은 주로 전문음악인들이었다. 그들은 궁중의 음악기관 장악원
掌樂院 소속의 전문음악인이나 민간의 무격巫覡이나 재인才人 등이었다.
반면에 민간층에서는 비전문가 음악이라 할 수 있는 풍류방 음악인 영산
회상과 가곡, 그리고 전통사회 민중의 음악인 민요 등이 전승되고 있었는
데, 이 중 풍류방 음악의 주된 담당층인 가객歌客이나 율객律客은 주로
중인中人계층의 음악애호가들이었다.[5]

　이처럼 조선후기 영·정조대는 한국사적인 측면뿐만 아니라 한국음악
사적인 측면에서도 큰 관심을 갖게 하는 시기였다. 이러한 이유로 당시
크게 활약하였던 이익(李瀷, 1681~1763)[6]과 이만부(李萬敷 1664~1731)[7],
홍대용(洪大容, 1731~1783)[8], 정약용(丁若鏞, 1762~1836)[9], 이규경(李圭

---

3) 민간음악 중에 판소리가 발생한 시기는 18세기 중엽이다. 이 시기에 활동한 사람은
　우춘대·최선달·하한담 등이며 판소리가 특정 지역을 중심으로 배태된 것이 아니
　라 판소리 음악문화권의 전역에 걸쳐 비슷한 시기에 형성되고 음악적으로 발전했
　다고 한다. 즉 서울지역뿐만 아니라 충청남도, 호남지역 등에서 창우들에 의해서
　서서히 형성되고 발전되었다고 한다. 성기련, 「18세기 판소리 음악문화 연구」,
　『한국음악연구』 34집, 서울: 한국국악학회, 2003, 179~180쪽.
4) 이숙희, 「조선후기 군영악대의 형성과 전개 연구」, 성남: 한국학중앙연구원 한국학
　대학원 박사학위논문, 2003. 143쪽.
5) 김영운, 「漢文 讀書聲(聲讀)의 音樂的 硏究」, 『한국음악연구』 제36집, 서울: 한국
　국악학회, 2004, 47쪽.
6) 신영순, 성호 이익의 음악사상, 『한국음악사학보』 제3호, 서울: 한국음악사학회,
　1989. 송지원, 『星湖僿説』을 통해 본 성호 이익의 음악인식, 『한국실학연구』 제4
　호, 서울: 한국실학학회, 2002. 김남형, 「조선후기 근기실학파의 예술론 연구」, 서
　울: 고려대학교 박사학위논문, 1988.
7) 김남형, 앞의 논문.
8) 손태룡, 「湛軒 洪大容의 音樂思想」, 『한국음악사학보』 창간호, 서울: 한국음악사
　학회, 1988. 趙裕會, 「朝鮮後期 實學者의 音樂觀 硏究」, 성균관대 박사학위논문,
　2009. 김우진, 「양금 수용과정에 관한 연구」, 『한국음악연구』 제 46집, 서울: 한국
　국악학회, 2009. 안선희, 양금의 기원과 유입에 관한 연구, 『국악과 교육』 제27집,

景, 1788~?)[10] 등의 음악사상音樂思想, 음악인식音樂認識, 예술론藝術論, 음악관계音樂關係, 유가악론儒家樂論, 음악관音樂觀, 음악사회音樂社會, 서악이론西樂理論 등은 오늘날 한국음악학계의 중요 연구 소재가 되었다.

〈그림 1〉 黃胤錫先生의 生家 [전북민속자료 제25호]
(全北 高敞君 星內面 槽東里 353)

황윤석은(黃胤錫, 1729~1791) 평해平海 황씨黃氏로 1729년(영조 5) 4월 28일 전라도全羅道 흥덕군興德郡 일동면一同面 귀수동龜壽洞[현재 고창군高敞郡 성내면星內面 조동리槽洞里]에서 만은晩隱 황전黃壥(1704~1771)의 장남으로 태어났다. 자字는 영수永叟이고, 호號는 이재頤齋로, 〈표 1〉의 〈황윤석의 가계도〉에 나타난 것처럼 조부祖父 황재만黃載萬[호, 산촌山邨]과 황재중黃載重[호, 귀암龜巖], 부父 황전에 이르기까지 학식과 덕망이 높게 칭송되었던 가문의 출신이다.

서울: 한국국악교육학회, 2009. 송지원, 「성대중이 묘사한 18세기 음악사회의 몇 가지 풍경」, 『문헌과 해석』 봄 통권22호, 파주: 문헌과 해석사, 2003.
 9) 김남형, 앞의 논문. 권태욱, 앞의 논문.
10) 이기정, 「이규경의 西樂理論」, 『음악과 민족』 제1집, 부산: 민족음악학회, 1991. 趙裕會, 「朝鮮後期 實學者의 音樂觀 研究」, 서울: 성균관대학교 박사학위논문, 2009.

〈표 1〉 황윤석의 가계도[11]

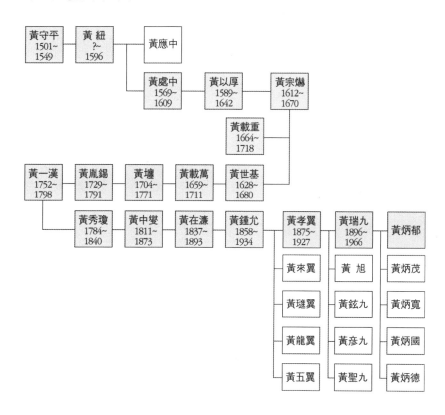

황윤석은 노론老論 낙론계洛論系 인물로 영·정조대에 주로 재야에서

---

11) 황윤석의 가계도는 전체적으로 노혜경의 박사학위논문을 참조하였고, 황윤석의
6대 후손 黃孝翼 이후부터는 평해황씨 인터넷 족보(http://hwang.ne.kr)를 참조하
여 기록하였다. 노혜경의 조사 결과와 평해황씨 인터넷 족보가 황효익의 형제
중 세 명의 성명이 서로 달랐다. 즉 평해황씨 인터넷족보에는 黃內翼이 來翼으로,
黃秉翼은 璉翼으로, 黃快翼은 龍翼으로 기록되어 있다. 따라서 평해황씨 인터넷
족보가 더 정확할 것으로 생각되어 황효익 이후부터는 평해황씨 인터넷족보를
참조하여 가계도를 작성하였다.

학문 세계를 형성한 인물로, 엄청난 독서로 박학博學의 세계를 구축한 이였다. 또한 그는 음악에도 상당한 관심을 가진 학자였다. 황윤석이 살았던 시기는 학파와 당파가 뚜렷하게 나누어져 있어 태어난 가문과 소속된 학파에 따라 활동 영역의 제약을 크게 받던 시기였지만12), 황윤석은 지역과 학파를 떠나 다양한 인물과 분야에 관심을 가지면서 자신만의 학문을 구축하였다. 특히 그의 많은 저작 중 하나인 『이재난고頤齋亂藁』는 1738년부터 그가 세상을 떠나기 이틀 전인 1791년까지 거의 평생에 걸친 54년간의 생활을 일기형식으로 기록한 57권의 문집으로, 이 문집에는 기후와 농사를 비롯하여 비망, 독서 및 학습내용, 시문작詩文作, 토론, 견문, 교유, 편지, 기행紀行, 음악 등에 이르기까지 다양한 자료들이 기록되어 있다. 이 중 음악과 관련한 경험과 악률에 대한 기록은 당시의 음악적 사정과 그의 음악 세계를 보여주는 중요한 자료가 된다.

황윤석의 이러한 음악 세계에 대해 한국음악학계에서는 최근에 들어 관심을 가지기 시작하였다. 그러나 아직 걸음마 단계인 이러한 관심은 그의 음악에 대한 인식까지는 이르지 못하고 있다. 이러한 배경에서 국어학·역사학·성리학·지리학·천문학·의학·음악 등의 여러 학문 세계에서 활동하였던 그가 음악에 대해서는 어떠한 인식 세계를 보였는지 그의 음악에 대한 가치관 그리고 음악인식音樂認識에 영향을 미친 사상 및 철학적 기반을 중심으로 살펴보고자 한다.

이렇듯 본서에서는 폭넓게 학문을 탐구하였으나 북학파北學派나 근기남인계近畿南人系 실학파實學派들보다 한국음악사에 기여한 측면이 비교적 덜 알려진 노론 낙론계에 속하는 황윤석의 학문과 음악인식을 살펴보고자 한다.

황윤석에 관한 선행 연구들은 몇 차원에서 이루어졌다. 먼저 음악학적

12) 權五榮,「黃胤錫의 학문생활과 사상경향」,『이재난고』로 보는 조선 지식인의 생활사」, 성남: 한국학중앙연구원, 2007, 179쪽.

측면에서 『이재난고』의 사료적 가치를 검토한 연구로,[13] 이 연구에서는
황윤석의 『이재난고』 내용 중 '궁중음악', '선비들의 풍류생활상 및 향유
양상', '가객과 기녀의 공연종목과 연행 양상', '고취악대', '악기' 등을 다루
면서 황윤석의 학문 세계나 음악인식보다는 『이재난고』의 사료적 특성
에 중점을 두었다.

『율려신서律呂新書』에 대한 황윤석의 견해를 살펴본 연구로,[14] 이 연구
에서는 황윤석이 16세 때 주해한 『율려신서』를 십이율론十二律論, 오성론
五聲論, 악조론樂調論, 후기론候氣論 등 네 가지로 나누어 그의 악률에 대한
견해를 서술하였다. 연구자는 『율려신서』에 대한 황윤석의 견해가 치밀
한 수적 계산보다는 역易의 논리를 바탕으로 한 악률의 견해를 가지고
있다고 주장하였다. 그러나 이 연구는 황윤석의 『율려신서』 주해註解라
는 한정된 자료를 토대로 황윤석의 악률에 대한 견해를 밝혔기 때문에
황윤석의 악률 전반에 대한 견해를 파악하지 못했다는 점, 그리고 『율려
신서』 주해를 십이율론, 오성론, 악조론, 후기론 등의 네 가지로 구분하여
서술하면서 채원정의 『율려신서』와 비교 분석하지 못했다는 측면에서
한계를 갖고 있다. 그리고 악률에 관한 연구가 있다.[15]

조선시대 문인들의 음악담론을 연구하는 과정에서 황윤석의 음악담론
을 살펴본 연구로,[16] 이 연구에서는 황윤석을 문인애호가로 구분하여 서
술하였지만, 연구 범위가 조선시대 전반을 포괄하고 있으며, 연구 대상
또한 조선시대 문인을 다루다보니 황윤석 개인의 음악인식이나 음악담론

---

13) 林美善, 「음악학적 측면에서 본 『頤齋亂藁』의 사료적 가치」, 『한국음악연구』 제
44집, 서울: 한국국악학회, 2007.
14) 成英愛, 「『律呂新書』에 대한 黃胤錫의 見解-『頤齋亂藁』를 중심으로-」, 『溫知論
叢』 제26집, 서울: 온지학회, 2010.
15) 김수현, 「黃胤錫의 일기 『頤齋亂藁』에 언급된 樂律에 대한 고찰」, 『유교사상문화
연구』, 58집, 서울: 한국유교학회, 2014.
16) 전지영, 「조선시대 문인의 음악담론 연구」, 성남: 한국학중앙연구원 한국학대학원
박사학위논문, 2006.

에 대한 심도 있는 분석은 이루어지지 못한 측면이 있다.

음악외적으로 역사·철학·문학 분야에서 이루어진 황윤석에 관한 연구이다. 이러한 연구는 1953년 황원구黃元九의 간략한 스케치로부터 시작되었다.[17] 이후 황윤석에 대한 연구는 국어학, 국문학[18], 역사학, 과학사, 사상사 등 다양한 학문분야에서 연구되었다. 구체적으로 살펴보면, 1960년대에는 국어학적 관점에서 황윤석의 저서를 운학적韻學的으로 분석하는 연구가 주류를 이루었고[19], 1970년대에는 황윤석을 실학자 계보로 파악하여 고증하는 작업이 진행되었다.[20] 1980년대에 와서는『이재난고』가 정리되기 시작하였으며[21], 1990년대에는 실학자로서의 황윤석 연구가 자리를 잡게 되었다.[22] 2000년대부터는 그의 저서를 생활사적 측면에서도 연구하는 움직임이 있었으며,[23] 이제는 '이재학頤齋學'이라는 하나의

17) 황원구,「황윤석-그 유고의 정리」,『학림』2, 서울: 연희대학교 사학과, 1953.
18) 김도형,「이재 황윤석 문학론 연구」, 전주: 전북대학교 교육대학원 석사논문, 2013년.
19) 강신항,「李朝中期 韻學史 시론」, 서울: 서울대학교 석사논문, 1959년. 이숭녕,「황윤석의『이수신편』의 고찰-특히 어학연구를 중심으로 하여」,『도남조윤제 박사회갑기념논문집』, 1964.
20) 유재영,「이재 황윤석의 실학사상」,『원광학보』83, 익산: 원광대학교, 1968 ; 유재영,「이조후기 국어학에 공헌한 실학사상-특히 이재 황윤석을 중심으로」,『논문집』4, 익산: 원광대학교, 1970 ; 이강오,「이재 황윤석」,『실학논총』, 광주: 전남대 호남학연구소, 1975 ; 이강오,「실학자 황윤석론」,『비사벌』, 전북대 학도학군단, 1975 ; 나일성 외,「황윤석의 恒星黃赤經緯表에 대한 검토」,『동방학지』19, 서울: 연세대학교, 1978 ; 하성래,「이재 황윤석의 서양 과학사상 수용」,『전통문화연구』제1집, 한국전통문화연구소, 1983.
21) 이강오,『頤齋亂藁題目輯錄-起丙辰~止辛亥』, 1988.
22) 최삼룡 외,『頤齋 黃胤錫-영·정시대의 호남실학』, 서울: 민음사, 1994.(하우봉,「이재 황윤석의 사회사상」; 최삼룡, 이재 황윤석의 문학연구 ; 최전승, 이재 황윤석의 '화음방언자의해'와 '이수신편' 등에 반영된 어휘연구의 성격 ; 윤원호, 이재 황윤석의 경제관 및 경제관련 자료 ; 김기현,「이재 황윤석의 학문체계 분석」).
23) 한국고문서학회에서 진행한 연구(노혜경,「『이재난고』의 여행기 분석」,『고문서연구』20, 2002 ; 정수환,「18세기 이재 황윤석의 화폐경제생활」,『고문서연구』20,

학문분야가 생겨났다.24) 왜냐하면 현재까지도 황윤석에 관련하여 다양한 학문분야에서 접근하고 연구되고 있다는 사실이 그 증거일 것이다.25)

2002 ; 김혁, 「조선시대 녹비 연구」, 『고문서연구』20, 2002 ; 김효경, 「조선후기 능 참봉에 관한 연구」, 『고문서연구』 20, 2002 ; 서동일, 「이재난고에 나타난 조선후기 호락논쟁」, 『고문서연구』 20, 2002 ; 이강오, 「이재난고해제」, 『전라문화논총』, 전북대 전라문화연구소, 1992 ; 김혁, 「조선후기 수령의 부임의례」, 『조선시대사학보』 22, 2002 ; 노혜경, 「황윤석의 문헌자료 검사-문집을 중심으로」, 장서각 9, 2003 ; 한국학중앙연구원에서 수행한 연구로 강신항 외, 『『이재난고』를 통해본 조선지식인 생활사』, 한국학중앙연구원, 2007.(강신항, 「황윤석의 국어의식」; 이종묵, 「황윤석의 문학과 『이재난고』의 문학적 가치」; 권오영, 「黃胤錫의 학문생활과 사상 경향」 ; 정순우, 「18세기 성균관의 일상과 과거」 ; 정만조, 「영조말·정조초의 정국동향」 ; 이헌창, 「18세기 황윤석가의 경제생활」 ; 정성희, 「조선후기의 서양 과학의 수용」 ; 강관식, 「조선후기 지식인의 회화 경험과 인식」). 『이재난고』를 이용해서 박사학위 논문까지 2005년에 나왔다.(노혜경, 「18世紀 守令 行政의 實際-黃胤錫의 『頤齋亂藁』를 중심으로」, 성남: 한국학중앙연구원 한국학대학원 박사학위논문, 2005.).
24) 이재연구소, 『이재 황윤석의 학문과 사상』, 경인문화사, 2009.(정구복, 「이재 황윤석의 생애와 이재난고의 자료적 성격」 ; 윤사순, 「이재(황윤석)학문의 범주화 문제-그의 사상의 실학성격 규정을 중심으로-」 ; 황의동, 「이재 황윤석의 성리학 연구」 ; 최영성, 「황윤석 실학의 특징과 상수학적 기반」 ; 하태규, 「이재 황윤석의 역사탐구와 이해」 ; 배우성, 「황윤석의 현실 인식과 수리론」 ; 장혜원, 「산학입문, 산학본원을 통해 본 이재의 수학 연구」 ; 임미선, 「음악학적 측면에서 본 『이재난고』의 사료적 가치 ; 백원철, 「이재(황윤석) 한시의 실문학적 조명」). 황윤석 측면에서연구 성과를 10년 단위로 살펴본 것은 김승룡의(「이재 황윤석서연구의 추이와 과제-「실학」에서 '일상'으로-」, 『동양한문학연구』 25집, 부산: 동양한문학회, 2007.)을 참조하여 서술하였다.
25) 유기상, 「頤齋 黃胤錫의 풍수지리 인식」, 『韓國思想史學』, 제50집, 한국사상사학회, 2015 ; 유영옥, 「鄉儒 黃胤錫의 京科 응시 이력」, 『대동한문학』, 제44집, 대동한문학회, 2015 ; 이상봉, 「이재 황윤석 한시의 두보시어 활용 양상」, 『대동한문학』, 제43집, 대동한문학회, 2015 ; 박순철, 「頤齋 黃胤錫의 詩書畵觀 硏究 : 中國 詩書畵觀의 影響을 中心으로」, 『中國學論叢』, 제48집, 韓國中國文化學會, 2015 ; 하우봉, 「이재 황윤석의 사상과 사회개혁론」, 『건지인문학』, 제14집, 전북대학교 인문학연구소, 2015 ; 최영성, 「頤齋 黃胤錫의 학문 본령과 성리학적 경세관」, 『溫知論叢』, 제43집, 溫知學會, 2015 ; 김도형, 「頤齋 黃胤錫의 記 연구」, 『韓國言語文學』, 제88집, 한국언어문학회, 2014 ; 이지양, 「黃胤錫의 書籍 筆寫 및 購入으로 본

  본서는 황윤석의 학문적 교유와 경향을 통해서 어떠한 학문적 형성
배경이 나타나는지를 알아보고, 그 형성 배경을 바탕으로 어떠한 음악인식
을 가지고 있는지를 살펴보는 것이 목적이다.

  이러한 연구목적을 위해 구체적으로 선정한 연구 시기와 대상은 다음
과 같다. 연구 시기는 조선후기, 특히 18세기에 중점을 두었으며, 주 연구
대상은 황윤석의 문집인 『이재난고』이다. 그리고 구체적으로 사용한 연
구방법은 문헌 연구방법으로, 먼저 조선후기 음악과 관련된 원전자료를
조사한 후, 각 자료에서 밝혀진 내용을 황윤석의 학문세계가 형성된 배경
과 학문적 교유 및 학문적 경향, 그리고 음악인식 등을 중심으로 분석하
였다.

  황윤석이 살았던 18세기 조선후기 사회는 정치·경제·사회·문화 전

京郷 간의 知識 動向 : 1768년~1771년까지의 한양 생활을 중심으로」, 『韓國漢文
學研究』, 제53집, 한국한문학회, 2014 ; 정소연, 「황윤석의 〈목주잡가〉에 나타난
詩 지향성의 시조사적 조명 : 18세기 시조의 詩 지향성 발견을 중심으로」, 『고전문
학과 교육』, 제28집, 한국고전문학교육학회, 2014 ; 박명희, 「頤齋 黃胤錫의 시조
漢譯詩에 나타난 指向 의식과 의의」, 『한국고시가문화연구』, 제34집, 한국고시가
문화학회, 2014 ; 이상봉, 「청년 황윤석의 한시에 나타난 經世 포부와 자기반성」,
『東洋漢文學研究』, 제39집, 東洋漢文學會, 2014 ; 김도형, 「황윤석의 학문적 경향
과 작품 양상 : 漫錄과 漢上錄을 중심으로」, 『韓國言語文學』, 제84집, 한국언어문
학회, 2013 ; 박현순, 「지방 지식인 黃胤錫과 京華士族의 교유」, 『韓國史研究』,
163, 韓國史研究會, 2013 ; 심소희·구현아, 「조선시기 최석정과 황윤석의 성음인식
비교 : 『皇極經世·聲音唱和圖』에 대한 훈민정음 표음체계의 분석을 중심으로」,
제 45집, 『中國言語研究』, 한국중국언어학회, 2013 ; 김문용, 「18세기 주자학적
천인관계론의 향방 : 頤齋 黃胤錫의 경우를 중심으로」, 『한국철학논집』, 제39집,
한국철학사연구회, 2013 ; 최범호, 「『이재난고』를 통해 본 황윤석의 한국 고대사
서술 유형 분석」, 『全北史學』, 제40호, 全北史學會, 2012 ; 정수환, 「18세기 황윤석
의 매매정보 수집과 소유권으로서의 매매명문 활용」, 『民族文化論叢』, 제52집,
영남대학교민족문화연구소, 2012 ; 안대옥, 「18세기 正祖期 朝鮮 西學 受容의
系譜」, 『東洋哲學研究』, 제71집, 東洋哲學研究會, 2012 ; 이선아, 「18세기 실학자
黃胤錫家의 학맥과 湖南 洛論」, 『지방사와 지방문화』, 제15권 2호, 역사문화학회,
2012.

반에서 전통체제에 대한 심각한 동요가 일어났던 시대이다. 이 시기에는 청조문물淸朝文物의 영향과 더불어 실증적實證的이고 실용적實用的인 새로운 학풍學風이 일어났고, 현실의 문제를 해결하기 위해 도학적道學的 전통과 달리 새로운 기준과 논리를 찾고자 하는 개혁적 사상이 다방면에서 급속히 성장하고 있었다.[26] 이러한 변화의 시기에 살았던 황윤석과 삶의 궤적이 유사한 학자들이 바로 홍대용과 서명응이다.

홍대용은 황윤석과 노론 낙론계의 종장인 김원행 문하에서 동문수학한 사이이다. 그들의 당파는 노론 낙론계로서 평생의 삶을 살았다. 서명응(徐命膺, 1716~1787)의 당파는 비록 소론少論이었으나, 경화학계京華學界를 통해 노론 낙론계의 여러 인사들과도 긴밀하게 교유하였다. 특히 서명응의 둘째인 서형수(徐瀅修, 1749~1824)가 노론산림이었던 홍계능(洪啓能, ?~1776)에게 수학하고 노론 김노겸(金魯謙, 1781~1853)을 사위로 삼았다는 사실은, 그가 경화학계를 통해 당색을 넘어선 폭넓은 교유를 유지했음을 보여준다.[27] 또 서명응의 아들 서호수(徐浩修, 1736~1799)는 스스로 '일심노론一心老論'이라고 말한 바 있다.[28] 따라서 황윤석과 홍대용, 서명응을 삶의 궤적이 유사한 노론의 학풍과 경향으로 보았고, 황윤석의 학문과 음악을 이해하고 접근하는데 홍대용과 서명응도 함께 비교하여 논하는 방법을 택하였다. 이 방법은 황윤석의 학문을 이해하고 접근하는데 보다 많은 도움이 될 것이며 아울러 황윤석의 음악인식을 밝히는데 새로운 시도로 파악되는 질적 접근 방법이라 사료된다.

그리고 황윤석의 음악을 분석하기 위해『이재난고』를 분석 텍스트로 삼았는데, 이 문집은 황윤석 개인의 일기이긴 하지만, 영·정조시대의

---

26) 금장태,「동서교섭과 근대한국사상의 추이에 관한 연구-18·19세기 조선사회에 있어서 유학과 서학의 교섭을 중심으로-」, 서울: 성균관대학교 박사학위논문, 1978년, 6쪽.
27) 유봉학,『燕巖一派 北學思想研究』, 일지사, 1995.
28) 황윤석,『頤齋亂藁』4책, 권23, 438쪽. 徐浩修不出曰 吾固一心老論.

사회상을 알려주는 자료로서도 의미가 있을 뿐만 아니라 황윤석의 문학
과 학문, 그리고 이후 문집의 간행과도 중요한 관계를 가지고 있기 때문
에,29) 본 연구의 주요 분석 텍스트로서 의미가 있다.

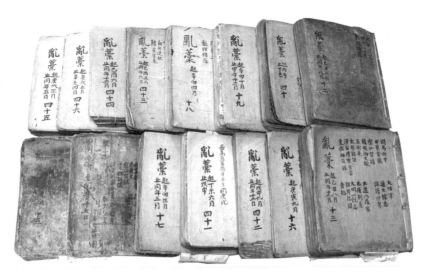

〈그림 2〉 황윤석선생께서 평생을 걸쳐 쓴 『頤齋亂藁』(황윤석의 8대손 黃炳寬 소장)

『이재난고』를 저본으로 재편집한 문집이 유고遺藁와 속고續稿의 형태
로 남아 있는데, 유고는 2종, 속고는 1종이 남아 있다. 황윤석의 문집들을
간행 순서에 따라 살펴보면 〈표 2〉와 같다.

황윤석과 관련된 첫 번째 문집은 1892년에 간행된 『이재유고頤齋遺藁』
이다. 『이재유고』는 당시 전라도 관찰사 조인영(趙寅永, 1782~1850)의
서문序文이 수록되어 있는 목판본木版本의 문집이다.30) 두 번째 문집은

1943년 석판본石版本으로 된 『이재유고頤齋遺稿』(頤齋先生遺稿)와 『이재속고頤齋續稿』(頤齋先生遺稿續)로 조선춘추사朝鮮春秋社에서 간행되었다.[31] 세 번째 문집은 1975년 석판본 『이재유고』와 『이재속고』, 그리고 황윤석의 수필본手筆本 형태로 된 『이수신편理藪新編』과 『자지록資知錄』, 『양금신보梁琴新譜』를 합본한 3권의 『이재전서頤齋全書』로, 경인문화사에서 간행되었다. 네 번째 문집은 1999년에 『이재전서』 중 유고와 속고 부분을 따로 떼어 다섯 권의 『이재선생문집頤齋先生文集』으로 다시 간행되었다. 다섯 번째 문집은 2000년에 한국고전번역원(구 민족문화추진회)에서 1829년에 간행된 『이재유고』의 초간본을 영인하였다. 이상 다섯 번의 간행은 일반적인 문집의 성격으로 구성하여 간행되었다.[32]

〈표 2〉 황윤석의 문집과 금보琴譜

	문집명 및 금보명	간행연도	비고
1	『玄鶴琴譜』	1747년	금보형태
2	『頤齋遺藁』	1829년	일반 문집형태
3	『頤齋遺稿』(頤齋先生遺稿)와 『頤齋續稿』(頤齋先生遺稿續)	1943년	〃
4	『頤齋全書』	1975년	〃
5	『頤齋先生文集』	1999년	〃
6	『頤齋遺藁』	2000년	〃
7	활자본 『頤齋亂藁』	1990년~2004년	일기형태

특히 장서각 소장 『이재유고』는 黃重燮의 발문이 같이 있다. 노혜경, 「황윤석의 문헌자료 검사-문집을 중심으로」, 『장서각』 제9집, 2003, 3쪽.

31) 『頤齋遺稿』는 12권 6책, 『頤齋續稿』는 14권 7책으로 석판본으로 되어있고, 둘 다 〈영남대학교도서관〉·〈국립중앙도서관〉·〈고려대학교도서관〉·〈전주대학교도서관〉·〈연세대학교도서관〉·〈경북대학교도서관〉에 소장되어 있다. 노혜경, 앞의 논문 3~7쪽.

32) 노혜경, 앞의 논문, 2~7쪽.

활자본 『이재난고』는 1990년부터 한국학중앙연구원과 전북향토문화
연구회가 공동으로 탈초 작업을 시작하여 2004년 『이재난고색인집頤齋亂
藁索引輯』을 끝으로 총 10권이 완간되었다.[33] 활자본 『이재난고』는 일기
형식으로, 앞서 간행되었던 『이재유고』와 『이재속고』와는 다르다. 본 연
구는 앞서 언급한 바와 같이 활자본 『이재난고』를 주요 분석 텍스트로
진행하였으며, 필요에 따라 『이재유고』와 『이재속고』를 활용하였다. 또
1747년에 황윤석은 『양금신보梁琴新譜』를 필사하여 『현학금보玄鶴琴譜』
를 소장하게 되었다. 이 『현학금보』는 황윤석은 직접 필사한 것으로 기존
의 『양금신보』에 없는 내용들을 기록하여 거문고 음악을 수용하는 자세
와 금도 등을 검토할 수 있을 것이다. 아울러 이러한 자료들을 통해 황윤
석의 음악을 읽어내는 데 보완 자료가 될 사서史書나 문집들을 필요에
따라 활용하였다.

본서에서는 우선 황윤석의 학문과 음악인식을 밝히기 위하여 3장으로
구성해 보았다.
1장에서는 음악도 한 개인의 학문과 가치관 등과 별개가 아닌 연결고
리로 이해하고자 하는 의미에서 황윤석의 음악인식에 대한 학문적 배경
을 먼저 서술하고자 한다. 학문적 배경에는 황윤석이 청조 문물의 영향으
로 서학과 서기西器에 관심을 가졌는데 이것은 황윤석이 음악 이론뿐만
아니라 악기 등에도 관심을 갖게 되었던 실천적 삶의 계기가 될 것이고,
황윤석의 금도를 밝히는데 심설心說도 함께 살펴보겠다. 황윤석은 서울
과 지방에서 많은 서학서들을 접하여 수용하였다. 그 중에서 『율려정의律
呂正義』와 명·청대의 금보琴譜들을 필사하여 접하여 수용하였다. 인물성
동론人物性同論은 황윤석의 음악인식을 밝히는데 중요한 사상적 배경됨을

---

33) 노혜경, 『朝鮮後期 守令 行政의 實際-黃胤錫의 『頤齋亂藁』를 중심으로-』, 서울:
혜안, 2006, 58쪽.

제시하려 한다. 황윤석의 성균관 생활과 김원행 문하에 입문한 사실, 그리고 소론少論의 추천으로 관직에 나아갔다. 이 계기로 황윤석은 많은 이들과 교유하였고 또 그의 음악인식을 갖게 누가 영향력을 줬는지『이재난고』를 통해서 학문적 교유를 접근하였고 나아가 황윤석의 학문적 경향도 함께 검토하고자 한다.

2장에서는 황윤석의 악률인식樂律認識을『율려신서』주해를 중심으로 나타난 12율 산출 계산법과 변수變數 729를 중심으로 분석하고자 한다. 즉 음악에서 12율을 산출하는 일은 음악을 이루는 근간이 되는 중요한 기본 요소로 삼분손익법에 의해 12율을 만들어질 때 마지막으로 만들어지는 중려에서 다시 황종으로 돌아가지 않는다. 이때 변율이 생기므로 변수 729를 가지고 계산해야 하는 중요한 수라는 사실을 중점적으로 다루겠다. 또 전대前代 악률 이론을 기장을 이용한 누서법累黍法과 땅에 율관을 묻고 자연의 기운의 변화를 관찰함으로써 황종관을 재는 후기법 그리고 절기의 해 그림자를 길이를 측정하여 재는 측영법測景法을 중심으로 황윤석의 전대 악률인식을 검토하겠고 아울러 홍대용과 서명응의 전대 악률 이론도 함께 비교 검토하여 황윤석의 악률 인식이 무엇인지 살펴보고자 한다. 그리고 도량형度量衡은 황종율과도 밀접한 관련성이 있다. 황윤석이 도량형에 대해 어떤 주장을 하였으며 그 주장이 황윤석의 악률인식에는 어떻게 작용하였는지를 살펴보고자 한다.

3장에서는 먼저 황윤석의 초년기에『양금신보梁琴新譜』를 필사하여『현학금보』를 소장하면서 금도琴道에 입문하였고 풍류 생활에로 나아갔다.『현학금보』는 기존의『양금신보』에 없는 주註 등과 발문을 수록한 것이 특징이다.『현학금보』라는 매개물을 통해서 황윤석의 거문고 음악의 수용 자세와 금도를 살펴보고자 한다. 황윤석은 홍대용과 두 살 터울로 거의 같은 시기에 금도에 입문하였고, 서명응이『문헌비고』를 편찬하였을 때 황윤석은 종부시 직장으로『문헌비고』를 3-4개월을 두고 교정하였다. 이 절에서도 홍대용과 서명응도 함께 비교하여 전개하고자 한다.
다음은 고악古樂과 금악今樂에 대한 논의는 과거나 현재에도 계속해서 되
풀이 되는 현재진행형의 논쟁거리다. 즉 금악은 사특하고 무질서한데 반
해, 고악은 바르고 절도가 있다는 식의 '고악옹호론古樂擁護論'과 반면에,
일부 문인과 학자들이 현재 민간에서 유행되고 있는 음악을 그대로 긍정
하는 '금악옹호론今樂擁護論'을 제기하였다. 이러한 논쟁은 특히 18세기에
고악과 금악의 갈등으로 더 표면화되었는데, 황윤석과 홍대용도 예외 없
이 여기에 한 몫을 하였다. 따라서 황윤석의 고악과 금악의 개념을 먼저
검토하여 황윤석이 주장하는 고악과 금악에 대한 인식과 태도는 무엇인
지 살펴볼 것이며 궁극에는 당대當代의 음악에 대한 인식을 밝혀보고자
한다.

　이러한 황윤석의 학문과 음악인식에 대한 연구를 통해서, 본서에서는
18세기 조선사회가 서학을 통해 국제사회로 개안하는 시기로서 황윤석
이란 학자가 학문과 음악을 어떠한 모습으로 이해하고 인식하였는가를
알아 볼 것이다. 그래서 한국음악학계에서 북학파나 근기남인계 실학파
들의 그것보다 음악사적으로 더 중요하다는 사실을 부각시켜서 황윤석
의 학문과 음악인식을 밝힐 것이다.

1장

황윤석 음악인식音樂認識의 학문적 배경

황윤석은 조선후기에 활동하였던 학자로서 그 시대의 주류사상이었던 성리학性理學과 천문학·수학 등 자연과학을 대용大用으로 삼아, 이 분야를 자신의 학문 영역으로 삼았던 인물이다.[1] 황윤석의 음악인식은 당대의 이러한 학문적 흐름과 유기적 관련성을 맺고 있었을 것이다. 따라서 황윤석의 음악인식을 올바르게 이해하기 위해서는 그의 음악인식 자체를 다루기에 앞서 그 시대, 그 사회에서 광범위하게 논의되었던 학문의 형성 배경과 학문적 교유와 경향에 대해 먼저 살펴볼 필요가 있다. 즉 한 학자의 음악인식은 그것이 아무리 독창적인 것이라 할지라도 그가 속한 시대·사회의 일반적인 문제의식과 관련되기 때문에 그의 음악인식 형성에 영향을 주었을 학문적 배경에 대해서 살펴볼 필요가 있다.

황윤석은 31세[1759]때 진사시進士試에 합격하여 김원행(金元行, 1702~1772)[2]과 사제의 연을 맺으면서 노론가의 신진기예新進氣銳로 발돋움하

---

1) 권오영, 「黃胤錫의 학문생활과 사상경향」, 『『이재난고』로 보는 조선 지식인의 생활사』, 성남: 한국학중앙연구원, 2007, 231쪽.
2) 김원행은 金尙憲(1570~1652)의 玄孫이며 金壽恒(1629~1689)의 曾孫이다. 생가

여 노론뿐만 아니라 다른 가문과 학파들과도 학문적으로 교유하였다. 그리고 음악에 대한 관심의 기치旗幟도 놓지 않고 끊임없이 의문과 관심을 가지면서 그의 음악인식을 형성해 나갔다. 따라서 본 연구에서는 황윤석이 진사시에 합격한 31세를 중심으로 하여 그의 학문 생애를 두 시기로 나누어 그의 음악인식에 영향을 미친 학문적 배경을 살펴보고자 한다.

1절 황윤석의 학문 형성배경

앞서 언급하였듯이 18세기 조선후기 사회는 정치·경제·사회·문화 전반에서 전통체제에 대한 심각한 동요가 일어났던 시대이다. 이 시기에는 청조문물淸朝文物의 영향과 더불어 실증적實證的이고 실용적實用的인 새로운 학풍學風이 일어났고, 현실의 문제를 해결하기 위해 도학적道學的 전통과 달리 새로운 기준과 논리를 찾고자 하는 개혁적 사상이 다방면에서 급속히 성장하였다.3) 이런 상황에서 황윤석은 서기西器에 대한 관심과 심설心說, 그리고 서학西學의 수용과 18세기 전기부터 전개된 인물성동론人物性同論의 영향을 받으면서 학문에 정진하게 된다.

1. 서기西器에 대한 관심과 심설心說

1) 서기西器에 대한 관심

서구의 문물이 조선에 처음 들어온 것은 16세기 초의 일이지만, 조선인이 서구를 뚜렷하게 인식하기 시작한 것은 1603년에 명明에 사신으로 갔

조부는 金昌集(1648~1722)이지만 金昌協(1651~1708)의 養孫이며 金濟謙(1680~1722)의 둘째 아들이다.
3) 금장태, 「동서교섭과 근대한국사상의 추이에 관한 연구-18·19세기 조선사회에 있어서 유학과 서학의 교섭을 중심으로-」, 서울: 성균관대학교 박사학위논문, 1978년, 6쪽.

던 이광정李光庭이 가지고 온 마테오리치의 1602년 세계지도를 보고 난
뒤였다. 그것은 조선인들에게 새로운 세계관을 갖게 하는 중요한 계기가
되게 했다. 또 1631년 사신을 따라 명에 갔던 정두원(鄭斗源, 1581~?)이
가지고 온 망원경과 자명종, 그리고 서구천문지리학의 한역서들을 경이
에 찬 눈으로 대하였다. 그것은 조선의 과학사상에 커다란 변화를 일으키
게 했고, 서구과학기술에 대한 지식과 호기심을 북돋아 주었다.[4]

황윤석 또한 어릴 때부터 서구과학기술에 대해 관심과 호기심을 갖기
시작하였다. 그래서 황윤석의 문집『이재난고』에 제일 먼저 서양학자 웅
삼발(熊三拔, 우르시스, 이탈리아 출신 예수회 선교사, 1575~1620)의 옥형
거玉衡車와 용미거龍尾車에 관한 내용이 간략하게 나온다. 그 내용은 아래
와 같다.

"玉衡車와 龍尾車는 모두 수차로 熊三拔[우르시스]이 만든 것이다."[5]

위 인용문에 기록된 옥형거와 용미거는 서양제 양수기로, 옥형거는 우
물이나 샘에서 양수하는 기계이며, 용미거는 강가에 설치하는 양수기계
이다.[6] 옥형거와 용미거는 웅삼발의『태서수법泰西水法』권1, 2에 수록되
어 있는 내용으로, 총 57권의 방대한 내용을 담고 있는『이재난고』에 서
양제 양수기를 제일 먼저 언급한 것은 황윤석의 서학에 대한 관심을 상징
적으로 표현한 것임을 알 수 있다.[7]

---

4) 전상운,「한국과학기술사-실학과 서구과학의 도입」, 10집, 특협,『한국발명진흥회』,
   1979, 19-20쪽.
5) 황윤석,『이재난고』1책 권1 3쪽. 玉衡車 龍尾車 皆水車 熊三發所制也. '發'은
   '拔'로 고침.
6) 朴齊家, 전관수 옮김,『北學義』, 서울: 두산동아, 2010, 139쪽.
7) 천기철,「이재 황윤석의 서학 인식과 특징」,『동양한문학연구』, 27권, 부산: 동양한
   문학회, 2008, 103~104쪽.

황윤석은 역법 공부에서 시작해서, 점차 영역을 넓혀 서양학까지 포괄하였다. 그는 역법에 관심을 갖게 된 것에 대해, 14살 때 부친으로부터 '임영(林泳, 1649~1696)은 열한 살에 『서전書傳』의 기삼백朞三百을 알았다'는 질책을 받았다.[8] 기삼백은 요임금이 천문 기상을 관측하여 과학행정을 잘 폈다는 내용을 담고 있다. 황윤석은 이를 매우 의미 깊게 여기고 공부의 방향을 삼은 듯 보인다. 이 일이 있은 뒤 그는 역법 공부에 매진하여 「기삼백전해朞三百傳解」 등을 쓰고, 관련 분야의 공부를 더욱 깊이 있게 하였다. 또 고향에 있을 때 그는 천문 현상과 과학 기구에 관해 깊은 관심을 가지고 있어서 18세에 일식이 있을 때 그 현상을 관찰하고 느낌을 시로 읊기도 하였다.[9] 따라서 황윤석은 천문기기와 역법은 모두 수학을 바탕으로 하는 것으로 황윤석의 관심이 수리에 있음을 알 수 있다.[10]

당시 황윤석이 알고 있었던 서학에 관한 정보는 그다지 정확하지 않았던 것으로 보이지만[11] 황윤석의 서기에 관한 관심은 적극적인 행동으로 나타났다. 그는 서기 중에 일찍부터 자명종自鳴鐘[12]에 관심을 두고 있었다.

자명종은 『증보문헌비고』 「상위고」에 의하면, 1631년 7월 정두원이 명나라에 진주사陳奏使로 갔다가 서양사람 육약한(陸若漢, Joao Rodriguez, 1561~1633)에게서 선물로 받아왔다는 기록이 우리나라에서 가장 오랜 자

---

8) 황윤석, 『이재난고』 9책 권49 273쪽.
9) 황윤석, 『이재난고』 1책 권1 20쪽.
10) 정성희, 「조선후기 서양과학의 수용」, 『『이재난고』로 보는 조선지식인의 생활사』, 2007, 성남: 한국학중앙연구원, 455쪽.
11) 황윤석은 마테오리치를 명나라 사람으로 기록되어 있다. 『이재난고』 1책 권1 31쪽. 明人利瑪竇以一度爲六十分 準地面二百五十里.
12) 여기서 말하는 자명종은 오늘날 오르골(orgel)을 뜻하는 것이 아니라 괘종시계를 말한다. 그리고 오르골을 自鳴琴 혹은 自鳴樂이라 불렀으며, 이것은 18세기 말 태엽장치를 고안하면서 스위스 제네바의 시계장인 안톤 파브르(Antoine. Favre)에 의해 최초로 탄생하였는데, 19세기 전반에 이미 중국에까지 유행되면서 조선의 사신들도 접하게 된 것이다. 김은자, 「조선시대 使行을 통해 본 韓·中·日 음악문화」, 성남: 한국학중앙연구원 한국학대학원 박사학위논문, 2011, 120쪽.

명종 전래에 관한 기사이다. 이 시계는 전래 당시에는 시제時制가 맞지 않아서 사용할 수 없었다. 그리고 김육(金堉, 1580~1658)의 『잠곡필담 潛谷筆談』에 "서양 사람이 만든 자명종을 정두원이 북경에서 가져왔으나 그 운용의 묘를 몰랐고, 그 시각이 상합相合됨을 알지 못하였다."고 기록 되어 있는 것과 1636년에 김육이 명나라에 가서 자명종을 보았으나 그 기계의 원리와 운용의 묘를 몰랐다. 또 『잠곡필담』에 의하면 "효종 때에 밀양사람 유여발(劉與發, ?~?)이 일본상인이 가지고 온 자명종에 대하여 연구한 끝에 그 구조를 터득하였는데 기계가 돌아가면 매 시간마다 종을 친다. 자오시에 9회, 축미시에 8회, 인신시에 7회, 묘유시에 6회, 진술시 에 5회, 사해시에 4회 치고, 매시의 중간에 1회씩 친다."라고 하였다. 따라 서 유여발은 우리나라에서 자명종의 원리를 처음으로 체득한 사람이라고 볼 수 있겠다.

자명종을 제작한 가장 확실한 기록은 1669년 10월에 천문학교수 송이 영(宋以頴, ?~?)이 자명종을 만들었다는 기록이 실록에 보인다. 1715년 4월 관상감 관원 허원(許遠, ?~?)이 청나라에서 가져온 자명종을 본떠서 새로운 자명종을 만들었는데, 이것으로 보아서 이때부터 우리나라에서도 기계시계를 만들 수 있게 되었다는 것을 알 수 있다.[13]

한편 황윤석은 그의 나이 18세 때인 1746년 8월, 초산(楚山, 井邑의 옛 이름)의 이언복李彦復이 60냥에 구입해서 보유하고 있던 자명종을 구 경하였다. 이 자명종은 기계가 돌아가면서 시각마다 종을 치는 회수가 자시子時와 오시午時에는 9번, 축시丑時와 미시未時에는 8번, 인시寅時와 신시申時에는 7번, 묘시卯時와 유시酉時에는 6번, 진시辰時와 술시戌時에는 5번, 사시巳時와 해시亥時는 4번 울리고, 각 시각의 중간에는 1번씩 울린 다.[14] 이것은 효종 때 유여발이 연구한 자명종과 동일한 회수로 종이 울

---

13) 한국학중앙연구원, 『한국민족문화대백과사전』 CD, 성남: 한국학중앙연구원, 1991.

리는 것을 알 수 있다.

　매 시간마다 울리는 현대의 괘종시계와는 사뭇 다르게 치는 것을 알 수 있다. 또한 황윤석은 『이재난고』에 자명종의 유통경로를 다음과 같이 기록하였다.

　　대개 이 鐘은 처음 서양에서 나왔다. 어떤 이는 왜국[일본]을 거쳐 우리나라에 왔다고도 하는데, 그것을 비슷하게 만들 수 있는 사람은 서울에는 崔天若과 洪壽海이며, 湖南에는 同福縣 사람 羅景勳일 뿐이다. 그것은 白銅으로 만든 것도 있고, 구리와 쇠로 만든 것도 있으며, 단단하고 무늬가 있는 나무로 만든 것도 있다. 내가 그 이름을 듣고, 이제 반나절 동안 살펴보니 참으로 璇璣의 운행이라 할 만하여 내 눈에 남아 있다. 그래서 한 절의 시를 적어 그것의 제도를 기록한다.

　　西洋妙制落吾東　　서양에서 신묘하게 만든 것이 우리나라에도 생겨
　　十二鍾聲軋白銅　　12의 종소리는 백동을 삐걱거리게 하네.
　　月自三旬盈不缺　　달의 三旬으로부터 꽉 차서 이지러지지 않고

----

14) 황윤석, 『이재난고』 1책 권1 37~38쪽. 余曾聞 楚山李上舍彦復 新購自鳴鍾 其直六十兩 其制精巧 今秋歸自玉川 歷訪請見 其形方而長 其廣居長之半 上設一小鍾 鍾右設擊具 下橫一衡 衡背作鈕鋙刻 兩端懸小鍾 其下平布一方鐵 若宇其四隅 各立一條方鐵柱其左邊側 施一方鐵 薄而長 以十二時 每時八刻之數 周圓而刻之 最中橫施一小杠 所以旋杠者 內面諸環之爲也 杠之少外 有一圓黑鐵 作花蕚三十葉 每葉刻一小窾 應一月三十日 其朔日位設一小圓鐵 卽太陽也 其外 則施一圓赤鐵 作一小窾 以爲月輪 周而望之 便有弦望晦朔之分 上下弦月缺其半 缺處黑 不缺處白 望則全白而圓 朔晦則全黑 與日疊合如合璧 四面周布 四片方鐵 若壁其連貼處 施小鐵樞 任意闔闢 最中立一條薄鐵 以中分其廣焉 左曰先天 右曰後天 各有二三箇鐵環 環背各有鈕鋙刻 應刻分其環之傍 立薄鐵焉 下面立四脚椅子 高三尺許 其上安鍾先後天二區下面各橫設圓環 環形如腰鼓 而腰纏俗子 俗子 餘長五六寸 垂于椅下 末施大鍾可拱把施此然後 上面鈕鋙刻之 環被其傍 鐵子之所軋 徐徐環帀 其聲錚錚 無是環 則無以幹矣 子午時九鳴 丑未時八鳴 寅申時七鳴 卯酉時六鳴 辰戌時五鳴 巳亥時四鳴 應先天十二支之數 每時初必一鳴 所以報其入界也 每時正必如其數鳴「如子午時初一鳴 所以報子午之初入也 子午時正必九鳴 所以報的爲子午也」.

天從百歲變須通	하늘이 백 년 동안 변함을 좇아서 모름지기 통하네.
鐵環鈕錯元排分	쇠와 고리가 서로 어긋나서 본래대로 배분되고
金秤動搖豈爲風	금저울이 움직임에 어찌하여 바람이 이는가.
倘識此間無限妙	아마도 이 틈의 사이에 무한한 妙用 있음을 알 것이니
許君親往見崔洪	그대에게 허락하노니 친히 가서 崔天若과 洪壽海를 뵈어라.15)

위의 인용문에 의하면 자명종은 서양에서 나온 것이라고 하거나 일본을 거쳐 조선에 전해진 것으로 알려져 있었다. 당시 조선에서 자명종을 제작할 수 있는 인물로는 서울의 최천약(崔天若, ?~?)과 홍수해(洪壽海, ?~?), 그리고 전라도의 나경훈(羅景壎, 1690~1762, 羅景積)이 거론되었다.

황윤석은 1761년에 김사용(金士用, ?~1812)의 현손인 김시찬(金時粲, 1700~1767)의 집에서 나경적이 강철로 제작한 자명종을 직접 보았으며, 1769년 4월에는 이해(李瀣, 1496~1550)의 후손인 이광하(李光夏, 1643~1701)로부터 홍대용이 자명종과 혼천의를 보유하고 있다16)는 사실을 전해 듣기도 했다.

이 당시 황윤석은 서학서를 읽었다고 언급하지 않았는데, 이러한 기록으로 미루어볼 때, 당시 황윤석은 이러한 서양 문물의 정보를 서학서를 읽으면서 얻은 것이 아니라 간접적으로 얻었음을 알 수 있다. 이후 황윤석은 다른 사람에게서 비싼 가격으로 자명종을 구입하여 그 전체를 해체하여 구조를 관찰하였다. 그런데 그 구조가 선기璇璣의 운행이라 할 정도의 내부 기구로 되었다는 사실에 감탄하여 기문記文을 한 편 지었다.17)

---

15) 황윤석, 『이재난고』 1책 권1 37~38쪽. 蓋是鍾 始出西洋 或云 歷倭國傳至我國 其能倣製者 京城 則崔天若 洪壽海 湖南 則同福縣人羅景勳而已 有白銅爲之 或以銅鐵 或以木之堅緻者 余昔聞其名 今始半晌詳察 眞所謂璇璣之運 在吾目中者矣 遂以一律略記其制云.

16) 황윤석, 『이재난고』 2책 권12, 383쪽.

조선후기 선기옥형璇璣玉衡에 대한 논의는 크게 두 방향에서 제기되었
다. 하나는 선기옥형을 천문관측 의기儀器의 일종인 혼천의渾天儀로 파악
하는 것이고, 다른 하나는 선기옥형을 북두칠성으로 보는 전통적인 논의
를 발전적으로 계승한 것과 선기옥형은 혼천의가 아닌 척도尺度와 권칭權
稱 즉 도량형으로 이해하고 칠정七政을 재부염산財賦斂散과 같은 실제적
정치행위로 이해하는 경우이다.18) 황윤석의 경우는 선기옥형을 천문의기
의 일종인 혼천으로 파악하였다.

따라서 황윤석이 자명종에 이토록 애착을 가졌던 것은 전통적 시계와
는 다른 기계시계로 시간을 알리는 종을 친다는 점과 가지고 다니기에
편하다는 점 때문이다. 또 단순히 '완물상지玩物喪志'로 귀결된 것이라 자
책했으나 실은 주희朱熹와 이황李滉 그리고 송시열宋時烈이 선기옥형璇璣
玉衡을 제작하여 소유한 사례를 본받고자 한 행위였음을 알 수 있다. 또한
이것은 '이수理數'와 관계된 '완물'이었기 때문에 가능하였다.19)

이러한 서기에 대한 황윤석의 관심은 거문고, 가야금, 해금 등의 악기를
직접 연주하거나 감상하는 차원으로 이행된다.20) 또 거문고 제작에도 영
향을 주었다. 황윤석은 19세 때 17세기 대표적인 금보인『양금신보梁琴新
譜』를 필사하여『현학금보玄鶴琴譜』를 편찬하였다. 이『현학금보』를 편찬

17) 황윤석,『(國譯)이재유고』I(박순철·노평규·김영 譯, 전북대학교 이재연구소, 서
울: 신성출판사, 2011), 國內罕有此鐘 始見於李上舍彦復家 其後以重價購於人
解其全體 察其制度 爲記一篇, 18쪽.
18) 구만옥,「조선후기 '선기옥형'에 대한 인식의 변화」,『한국과학사학회지』제26권,
한국과학사학회, 2004, 272쪽.
19) 황윤석,『이재난고』6책 권34 394쪽.〈答廉進士宗愼書〉平日好古 反成玩喪之歸
… 夫以末學 而徒希考亭陶山華陽璣衡之製 則誠愚且妄 而旣癖於此 不猶愈念
於錢與馬之癖耶 … 而旣係理數之玩 則尙安可捨其所買 而任其他歸乎.
20) 거문고를 직접 연주한 경우(『이재난고』1책 권2 105쪽, 권3 108쪽, 권4 159쪽),
충주의 탄금대에서 우륵을 연상한 경우(『이재난고』2책 권11 82쪽), 해금 연주를
본 경우(『이재난고』2책 권11 402쪽)

할 때 발문도 함께 지었는데, 그 발문에 자신의 별장에 있는 오동나무로
거문고를 제작하겠다는 기록이 있다. 그리고 황윤석은 거문고 등을 직접
연주하였다. 그래서 황윤석의 서기에 대한 관심이 거문고 제작과도 무관
하지 않으며 직접적인 영향을 주었다고 볼 수 있다. 거문고 제작과 관련된
내용은 3장에서 다시 서술하고자 한다.

2) 심설心說

16세기에 이르러 조선의 성리학은 관념적인 이기론理氣論을 중심으로
발달하였다. 우주 속에 존재하는 모든 현상은 이理와 기氣로써 구성되었
으며, 이와 기에 의하여 생성되고 있다. 이과 기는 서로 떠날 수 없는
관계 위에 있고, 또 동시에 서로 섞을 수 없는 관계에 있다는 것이다.
즉 우주의 생성원리로서 보다 근원적인 것은 이인가 아니면 기인가 하는
문제가 논쟁의 중심이 된 것이다. 이가 근본이라고 주장하는 것을 주리설
主理說로, 이황(李滉, 1501~1570)은 주희의 이기이원론理氣二元論을 더욱
발전시켜 주리 철학을 확립하였다. 그는 이는 기가 활동하는 바탕이 되
고, 기를 통제한다고 주장하였다. 기가 근본이라고 주장하는 것을 주기설
主氣說로, 이이(李珥, 1536~1584)은 주희와 이황의 이기이원론에 만족하
지 않고, 더 나아가 일원론적一元論的인 이기이원론理氣二元論을 주장했다.
따라서 이기론으로 중심으로 영남학파와 기호학파로 나누어지게 되었다.

사단칠정이기론四端七情理氣論을 중심으로 이기호발설理氣互發說과 기
발이승설氣發理乘說로 서로 견해를 달리하는 영남학파와 기호학파는 각기
주리파와 주기파라 부르게 되었다.

주기파는 조선 후기에 이이에 의하여 주창되고, 그의 제자들에 의하여
계승된 성리학설이고, 조선의 유학자들이 성리학을 연구하는데 가장 관
심을 가진 것은 심성론으로, 사단칠정이라는 인간의 감정을 연구한 대표
적 학자인 이황은 일찍이 사단은 이발로, 칠정은 기발로 설명하였다. 이

이의 사상은 세계의 모든 존재가 이와 기로 되어 있는 것은 주리파와 다를 바 없으나, 이와 기가 별개로 존재한다는 주리파와는 달리 이와 기는 떨어질 수 없는 하나의 존재임을 강조하였다. 즉 기는 발하고 이는 발하지 않지만, 이는 기가 발할 수 있도록 하는 기능을 가지고 있으므로 이와 기는 하나의 혼륜체混淪體임을 강조하였다. 따라서 주기파는 주리파와 똑같이 성즉리性卽理를 주장하지만 본연지성本然之性과 기질지성氣質之性을 각각의 존재로 규정하는 주리파와는 반대로, 하나의 기질지성 안에 있는 이의 측면에 본연지성이 들어가 있다고 하였다.[21]

조선 후기 기호학계 내에서 이이는 심心을 기氣로 보았고, 한원진(韓元震, 1682~1751)은 심을 기질氣質로 보았다. 황윤석은 성즉리性卽理를 지지하였기에 심설에 대해서 한원진과는 다른 견해를 가지고 있었으며,[22] 고문古文의 심자心字에 대해 새로운 해석을 아래 인용과 같이 시도하였다.

> 古文心字의 중앙에 있는 하나의 點은 性을 상징하고, 좌우 두 획의 굴곡은 善과 惡을 상징한다. 점 아래의 대야처럼 생긴 것은 氣를 상징하고, 그 아래 세로로 그어진 것은 情을 상징한다. 性은 곧 理이니 理는 氣를 타야만 이에 發하게 된다. 그러므로 理가 氣를 타 發用 한 연후에야 善과 惡이 나누어진다. 그러므로 善과 惡을 상징하는 왼쪽과 오른쪽의 굴곡진 두 획이 性을 상징하는 점과 情을 상징하는 것의 밖에 있으니, 이것이 이미 發한 후에 善과 惡이 나타난다는 것이다. 즉 자획으로 미루어 설명하건대, 당초에 글자를 만든 뜻은 그 혹시 취할 것이 있을 것이니 비록 후학들이 얕게 보는 견해가 있으나 이미 힘써 행하는 공부가 없고 다만 말만하니 심히 웃을 만한 일이다.[23]

---

21) 현상윤지음·이형성교주, 『조선유학사』, 현음사, 2003, 524~619쪽.
22) 권오영, 앞의 논문 205쪽.
23) 황윤석, 『이재난고』 1책 권1 「古文心字𢖩」 55쪽. 當中一點 ● 象性 左右二畫之屈曲乀ㄟ象善惡 下-象氣 其下象情 性卽理也 理乘氣而乃發 故乀ㄟ次於 ● -次於乀ㄟ也 理乘氣發用 然後善惡分 故乀ㄟ在於 ● ㄚ之外也 已發之後也 善惡形也

황윤석은 위인용과 같이 심자心字를 해석하며 성즉리를 확인하고 이理가 기氣를 타고 발하는 것으로 설명하였다. 조선 초기 권근(權近, 1352~1409) 이 심자心字에 대해 '심의 체體[性]는 하나이며, 용用[情·意]은 둘이 된다.'[24] 고 하였다면, 황윤석은 심의 중앙에 하나의 점을 놓고 그 좌우에 선善과 악惡이 있으며, 점 아래에는 기를, 그 아래에는 정情을 그려놓았다. 즉 조선초기에는 심자心字를 성性과 정情·의意로만 설명하였다면, 황윤석은 심자心字를 성性과 선악善惡, 이기理氣, 정情으로 해석하였다. 이러한 해석 은 조선 초기에 비하여 정밀한 해석이라고 할 수 있는데,[25] 심자心字는 성性의 본연지성本然之性에 나아갈 수 있는 밑바탕이 되었다고 볼 수 있다. 이러한 사실에 뒷받침해 주는 황윤석의 의견을 다음 글에서 알 수 있다.

> 꿈에 스승 미호[金元行]선생을 뵙고 의심나던 몇 가지를 질문하였
> 다. 대개 내가 어려서부터 이미 心性과 理氣에 대한 설들에 대해 공부
> 했는데 寒泉[李縡의 호]과 南塘[韓元震의 호]이 서로 논쟁한 글들을
> 보니 남당의 주장은 오로지 사람과 동물의 本性이 다르다는 것과 聖人
> 과 凡人의 본심이 다르다는 것을 말하니 한천이 비판하는 것도 또한
> 그가 心性을 논할 때 지나치게 氣에 치중하여 치우침과 온전함의 차이
> 가 있는 것을 本然이라 하고 氣質을 心의 본체로 삼은 때문이다. 내가
> 비록 무식하나 남당의 설이 내 의견과 맞지 않음을 곧 깨닫고 이로부
> 터 20년 동안 깊이 사색한 것이 한번이 아니었고 끝내 맞지 않음을
> 알았다. 몇 년 전에 일찍이 이것으로 스승에게 질문하여 사람과 동물,
> 성인과 범인의 심성에 대한 설에 대해 가르침을 받았는데 매우 내
> 생각과 일치하였다. 대개 한천의 얘기와 비슷하였는데 스승의 독창적
> 인 곳은 바로 朱子가 말한바 '心이란 것은 氣의 精爽이다.', '심은 기에
> 비하면 자연 더 신령스럽다.', '신령스런 곳은 단지 心일뿐 性이 아니

即以字畫 推說 當初制字之義 其或有取 雖然末學淺見 旣無力行之工夫而只管 說話 甚可笑也.

24) 권근의 「天人心性合一之圖」, 『入學圖說』 참조.

25) 권오영, 앞의 논문 206쪽.

다.'는 3조항에 있다. 대개 한수재[權尙夏의 회] 이하 남당·병계[尹鳳
九의 회] 두 사람의 얘기는 오로지 氣質을 가리켜 心이라고 하는데
한천은 이와 반대이고 스승도 '氣質은 心이 아니다'라고 하니 이것은
한천과 비슷한 것이며, 또 '氣의 측면에서 그 신령스런 곳을 가리켜
心이라고 한다.' 하신 이것은 또한 매우 명백하여 들자마자 곧 믿을
수 있는 것이다. 내가 비록 사람과 동물의 본성이 같은, 성인과 범인의
본심이 또한 같음은 대략 알았으나 그 氣의 신령스런 곳을 가리켜
心이라고 한다는 것에 이르러는 이것은 스승이 드러내 보이고 가리켜
주신 바에서 얻은 것으로 감히 잊을 수 없다....(중략)[26]

위의 글에서 황윤석은 심성心性과 이기론理氣論의 문제를 가지고 서로
주장을 달리하여 호락湖洛으로 논변한 사실을 설명하였다. 한원진은 본
성이라는 것은 다 기질로 인하여 이름 지은 것이니, 性性이 곧 이理가
기氣 가운데 떨어져 있는 이후의 이름이라 금수가 어찌 사람과 더불어
그 온전함을 같이 할 수 있는가 하여 사람과 동물의 성이 같지 않다고
주장하였다. 이러한 한원진의 설을 김원행은 오랜 세월 동안을 생각한
끝에 동조할 수 없으며 자신은 이재(李縡, 1680~1746)의 의견과 비슷하다
고 하였다. 황윤석은 사람과 동물, 성인聖人과 범인凡人의 심성에 대한
설에 김원행의 가르침을 받고 스승과의 의견이 일치한다는 것을 깨달았
다. 그리고 심心에 대해서는 권상하(權尙夏, 1641~1721)와 한원진 그리고

---

26) 황윤석, 『(국역)이재만록』 상(박순철·노평규·김영 譯, 전북대학교 이재연구소, 서울:
   신성출판사, 2012, 22~24쪽). 曉夢拜溪上丈席 奉質所疑若干言 盖余自幼 已窃窺心性理
   氣之說 而觀泉塘相爭文字 則南塘所見 專謂人物本性之異 聖凡本心之別 而寒泉之所譏
   亦以其心性之間 過占氣界 以偏全作本然 以氣質當心體也 余雖無知 便覺南塘之說 與淺
   見不合 自是二十年來 思量非一 終覺不合 頃年 嘗以奉問於丈席 則見敎人物聖凡心性之
   說 甚協淺見. 大抵與寒泉說話相近 而丈席所獨契處 正在於朱子所謂心者 氣之精爽 心比
   氣自然又靈 靈處只是心 不是性 數三條. 盖自寒水齋以下 南塘屛溪兩家說話 專指氣質謂
   心 寒泉反是 而丈席亦曰 氣質非心 此是與寒泉相近者也. 又就氣上 指其靈處 謂之心. 此
   尤十分明白 言下可信處. 余雖眊知人物本性之同 聖凡本心之亦同 而至其指氣之靈處謂
   之心 則是得諸丈席所發揮指示者 不敢忘也...(중략).

윤봉구(尹鳳九, 1681~1767)는 기질을 심으로 본 호론의 의견에 비판하며 기질이 심이 아닌 낙론의 의견에 동조한다. 이것은 황윤석이 이재와 김원행의 의견을 따른 다는 것인데, 김원행은 '심心이란 것은 기氣의 정상精爽이다.', '심心은 기에 비하면 자연 더 신령스럽다.', '신령스런 곳은 단지 심心일뿐 성性이 아니다.'라는 3조항에서 기의 신령스러운 곳이 심心이라고 규정한 것이 특징이다. 즉 김원행은 원래 하나의 기를 관점에 따라 기질 그 자체를 의미하는 기와 기질 가운데 신령스러운 곳을 지칭하는 심心이라고 분변한 것이다. 신령스럽다는 표현은 신체와 같은 구체적 형상의 제한을 넘어선 심心의 자유로운 활동성을 의미한다. 다시 말해 심心은 이와 기 가운데 처하여 이의 실현자임과 동시에 기의 제약을 받게 되는 것이다.

　18세기 조선의 성리학은 심학화心學化의 경향이 두드러졌다. 16세기 조선성리학이 본체本體 혹은 이理를 그 자체로 규명해내는 데 보다 집중했다면 17-18세기에는 이理뿐만 아니라 심心과 물物 그리고 기氣라고 하는 현실세계를 구성하는 개념으로 관심이 확대되었다.[27] 이 시기에 조선의 양명학파陽明學派인 강화학파江華學派가 등장하였고 성리학 내부에서도 심학을 강조하는 경향이 드러나고 있었다. 심경心經에 대한 연구가 확대되면서도 심학관련 서적들의 강학이 이루어졌다.[28] 이러한 움직임은 조선후기 사회의 변화와 맞물려 이해되고 있다. 임진왜란과 병자호란이라는 두 차례의 큰 전쟁을 치룬 후 오랑캐라고 멸시하였던 청淸의 신하국이 된 조선은 유교윤리의 재건을 통해 사회의 기강을 유지하고자 하였다. 그 과정에서 인간의 도덕성 회복이 강조되면서 심의 존재가 더욱 부각된 측면이 있었다.[29] 이렇게 부각된 심의 존재로 인하여 황윤석은 초년 때부

---

27) 문석윤, 『湖洛論爭 형성과 전개』, 서울: 동과 서, 2006, 312쪽.
28) 지두환, 「경연과목의 변천과 진경시대의 성리학」, 『우리 문화의 황금기 진경시대』 I, 돌베개, 1998, 134쪽.

터 박학博學할 수 있는 시야를 가질 수 있었고, 자신의 금도琴道의 밑바탕을 만고심萬古心이라 표현하였다. 만고심에 대한 황윤석의 금도는 제3장 1절 2항에서 다시 서술하고자 한다.

2. 서학西學의 수용과 인물성동론人物性同論의 영향

1) 서학西學의 수용

17-18세기 조선의 지식인들은 연행사를 통해서 서학을 접하는 동시에 한역서학서漢譯西學書를 통해서 서양과학을 수용하였다. 매년 조선의 연행사에 의해서 조선의 지식인들이 서학을 접하였다. 예수회선교사들의 저술인 한역서학서가 처음으로 조선에 도입된 기록은 광해군 7년(1614) 이수광(李睟光, 1563~1628)의 『지봉유설芝峰類說』에 나타나 있다. 이 책에는 1603년에 마테오리치[利瑪竇]가 제작한 세계지도 『곤여만국전도坤與萬國全圖』를 부연사赴燕使 이광정(李光庭, 1552~1627)이 가지고 왔다고 전하지만, 이수광은 아직 서학을 본격적으로 연구하지는 않았다.

서학 수용이 본격화된 때는 중국의 명·청교체기 무렵이다. 인조 9년(1631) 연행사 정두원은 산동반도의 등주登州에서 예수회 선교사 로드리게츠[陸若漢]를 만나 교유할 기회를 얻었다. 이때 그는 역관譯官 이영준(李榮俊, ?~?)과 함께 서양의 대포를 사용하는 법을 배우고, 로드리게츠로부터 천문天文·역법서曆法書, 알레니[艾儒略]의 세계 인문 지리서인 『직방외기職方外紀』, 그리고 천주교 서적들을 얻어 다음해 조선으로 가져왔다.[30] 당시 서학전래西學傳來는 기물器物과 문헌文獻의 수입에 머물러 있었다.

18세기 전반기에 걸쳐 대청관계가 안정됨에 따라 다양한 한역서학서

---

29) 김윤정, 「18세기 예학 연구-洛論의 예학을 중심으로-」, 서울: 한양대학교 박사학위 논문, 2011, 41~42쪽.
30) 조선사회연구회, 『조선사회 이렇게 본다』, 파주: 지식산업사, 2010년, 506쪽.

가 연행사 등을 통해서 조선에 전래되었고, 북경의 천주당도 방문할 수 있게 되었다.[31] 이때 중국을 방문한 한국 실학자들 중에는 서양에 대한 호기심에서 천주당을 방문한 이들도 있었는데, 그런 과정에서 서학에 대한 인식에 변화가 나타났다.

이와 같이 서학에 대한 국내의 관심이 높아가는 시기에 황윤석은 〈표 1-1〉에 제시되어 있는 바와 같이 독서를 통해 서학서를 접했다.[32]

〈표 1-1〉 황윤석이 읽은 西學書 목록

	書名	編著者	刊行年度	비고
1	天主實義	마테오리치[利瑪竇]	1603	李得鑑
2	同文算指	〃	1614	徐命膺
	句股義	〃	1609	
	渾盖通憲	〃	1607	
	律曆淵源	何國宗 등	1723	
	八線對數表	아담샬[湯若望]		
	泰西水法	우르시스[熊三拔]	1612	
3	新法曆引	아담샬[湯若望] 우르시스[熊三拔]	1646	金得峻
4	曆象攷成	쾌글러[戴進賢] 페레이라[徐懋德]	1723	鄭喆祚
	數理精蘊	何國宗 등	1722	
5	幾何原本	마테오리치[利瑪竇]	1607	李用休
6	職方外紀	알레니[艾儒略]	1623	吳孟明
7	曆象攷成	쾌글러[戴進賢] 페레이라[徐懋德]	1723	金用謙

---

31) 조선 지식인의 18세기에 천주당을 방문한 시기는 1712~1799년 사이이고, 이때 천주당을 방문한 사람은 金昌業, 趙榮福, 金舜協, 李日躋, 李宜顯, 李橖, 卞重和, 安國賓, 李德星, 李樑, 洪大容, 徐命膺, 嚴璹, 李德懋, 朴趾源, 李承薰, 趙瑍, 洪良浩, 金致馨 등으로 18세기에 조선 지식인의 천주당을 방문하는 숫자가 크게 늘어났다. 노대환, 『東道西器論 형성 과정 연구』, 서울: 일지사, 2005, 45쪽.

32) 황윤석, 『이재난고』 1책 권6 551쪽.

書名	編著者	刊行年度	비고
律曆淵源	何國宗 등	1723	
數理精蘊	〃	1722	
律呂正義	〃	1713	

황윤석이 읽은 〈표 1-1〉의 서학서를 내용에 따라 분류해 보면, 크게 천문류天文類, 산법류算法類, 지리류地理類, 의학류醫學類, 격치류格致類 등으로 나눌 수 있다. 당시 서양서들은 쉽게 구할 수 있는 책이 아니었으며, 황윤석이 읽은 책들은 1769(영조 45)년 왕실의 필요로 사행使行을 통해 공식적으로 구입한 것이었다. 당시 서명응은 사행을 통해서『수리정온』·『팔선대수표』·『역상고성후편』등 약 500여 권의 천문·역학 서적을 한 번에 구입해 들여오기도 하였다.33) 또 〈표 1-1〉에서 보면, 황윤석의 관심사는 천문학과 수학이라는 것을 알 수 있고, 또 음악에 관련해서는 청의 강희제康熙帝의 명으로 중국의 악률론과 음률론 그리고 서양음악이론에 관해 논한『율려정의律呂正義』를 읽은 것을 알 수 있다. 또 청대淸代의 『반궁예악전서泮宮禮樂全書』를 열람하여 악률을 논한 것이 악기에 대한 설명이 주희와 채침(蔡沈, 1167~1230)의『율려신서律呂新書』는 조금 다르다고 평하였다. 그리고 서학서는 아니지만, 황윤석은 명대明代의『악선금보樂仙琴譜』와 청대淸代의『송풍각금보松風閣琴譜』·『대악원음大樂元音』·『희금순보羲琴舜譜』를 김용겸을 통해서 필사한 사실을 알 수 있다.34) 황윤석은 청대를 통해 들어온 천문학과 수학뿐만 아니라 음악에 관련된 서적들도 접하였다는 사실을 알 수 있다.

한편 이만운(李萬運, 1723~1797)은 전고典故에 밝은 인물로 선발되어 『문헌비고』의 「물이고物異考」등을 정리하였다. 1778년에 우리나라에『청일통지淸一統志』3질이 들어왔으며, 황윤석이 입수하기 위해 노력하여 그

---

33) 노대환,『동도서기론 형성 과정 연구』, 서울: 일지사, 2005, 47쪽.
34) 황윤석,『이재난고』5책, 권29, 509~615쪽.

해 5월에 황윤석은 이만운으로부터 『청일통지』를 빌려 보게 되었다. 그래서 약 두 달간에 걸쳐 황윤석은 이 서적을 필사하였다.[35] 『청일통지』는 중국 청나라의 영토를 상세히 기록한 책으로, 서양西洋조에서 서양 각국의 국명과 사람들의 모습 그리고 선교사들에 의해 중국에 알려지기까지의 과정 등을 비로소 체계적으로 파악하고 이때까지 공부한 내용들을 확인하였다.[36] 따라서 『청일통지』을 통해서 서학을 이해하는데 많은 도움이 되었고 박학을 있게 한 밑바탕이 되었다. 그리고 지방에 거주하고 있어 당시 서울을 중심으로 유통되었던 서학서를 구하기 힘든 상황임에도 불구하고 읽었다는 사실은 황윤석의 서학에 대한 관심과 열정을 보여준다. 황윤석의 이러한 열정은 '격물格物'과 '박학博學' 정신의 발로라 하겠다.

'격물'은 도덕적 실천과 결부되어 수양론적 의미가 내포되어 있다. 그러나 황윤석의 '격물'과 '박학'은 구체적 사물들의 실제적 탐구를 중시하는 새로운 경향으로 나타났음을 논증하고 있다.[37] 이러한 맥락에서 볼 때 황윤석의 경우는 송대 성리학에서 도덕적 자기실현이 중요시 되던 것과 달리 구체적 사물들의 운동 법칙에 대한 치밀한 연구와 분석에 초점이 맞추어져 있었다.[38] 따라서 황윤석의 서학서 수용은 '격물과 박학 정신'에 따라 서양 자연과학을 수용하는 등의 실학적 탐구와 성리학적 차원에서 강조되는 도덕적 자기실현을 통한 수양론적 의미가 동시에 내포되어 있다고 하겠다.

한편, 황윤석은 『천주실의天主實義』를 보고 천당지옥설과 영혼불멸설은 받아들이지 않았지만 서양의 역학과 산학 등은 천고에 탁절卓節하다고 보았다.[39] 요컨대, 그는 서양의 종교는 부정하였지만 서양의 과학에 대해

---

35) 황윤석, 『이재난고』 4책 권20 156쪽/『이재난고』 5책 권25 30쪽.
36) 천기철, 앞의 논문 111-112쪽.
37) 김영식편, 『중국 전통문화와 과학』, 서울: 창작과 비평사, 1986, 333쪽.
38) 허남진, 「이재 황윤석의 서양과학 수용과 전통학문의 변용」, 『철학사상』, 서울: 서울대학교 철학사상연구소, 2003, 85쪽.

서는 우수하고 실용적인 가치가 있는 것으로 보았음을 알 수 있다. 이러한 서양 과학의 실용성의 가치를 인정한 황윤석은 서학서를 통해서 학문적 관심의 폭이 넓어졌고 다양해졌다.

2) 인물성동론人物性同論의 영향

인물성동론은 황윤석이 서양 천문학을 수용하는 사상적 배경이었으며, 그의 음악인식을 연구하는 데도 중요한 이론적 배경이 된다. 인물성동이人物性同異 논변論辨은 조선후기의 가장 치열했던 사상논쟁으로, 이 중 인물성동론은 서양의 문물을 받아들이는 사상적 배경이 되었다. 인물성동론은 북학파에 사상적 근거를 제공함과 동시에 황윤석과 같이 북학파가 아닌 실학자들에게도 서양 문물을 받아들이는 데 사상적 배경으로 작용하였다.40)

18세기는 사상적 관점에서 볼 때, 기존의 성리학이 양명학·실학·서학 등 다양한 학풍의 도전을 받았던 시기였다. 즉 북벌론北伐論은 조선후기 성리학을 배타적·보수적 체계로 만드는 데 기여하고 있었으나, 17세기 서학이 전래되면서 개방적인 학문 풍토가 형성되었고, 18세기에 이르면 북학파 실학자들로 말미암아 화이론華夷論과 북벌론은 강한 비판과 도전을 받게 된다.41) 이러한 시대적 배경에서 인성人性과 물성物性의 동이논변同異論辯이 나타나게 되었다.

인성·물성의 동이논변은 1708년 주자주朱子註의 해석이 발단이 되어 권상하 문하의 한원진과 이간(李柬, 1677~1727) 사이에 벌어진 논변으로, 그 이후 호서湖西지방의 권상하 계통 학자들과 경락간(京洛間, 서울주변)의 김창협(1651~1708)·김창흡(1653~1722)계 학자들 사이의 논쟁으로

---

39) 황윤석, 『이재난고』 권3, 1책 330~331쪽.
40) 정성희, 『조선시대 우주관과 역법의 이해』, 파주: 지식산업사, 2005, 40쪽.
41) 금장태, 『한국유교의 이해』, 서울 : 민족문화사, 1989, 192~193쪽.

확대되었다.[42]

호론湖論 쪽에서는 한원진과 윤봉구 및 그 문도門徒, 낙론洛論 쪽에서는 김창흡과 어유봉(魚有鳳, 1672~1744)・이재・박필주(朴弼周, 1665~1748)・김원행 및 그 문도가 중심이 되었다. 이들 논쟁에서 보여주는 주요한 쟁점은 '인물성동人物性同・이異', '미발심체본선未發心體本善・유선악有善惡', '명덕분수유明德分殊有・무無'의 세 가지였고, 그 주요 전거를 호론의 경우 『맹자』에서, 낙론의 경우 『중용장구中庸章句』에서 찾았다.[43]

호론에서는 인人・물物 즉 사람과 금수・초목 사이에 원초적인 차이를 설정하여 이들 관계를 차별적으로 인식하였다. 이러한 인식의 근거로서 '인지소이위인人之所以爲人'을 궁구하였고, 인의 존엄성을 강조하는 한편, 인과 물에도 각각의 성이 있다고 하여 그 동질성을 부인하였다. 이처럼 호론계의 주장에서는 인성과 물성의 근원적 동질성은 부정되며, 이런 연유로 자연히 물성에 대한 탐구는 경시될 수밖에 없었다.

한편, 낙론에서는 인성과 물성 모두에 오상五常이 있다고 보며, 그들 사이의 근원적 차이를 부정하였다. 김원행은 인지성人之性과 물지성物之性의 상호연관을 말하면서 낙론의 실천적 의미를 발견하려고 하였다. 낙론에서의 이러한 생각이 곧바로 새로운 물론物論으로 나아간 것은 아니지만, 김원행 문하의 황윤석은 인물성동론을 그의 상수학象數學 연구와 연결시키면서 낙론에 더 적극적인 의미를 부여하고 있었다.[44]

황윤석은 김원행의 문하에 들어오기 이전부터 '인물성人物性 모두에 오상이 있다'고 하여 인물성동론을 탐구하고 있었다. 황윤석이 '인물성동론'의 내용을 이해한 과정을 살펴보면 다음과 같다.

42) 권오영, 호락논변의 쟁점과 그 성격, 『기호유림의 사상과 활동』, 서울: 돌베개, 2033, 89~91쪽.
43) 서동일, 「『이재난고』에 나타난 조선후기 호락논쟁」, 『고문서연구』 20집, 서울: 한국고문서학회, 2002, 241쪽.
44) 『頤齋續稿』 권12, 「漫錄」 下.

황윤석은 1787년 관직생활을 포기하고 고향에 퇴거하여 낙론계열의 입장에서 「호락이학시말기湖洛二學始末記」를 저술하였다.[45] 어려서부터 낙론에 영향을 받았던 황윤석이 인물성동론을 주장한 것은 당연한 결과이고 자연스러운 현상이었다. 황윤석은 인물성이론에 대해서 다음의 인용과 같이 비판하였다.

> 사람과 사람의 本性은 같으나 사람과 사물의 본성이 다른 것은 性이 곧 理이고 理는 하나이기 때문이다. 天地本然으로 말하자면 하나의 근본일 따름이다. 사람과 사물을 막론하고 만약 본성이 같지 않다고 한다면 두 개의 본성인 것이다. 그러한 즉 이 말대로 한다면 고인의 이른바 盡物之性이라는 것은 돌아보건대 무엇으로써 해야겠는가. 이 말대로 행한다면 반드시 그 흐름의 폐단이 있는 것이다.[46]

위의 인용문에서 황윤석은 인성과 물성이 다르다고 주장한다면, 두 개의 본성이 존재하게 되는 것이며, 호론의 인물성이론에 대한 설이 시행되면 그 폐단이 있게 되므로 인물성이론을 비판하였다. 즉 호론에서는 '인성과 물성은 본연지성부터 다르다'고 한 반면, 낙론에서는 '인성과 물성은 본연지성이 동일하며 기질지성은 다르다'고 하였다. 특히 이론異論이 병자호란 이후 화이론에 입각한 배청의식·북벌론·대명의리론의 현상과 유지에 큰 영향을 끼쳤다고 한다면, 동론同論은 사회현실에서 이질적인 요소에 더 포용적인 시각을 보여줌으로써 청을 인정하는 현실주의적 경향을 보여주었다. 따라서 낙론의 동론은 헛된 소중화의식小中華意識을 배격하고 청의 선진문물을 수용하자는 북학사상의 형성에 큰 시사점을 주

---

45) 서동일, 앞의 논문 241~242쪽.
46) 황윤석, 『이재난고』 2책 권12 346쪽. 胤錫曰 雖曰人與人則本性同 人與物則本性異 而性即理也. 理一而已 自天地本然者而言之一本而已 無論人物 若曰本性不同 則二本也. 即此言之 古人所謂盡物之性者 顧何以哉 此說之行 必有其流之弊矣.

었다고 할 수 있겠다.[47]

이러한 의미를 갖는 인물성동론은 황윤석의 학문적 경향이 과학적이고 실용적인 방향으로 나아가는 데 영향을 주었다. 생애 전반기에 그의 학문적 관심은 인물성동론에 있었고, 생애 중반기 이후로는 동론을 바탕으로 천문·역법을 비롯해 기하학幾何學과 산학算學 그리고 지리·역사·국어학·음악에 이르기까지 다양한 분야에 몰입하면서 많은 논저를 남겼다. 이것은 인간의 심성心性만을 학문의 대상으로 삼던 종래의 학문경향에서 벗어나 물物도 학문의 대상이 될 수 있다는 새로운 학문경향의 이론적 토대가 구축되어 가고 있음을 보여준다. 인물성동론은 황윤석이 서학을 긍정적으로 평가하며 적극적으로 수용하게 된 것은 이러한 사상적 배경과 무관하지 않다.[48] 이러한 인성뿐만 아니라 물성도 중요하게 인식하였기 때문에 황윤석은 서학을 수용하여 그의 학문 세계를 구축할 수 있었다. 즉 황윤석이 음악인식을 갖게 된 내재적 요인은 인물성동론이고, 외재적요인 서학의 수용이라 할 수 있겠다.

2절 황윤석의 학문적 교유交遊와 경향

이 절에서는 황윤석의 학문의 세계 중 그의 음악인식과 밀접한 관련이 있는 학문적 교유와 경향을 중심으로 살펴보고자 한다. 학문적 교유는 백시덕(白時德, ?~?)·정후(丁垕, ?~?)와 김원행·김용겸(金用謙, 1702~1789)·서명응·홍대용과의 관계를 중심으로, 그리고 학문적 경향은 가학家學을 통한 이수학理藪學[49]과 상수학象數學 및 명물도수지학名物度數之

---

47) 최영성, 『한국유학통사(중)』, 서울: 심산, 2006, 691~692쪽.
48) 정성희, 『조선시대 우주관과 역법의 이해』, 서울: 지식산업사, 2005, 52쪽.
49) 理藪學 : '理藪'란 사물의 이치를 담은 총체로 박물학적, 백과전서적 정신의 결정체를 완성한 학문이라 하기도 하고, 또 '이수'란 理의 歸屬處라는 말로 '이치의 總集'이라는 뜻에 가까운 말로, 『理藪新編』은 '이치를 종합한 서적이다'고 한다. 이숭녕,

學에 나타난 내용들을 중심으로 살펴보고자 한다.

1. 학문적 교유

이 항에서는 황윤석이 학문적으로나 혹은 음악인식을 갖게 영향을 주었던 인물들, 즉 백시덕·정후와의 교유 및 김원행·김용겸·서명응·홍대용을 중심으로 학문적 교유관계를 살펴보고자 한다.

1) 백시덕白時德·정후丁垕와의 교유

황윤석은 어린 시절에 백시덕[50]과 정후와 교유하였다. 그는 5세 때부터 조모祖母 김씨金氏에게 글을 배웠고, 이후 6세에는 시詩를 배웠다. 간혹 시문을 읽을 때 난해한 곳을 만나면 계집종에게 업혀서 백시덕에게 질문하기도 하였다.[51] 또 그는 백시덕의 형제를 따라 태산台山 분암墳菴에 가서 글을 함께 읽기도 하였다.[52] 백시덕은 백인걸(白仁傑, 1497~1579)의 5대손으로, 어려서부터 그의 외조外祖인 유형원(柳馨遠, 1622~1673)에게 학문을 배운 이었다. 따라서 황윤석의 학문적 성장은 유형원의 가르침을

「이수신편해제」, 『理藪新編』, 서울: 아세아문화사, 1975, 5쪽. 최영성, 「황윤석 실학의 특성과 상수학적 기반」, 『이재 황윤석의 학문과 사상』, 서울: 경인문화사, 2009, 80쪽.

50) 백시덕은 休菴 白仁傑의 5대손이며, 祖父는 沙潭 白弘源, 外祖는 磻溪 柳馨遠, 外舅는 吳大寬이다. 『輿城誌』를 보면 '疎窩의 아들이며 號는 壽村이다. 性理를 밝게 해석하였고, 名利를 구하지 않아서 士類들이 흠모하였다. 同知僉中樞府事를 역임했다.'고 되어 있다. 유재영, 「이조후기 국어학에 공헌한 실학사상-특히 이재 황윤석을 중심으로-」, 논문집 4집, 익산: 원광대학교, 1969년, 378쪽.

51) 황윤석, 『(國譯)이재유고』Ⅰ(박순철·노평규·김영 譯, 전북대학교 이재연구소, 서울: 신성출판사, 2011, 10쪽). 始學字於王母金氏 學小詩于王母 王母或值艱解處 輒使女婢背負先生 往質于壽寸白公時德 白公甚愛重之.

52) 황윤석, 『(國譯)이재유고』Ⅰ(박순철·노평규·김영 譯, 전북대학교 이재연구소, 서울: 신성출판사, 2011, 11쪽). 從黙堂白公時明 壽村白公 讀書于白氏台山墳菴.

받은 백시덕을 통해서 이루어졌다고 할 수 있다.

황윤석은 당색으로 보면 노론에 속한다. 당시 호남을 중심으로 한 노론은 독자적인 당파를 형성하여 중앙정계에 진출하여 권력투쟁을 할 만큼 세력이 크지 못하였다. 당시의 사정은 대개 서울의 어떤 권문과 친분, 그리고 학맥이 연결되느냐에 따라 당색이 정해지곤 했었다.[53] 황윤석의 집안은 선대부터 노론의 핵심인물이었던 김창협의 문하로서 수학하여, 노론계 내에서도 낙론계라고 할 수 있다. 이러한 노론 낙론계의 당색에 의해 그는 처족妻族 정후[54]와 서신으로 교유하였는데, 정후가 '호락학심성설湖洛學心性說의 득실'에 대해 논한 글에 황윤석이 답하는 편지를 썼다. 이 편지는 황윤석이 20세에 장가들어 그해 3월부터 처가살이를 하여 10월 정후에게 '호락학심성설'을 얻어 듣고서 득실을 분별하였다. 황윤석은 20대 초반에 당대 기호학계의 주요 쟁점이었던 인물성동이론에 대해 자신의 의견을 다음과 같이 밝혔다.

> "비록 理는 하는 것이 없고 氣는 하는 것이 있더라도 氣가 맑고 순수하고 바르면 理도 맑고 순수하고 바르며, 氣가 탁하고 잡박하고 편벽되면 理도 탁하고 잡박하고 편벽되게 됩니다. 그러므로 사람과 물건이 생겨날 때에 물건은 그 탁한 것, 잡박한 것, 편벽된 것을 얻어서 물건이 되고, 사람은 그 맑고 순수하고 바른 것을 얻어서 사람이 되니 이것이 진실로 사람과 물건이 다른 까닭입니다. 이와 같이 된 이유는 단연코 氣가 발함에 理가 氣를 따른 한 길로 말미암는 다는 것입니다."[55]

---

53) 하우봉, 「이재 황윤석의 사회사상」, 『이재 황윤석-영·정시대의 호남실학-』, 서울: 민음사, 1994, 16쪽.

54) 황윤석은 20세 때 남원 월곡방에 사는 遊軒 丁熿의 7세손 丁遠嫌의 딸과 혼인하였다. 이때 妻家에 머무는 동안 처족 정후의 '湖落學心性說의 得失'에 답하며 토론하였다.

55) 『頤齋遺藁』 卷六 「答丁丈垕書」 己巳, 雖然理無爲氣有爲 氣之淸也粹也正也 而

위의 인용에서 황윤석은 사람과 사물이 다른 까닭의 단서가 기가 발함에 이가 따른다는 한 가지 길에 말미암는다고 하였다. 사물은 본래 천명의 성을 부여받았어도 흐리고 잡박하고 치우친 기에 따르기 때문에 사물임을 면할 수 없고, 사람은 맑고 순수하고 바른 기가 발함에 이가 따르기 때문에 지적 영명성靈明性과 도덕적 양심을 지닌 만물의 영장일 수 있다. 이러한 인간과 사물의 이해는 이 보다 기에 그 주도권을 설정하는 것으로 새로운 의미를 갖는다. 왜냐하면 기존의 성리학에서는 천명天命으로서의 선한 본성이 중심이 되고, 다만 그것을 은폐하고 가리는 기가 문제되었기 때문이다. 이러한 황윤석의 인간과 사물에 대한 이해는 주기론을 따른다고 볼 수 있다.56)

또 황윤석은 다음과 같이 사람과 사물의 차이를 설명하였다.

"理가 혹 바르고 혹 바르지 못함은 실로 氣가 어떻게 작용하는가에 말미암으니 이것이 어찌 하늘이 명한 本然之性이 본래 이와 같겠습니까? 이렇게 된 것은 本然之性이 氣質 위에 떨어져서 한결같이 그 자신이 얻은 분수에 따라 그렇게 된 것입니다. 이것이 바로 氣質之性에 대한 說이니 개와 소, 사람의 氣質이 같지 않다는 설에 이르면 또 다른 설이 있습니다. 사람이 태어날 때에 그 氣의 전체를 얻는 이것은 마땅히 행해져야 할 이치이지만 사람 중에는 자못 다양한 형태가 있습니다. 간혹 仁에 편중되어 측은한 것을 오로지 하는 사람은 木氣를 많이 얻은 것이고, 義에 치우쳐서 羞惡를 오로지 하는 사람은 金氣를 많이 얻은 것입니다. 나머지도 각기 이런 이치를 따라 차이가 생깁니다. 사람도 이와 같은데 하물며 氣의 온전함을 얻지 못하여 이지러지고 결함이 있는 물건에 있어서 말해 무엇 하겠습니까? 새는 날수 있으나 달리지 못하고, 짐승은 달릴 수 없으나 날지 못하며, 동식물의 종류

理亦如之 氣之濁也駁也偏也而理亦隨之 故人物之生也 物得其濁者駁者偏者而爲物 人得其淸者粹者正者而爲人 是固人物之所以不同 而其所以如此者 端由於氣發而理隨之一途矣.
56) 황의동, 앞의 논문 59-60쪽.

> 가 다름에 따라 발길질도 잘하기도 하고 깨물기를 잘하는 것이 서로 다른 것은 그 얻은 바의 氣가 각기 치우침이 있어서이기 때문이니, 그 性이 氣의 위에 붙어 있는 것이 또 어찌 氣를 따라 달라져서 각기 그 받은 바를 온전히 하겠습니까?"[57]

위의 인용에서 황윤석은 사람과 사물의 차이는 같은 사람 가운데에서도 차이가 나고 동식물 가운데에서도 차이가 나는 것은 오로지 기로 인한 것이라고 보았다. 하늘이 명한 본연지성本然之性은 다름이 없지만, 기의 분수에 따라 차이가 생기니 이것이 기질지성이라는 것이다. 그래서 개의 성과 소의 성이 같지 않고 소의 성과 개의 성이 같지 않으니 하늘이 명한 본연지성은 다른 것이 아니라 그 기질 속에 있는 것이 다르다는 것이다. 이것은 만물이 각각 하나의 태극의 이를 갖추고 있는 것이고, 또한 오행이 각각 그 성을 한가지로 한다는 설과 길은 다르나 똑같은 곳으로 돌아간다는 것이다.[58]

황윤석은 사람이 사물과 다른 중요한 차이를 지적 영명성에서 찾고 있음을 알 수 있다. 이는 종래의 유학자들이 사람과 사물의 차이를 도덕성 내지 선천적 양심에서 찾았던 것과는 다소 고침 구별되는 관점이다.[59] 즉 황윤석은 사물에 동물과 같은 생물체만 포함하는 것이 아닌 무생물체도 포함하였기 때문에 사람과 사물의 차이를 영명성에서 찾은 것이라 생

---

57) 『頤齋遺藁』 卷六 「答丁丈垕書」 己巳, 理之或正或否 實由乎氣之如何作用 則是豈天命本然之性合下如是哉 其亦以落在氣質上面 而一隨其所得之分數而然也 此乃氣質之性之說 而至若犬牛人不同之論 抑有說焉 人之生也 得其氣之全體者 斯乃當行之理 而人之中亦自有多少般樣 或偏於仁而專於惻隱者 得木氣之多也 或偏於義而專於羞惡者 得金氣之多也 餘各率是而有差 夫人猶然 况物之得氣之不全而有所虧欠者乎 鳥能飛而不能走 獸能走而不能飛 以至於動植之異類也 踶囓之異能也者 蓋莫不因其所得之氣而各有所偏 則其性之寓於是氣上面者 亦安得不隨而異 而各全其所禀也耶.

58) 황의동, 앞의 논문 61쪽.

59) 황의동, 앞의 논문 63쪽.

각된다. 이러한 황윤석의 가치관은 그의 실학적 관점에서 나왔다고 볼 수 있겠다. 황윤석은 젊은 시절부터 실학적 관점으로 인해서 거문고 음악을 이해하고『현학금보』를 필사한 것이며 또 악률에 대한 연구도 탐구한 것으로 생각해 볼 수 있을 것이다.

2) 김원행·김용겸·서명응·홍대용과의 교유

황윤석은 과거급제가 자신의 학문적 목표가 아니었던 만큼, 31세에 진사시에 합격함으로써 자신의 문명文名을 어느 정도 알리는 것으로 만족하였다. 이 같은 상황에서 황윤석은 많은 사람들과 교분을 나누었다. 그의 행장과 연보에 의하면, 윤봉구·김시찬(金時粲, 1700~1767)·정경순(鄭景淳, 1721~1795)·서명응·김이안(金履安, 1722~ 1791)·정동유(鄭東愈, 1744~1808)·정철조(鄭喆祚, 1730~1781)·김용겸·신경준(申景濬, 1712~1781)·홍대용·이가환(李家煥, 1742~1777)·이만운 등 많은 지식인들과 교유하고 있었음을 알 수 있다. 이들 중에서 황윤석의 음악인식과 관련해서 영향을 준 지식인은 김원행, 김용겸, 서명응, 홍대용 등으로 압축된다. 이들 중에서 특히 김용겸, 서명응, 홍대용과의 교유에 대한 내용은 『이재난고』에서만 그 기록이 확인된다.

먼저 황윤석이 김원행과 인연을 맺게 된 때는 22세였다. 부친 황전이 서울에 올라와 아들의 사문師門을 정하는 문제로 김문행(金文行, 1701~ 1754)을 만나면서 그 인연은 시작되었다. 즉, 이때 김문행이

　　"아들[황윤석]이 서울에 와서 科文을 한다면 내가 마땅히 이를 가르치겠고 經學이라면 나의 再從弟 渼湖[김원행]가 있는데 내 마땅히 먼저 허용하리라"[60]

---

60) 황윤석,『이재속고』권 14,「연보」. 先生二十二歲 春正月 晩隱公訪金承旨文行于 壯洞 金公極稱先生曰 令胤北來 則科文吾當導之 經學有再從弟渼湖在焉 吾當

고 하여, 황윤석은 김원행의 문하에서 수학하게 된다. 물론 황윤석이 김원행의 문하에 들어가게 된 연유가 김문행의 소개로 이루어진 것이지만, 앞서 언급한 바와 같이 어릴 적부터 과거 보다는 경학에 뜻을 둔 그의 학문적 태도가 크게 작용한 것으로 볼 수 있다.

황윤석은 김원행을 바로 찾아가지 않고 그로부터 6년이 지난 28세(1756)에 부친 황전의 명으로 김원행을 찾아갔으나, 이때는 김원행을 스승으로 섬기지 않았다. 이것에 대해서 황윤석은 「미상록渼上錄」에 다음과 같이 기록하고 있다.

> "윤석은 병자년(1756)부터 기묘년(1759) 3월에 이르기까지 執贄 이전에 단지 世誼로써 지냈을 뿐, (스승과 제자의) 名義는 아직 정하지 않았다. 때문에 語錄에는 重峯集[趙憲의 문집]에 대해 글을 쓰면서 栗谷선생을 李承旨라고 부르다가 執贄 이후에야 비로소 '선생'이라고 불렀다고 운운하였다."[61]

황윤석이 김원행을 찾아 간 때는 28세였지만, 3년 동안은 단지 그의 말대로 세의로써 찾아뵙고 또한 경서에서 의문 나는 것을 질문하였을 뿐 이 시기에는 스승과 제자로서의 명의는 아직 정하지 않고 있었다.

황윤석이 김원행을 스승으로 모시게 된 때는 기묘년(1759) 3월 16일로, 그의 아우 주석胄錫과 함께 찾아가 스승으로 모시기를 간청하여 제자의 예를 거행한 뒤 비로소 제자로서 허락을 받았다. 스승 김원행과의 관계는 황윤석이 28세 되던 1757년(영조 33) 9월에 경기도 양주楊洲 석실石室로 그를 찾아가 상견례를 행하고 『소학』과 『대학』을 수강하면서부터, 김원

爲之先容也.

61) 황윤석, 『이재속고』 권6, 「渼上錄」. 胤錫自丙子至己卯三月 執贄以前 徒而世誼 而名義則未定也 故於語錄用重峯集中 初稱栗谷先生爲李承旨 故禮執贄以後 始 稱先生云.

행이 죽기 전 임진년(1772) 즉 황윤석의 나이 44세까지 계속되었다.

황윤석은 김원행의 문하에서 경의經義와 의례疑禮 등에 관한 문제를 질문하고, 이기理氣·인물성人物性 등에 관한 논의도 교환하였다. 김원행과의 긴밀한 관계 속에서 황윤석은 자신의 학문세계를 성숙시켜 나갔다. 물론 이러한 학문적 성숙은 김원행을 만나기 이전부터 쌓아온 학문적 기반이 있었기 때문에 가능한 것이기도 하였다.

특히 황윤석은 석실서원石室書院62)에서 수학하면서 상수학 연구를 더욱 심화시켜 나간 것으로 보인다. 당시 석실서원은 고문운동古文運動과 더불어 상수학에 깊은 관심을 나타내고 있었던 것으로 보이는데, 스승 김원행은 김석문(金錫文, 1658~1735)의 상수학을 크게 인정하면서 그의 문인들에게 상수학 연구를 장려하기까지 하였다. 또한 이러한 석실서원의 분위기 속에서 이미 황윤석은 상수학 연구자로서 인정을 받고 있었다.63)

김원행과 사제의 연을 맺고 난 뒤 황윤석은 김용겸과도 교유하였다. 김용겸은 안동김씨 가문 출신으로 김수항(金壽恒, 1629~1689)의 손자이며 김창즙(金昌緝, 1662~1713)의 아들이다. 황윤석의 연보에는 김용겸과

---

62) 석실서원은 효종 연간(1654) 金尚容과 金尚憲을 제향한 충절서원으로 건립되었다가 숙종대 金壽恒·閔鼎重·李端相 등을 추가로 제향함으로써 노론의 핵심서원으로 부상하였다. 갑술환국 이후 재정비하기 시작한 노론세력은 석실서원의 제향을 통해 세력 결집의 기반을 마련해 나갔다. 아울러 석실서원은 김창협·김원행 등의 학문 활동을 통해 서울학계의 학풍에도 큰 영향을 미쳤으며, 서원에서 교유하며 성장한 석실의 문인들은 후일 중앙 정계에서 유력한 정치세력으로 등장하였다. 또 지방의 노론계 서원에까지 그 영향을 미쳤다. 따라서 석실서원의 정치 사상적 성향은 노론계의 의리명분을 상징하는 곳이자, 서울 학풍으로 대변하는 낙론계 학맥의 중심지로 규정할 수 있다. 조준호, 「경기지역 서원의 정치적 성격-석실서원으로 중심으로-」, 『국학연구』 제11집, 안동: 한국국학진흥원, 2007, 21쪽.

63) 황윤석, 『이재속고』 권6, 「渼上錄」. 執義丈曰 某於此等文字 力未暇究 今聞尊說 甚愍 昔程子未嘗一言及數 雖未知何如 而朱子 則於易學律呂 實多資季通 尤庵 亦嘗令初學究覽此等文字 尊若久住講說 豈非好事.

『중용』의 비은費隱 및 역범易範·율력律曆·전병田兵·관직·산수·음악
등에 대한 설을 논했으며, 『주자대전』을 교정하였고, 병서와 해방海防에
대해 논한 기록들을 볼 수 있다.

한편 황윤석은 김용겸에게 『사성통해四聲通解』뿐만 아니라 음악에 관
련된 서책들을 빌려줄 것을 청한다.

> "엎드려 생각하건대 몇 일 사이에 체후가 다 좋으십니까? 지난번에
> 문밖에 나갔는데 마침 吉禮를 만났기 때문에 저가 어지러워 감히 독달
> 하지 못하고 돌아왔는데 창탄하여 오랫동안 그치지 않습니다. 저는
> 금방 입직하였고 또한 差祭에 일이 장차 있어서 한가한 틈을 얻게
> 되면 선생님께서 계시는 곳을 찾아뵙지 않을 수 있겠습니까? 『四聲通
> 解』 두 권을 敬呈하여 바칩니다. 『宋史』 律曆志 및 『律呂正義』는
> 빌려주시는 것이 어떻겠습니까?"[64]

여기서 황윤석은 이미 빌려갔던 『사성통해』를 다시 돌려주고, 악률에
관한 서적인 『송사宋史』 율력지와 『율려정의律呂正義』를 빌려주었으면 하
는 바람으로 간청을 올렸다. 이렇게 황윤석은 김용겸을 통해서 『율려정의』
를 빌려보았다.

> "金어른[김용겸]의 答書가 왔다. 『律呂正義』 한 질을 보내서 上編은
> 正律과 審音을 합쳐서 두 권이고, 下編은 和聲과 定樂을 합쳐서 두
> 권이고, 續篇은 協均度曲 한 권이니 이것은 3編 5卷이다. 즉 청나라
> 군주가 御製한 것인데 대체로는 채원정의 『律呂新書』를 근거로 해서
> 여러학자들 및 西樂을 참고한 것이다."[65]

---

64) 황윤석, 『이재난고』 2책 권12 366쪽. 「與金樂正丈」 伏惟日間 氣體候萬慶 頃進門
外 適値有吉禮客撓不敢瀆達而歸 悵歎彌久不已 胤錫今方入直 又將有事於差祭
如得開隙 敢不拜床下 四聲通解□二卷敬呈耳 宋史律曆志 及律呂正義 惠借如
何 紙貴欠敬 惶悚不備 伏惟下鑑 己丑五月三日 教下生黃胤錫再拜.
65) 황윤석, 『이재난고』 2책 권12 396쪽. 金丈答書來 因送律呂正義一帙 上編曰正律

황윤석은 『율려정의』에 대하여 『이재난고』에 그 체제와 내용을 간략하게 설명하였다. 그의 기록에 의하면 『율려정의』는 청의 강희제康熙帝 명에 의해 『율려신서』를 기초로 하여 여러 학자들의 고견과 서양음악이론을 참고한 것이라고 하겠다. 짧지만 정확한 『율려정의』에 대한 그의 평가를 통해서, 그가 악률이론에 대해 상당한 관심과 악률이론에 대한 식견의 정도를 알 수 있다.

황윤석은 대개 40세 이후로 김용겸과 자주 왕래하였으며, 김용겸이 죽기 전까지 편지 왕래를 하며 지냈으며, 때론 술도 같이 마시기도 하고, 때론 궁궐에서 잠시 만날 때도 있었으며, 때론 많은 서적들을 김용겸에게 빌려보기도 하는 등 황윤석에게 김용겸의 영향력은 상당하였다.[66]

> "樂院提調 金用謙이 장차 황윤석을 천거하여 主簿를 겸하게 하려 하였으나 황윤석이 사양하였다.
> 왕이 바야흐로 음악을 바로잡으려고 하심에, 김공[김용겸]이 장차 황윤석을 천거하여 주부를 겸하게 하려 하였다. 황윤석이 말하기를 "한 읍을 맡아 봉양을 구하는 것이 소원일 뿐입니다. 어느 겨를에 朴墺이 될 수 있겠습니까?"라고 하니 공이 억지로 할 수 없었다."[67]

김용겸이 장악원 제조提調에 있을 때 율려律呂에 밝은 황윤석을 위의 인용과 같이 장악원 주부主簿로 추천하기도 하였다. 그리고 김용겸은 황윤석과 학문을 논하는 자리에서,

---

審音共二卷 下編曰和聲定樂共二卷 續編曰協均度曲一卷 是三編五卷 即清主御製 大抵據蔡氏律呂新書 而叅以諸儒及西樂者也.

66) 김용겸에 관련된 내용은 『이재난고』에 아주 많이 담겨 있어 일일이 열거하기도 힘들 정도로, 긴밀한 유대관계가 있었음을 알 수 있다.

67) 황윤석, 『(國譯)이재유고』I(박순철·노평규·김영 譯, 전북대학교 이재연구소, 서울: 신성출판사, 2011), 樂院提調金公(用謙)將薦先生爲兼主簿 先生辭之 上方欲釐正律呂 金公將薦先生爲兼主簿 先生曰 一邑求養志 願止此 何暇作朴墺也 公不能强. 170쪽.

"평생 이와 같은 학설을 하는 사람이 없다가 다행히 황윤석을 만나
한 자리에서 문답할 수 있게 되었으니, 사람의 마음을 시원하게 한다.
…… 멀고 구석진 시골에서 성장한 사람이 어찌 이리도 박흡하고 정
밀하단 말인가?"[68]

라고 평가하였고, 황윤석은 김용겸을 "풍류가 홍장하고, 성품이 진솔한
風流弘長, 姿性眞率" 존장으로 인식하였다.[69] 김용겸은 황윤석과 지기志氣
가 서로 통하는 사이로, 황윤석에게 적지 않은 영향을 끼쳤을 뿐만 아니
라 누구보다도 황윤석의 학문을 인정하였다.

서명응 또한 황윤석이 교유한 학자였다. 「여서참판명응서與徐參判命膺
書」라는 서신에서 두 사람의 학문적 교유관계를 아래 인용과 같이 확인할
수 있다.

"… 聖人이 한 말씀이 있습니다. "이 나라에 살적에는 大夫의 賢者
를 섬기고, 무릇 선비의 인자를 벗 삼아야 한다."고 하였습니다. …(중
략)…지금 저는 나이 38세입니다. 어려서 이미 아버지의 훈육으로
어버이의 道가 있음을 견주어 거의 이로 인해서 管窺하였습니다. 그
러나 나 스스로 생각할 적에 제가 동남쪽[경상도]으로 생장해서 두루
영준한 사람과 노는데 미치지 못한 것이 슬펐습니다. 거듭 질병이
겹쳐서 뜻을 이루지 못하고 분발하지 못했습니다. 대개 伯氏로부터
소위 거슬러 올라가서 六經으로 귀착시켜 아득한 것을 느꼈습니다.
…(중략)… 그 동안 일찍이 여러 사람의 여론이 찬양하니 明公께서
크고서도 의지가 굳세어 담담하여 싫지가 않았습니다. 작은 벼슬을
했을 때부터 이미 은연중에 거듭되는 意望이 있었습니다. …(중략)…
엎드려 생각하옵건대 저를 허락해주십시오. 윤석재배.【書面에 '徐參

68) 『이재난고』 2책 권12 365쪽. 金丈曰 平生 此等說話 無可開口處 … 得逢黃奉事一
席問答 令人洒然 … 亦有此樂否 且尊生長遐鄉 安得博洽精密如此 甚可喜也
69) 오수경,「18세기 서울 文人知識層의 性向-燕巖그룹'에 관한 硏究의 一端」서울:
성균관대학교 박사학위논문, 1990, 86쪽.

判宅 將命者 進士 黃胤錫 門外 上候書'라고 쓰여 있다.】"[70]

위의 인용문은 황윤석이 38세 때 관직에 제수되기 전에, 부친을 대신해서 명망 높은 서명응에게 학문적 가르침을 받고자 쓴 글이다. 이때 서명응은 참판의 벼슬에 있었는데, 황윤석은 '대부 중의 현자賢者를 섬기고, 선비 중의 인자仁者를 벗 삼는다'는 공인으로서 인을 실천하는 방법에 대하여 가르침을 받고자 하였다.

그리고 같은 해에 황윤석은 서명응과 역상易象·역학曆學·범수範數·자서字書·팔선구수八線九數에 대해 논하기도 하였다.[71] 이때는 서명응이 『고사신서攷事新書』를 완성한 해(1771)인만큼 황윤석에게 도움을 받았던 것으로 추측하지만,[72] 위의 서신에서는 『고사신서』에 대해 언급한 내용이 없으므로 확신할 수는 없다. 또한 다음의 인용과 같이 황윤석과 서명응의 친밀한 교유관계가 확인된다.

"가을기운이 점차로 서늘한데, 삼가 생각하건대 江 亭子에서 가뿐한 맛이 운치가 있어서 비록 말을 달려서 돌아왔으나(1766년 서명응이 甲山府에 유배 가서 돌아옴.) 몸이 다시 건강이 좋으신지요? 저는 뜻밖에도 처음 관직에 임명되어서 이미 출사하여 사은숙배를 거쳤습니다. 또 장차 禹穴(禹임금의 葬地, 즉 단종의 능)을 越中(영월)에서 구경하게 되었으나 더위 병이 있어 가는 여정이 절박하여 당신을 찾아

---

70) 황윤석, 『頤齋亂藁』 2책 권6 548~549쪽. 「與徐參判命膺書」. …聖人有言 居是邦也 事其大夫之賢者 夫於士焉 而友仁足矣 … 今胤錫 馬牛齒三十八矣 幼已過庭 比親有道 庶幾因之管窺 然竊悼夫生長東南 不及遍游英俊 而又重以疾病 逐堨颯未奮 蓋自伯氏 溯而歸諸六經 覺渺瀰也. … 間嘗獲之輿誦 惟明公 弘而毅 淡而不厭 自小官時 已隱然重望矣. 伏惟俯垂許焉 … 胤錫再拜. 「書面徐參判宅 將命者 進士黃胤錫門外上候書」.

71) 황윤석, 『이재유고』 연보, 與徐參判(命膺) 論易象曆學範數字書八線九數.

72) 하우봉, 「이재 황윤석의 사회사상」, 『이재 황윤석-영·정시대의 호남실학-』, 서울: 민음사, 1994, 26쪽.

가서 가르침을 할 겨를이 없습니다. 영원히 우러르는 마음이 지극합니
다. 어찌 서글프지 않겠습니까? 삼가 편지를 받들어 공경하는 마음으
로 起居를 묻는 인사를 펴며 많은 것은 갖추지 못합니다. 원하노니
선생님께서 거울삼아 봐주시기를 바랍니다. 병술(1766년) 8월 3일에
황윤석 재배."73)

위의 인용문은 앞의 인용문과 같이 황윤석이 1766년 8월에 서명응이
갑산부에 유배 가서 무사히 돌아온 것74)에 대한 안부를 여쭙는 글이다.
이때 황윤석은 처음으로 장릉참봉에 제수되어 영월에 있었던 관계로 서
명응을 만날 수 없었던 상황이었다. 여기서도 서명응이 『고사신서』를 완
성하는 데 황윤석이 도움을 주었다는 사실은 알 수 없지만, 역상과 수리
학에 대한 공통된 관심과 조예를 지녔던 두 사람이었던 만큼 신분과 직책
상의 거리를 두지 않고 밀접하게 교유하였다는 사실을 파악할 수 있다.
  황윤석은 서울・경기지방의 실학자들과도 학문적 교유를 가졌다. 특
히 홍대용 등 북학파 학자와의 관계가 주목된다.75) 홍대용은 황윤석과
함께 김원행 문하에서 동문수학한 사이로, 황윤석이 31세가 되던 1759년
김원행의 문하에 입문하였을 때, 홍대용은 이미 석실서원의 핵심인물이
었다. 두 사람의 교유관계는 『이재난고』에 잘 기록되어 있으며, 두 사람
의 교유관계가 깊다는 사실이 다음의 인용에서 확인할 수 있다.

---

73) 황윤석, 『頤齋亂藁』 1책 권7 609~610쪽. 「與徐參判「命膺」書」 秋氣稍凉 伏惟江
  樹脩然味□有趣 雖驅馳以返 而台體益復純釐不 胤錫 意外得被一命 旣經出謝
  又將窺禹穴於越中耳 顧以暍疾迫於行程 不暇踖門而求敎 永念慕仰之至 寧不悵
  然 謹奉狀 敬伸起居 而千萬不備 乞賜台鑑 丙戌八月三日黃胤錫再拜.(□: 원본
  의 파손이나 판독이 불가능한 경우, 그리고 글자가 불분명한 경우에 사용된다.)
74) 1766년(병술년, 영조 42) 5월에 홍문관 부제학이던 서명응은 홍문관록 수찬을 주관
  하라는 어명을 어겨 갑산부로 잠시 귀양 가서 돌아옴.
75) 권오영, 앞의 논문, 195쪽.

"성균관에 들어가니 豊基 李光夏가 또 들어왔다. 전후에 걸쳐 그를 한두 번 만난 적이 있는데, 문장력과 학식을 겸비했다. 退溪의 둘째 형 大司憲 瀣의 후손으로 辛亥年에 태어났다. 스스로 말하기를, 洪大容과 절친한데 홍군[홍대용]의 집은 서울 紵廛洞에 있으나 지금은 淸州 서쪽 長命里에 살고 있다. 그곳은 全義와 木川의 동쪽 경계에서 10리쯤 떨어져 있다. 渼湖 金元行 선생과 인척 관계가 있어 일찌감치 선생의 문하에서 노닐었다. 자질이 훌륭하고 넓게 배웠으며 과거 공부를 일삼지 않았는데 그 또한 신해년(1731)에 태어났다. 일찍이 季父 橲을 좇아 燕京에 갔을 때 杭州의 선비 嚴誠·陸飛 등 아홉 명과 교유하였다. 엄성과 육비 두 사람도 남방의 선비 중에 빼어난 인물이었는데, 한 번 만나자마자 마음으로 허여하였다. 지금까지 여러 해에 걸쳐 만 리 머나먼 곳에서 끊임없이 서간을 주고받았다. 그 서간으로 수십 권의 書帖을 만들어 '古杭遺式'이라는 제목을 달았다. 홍군[홍대용] 또한 기이한 책을 굉장히 많이 소장하고 있는데 자명종과 渾天儀, 西洋鐵絲琴도 가지고 있다. 음률과 풍취를 좋아하거니와 진솔하여 세속에 물들지 않았다고 한다."76)

위의 인용문은 황윤석이 성균관에서 만난 이광하로부터 홍대용의 명성을 듣고 1769년에 기록한 글이다. 황윤석은 홍대용이 기이한 서적을 많이 가지고 있으며, 자명종·혼천의·서양철사금 등을 가지고 있다는 말을 듣고, 그를 한번 만나보고 싶어 했지만 뜻을 이루지 못했다. 그 다음 해 10월 김원행을 방문했을 때, 홍대용이 김원행에게는 처 종질從姪로 김원행에게 와서 공부하고 있으며, 자제군관으로 연경에 다녀왔다는 것을

---

76) 황윤석, 『이재난고』 2책 권12, 383쪽. 入泮則豊基李光夏甫又來 前後一再相識 其人有文有識 退溪之仲氏大司憲瀣之後也 辛亥生 自言與洪大容甫相親 洪君家 在京中紵廛洞 今居淸州之西長命里 全義木川東界數十里地也 於渼上丈席 有姻 好 早遊門下 資敎學博 不事科業 亦辛亥生也 嘗從季父橲 燕京之行 須與杭州士 人嚴誠陸飛等九人交遊 嚴陸二子 亦南士之秀也 一見心許 至今累年萬里通書不 絶 以其書簡作帖數十卷 題曰古杭遺式 洪君又畜異書最多 有自鳴鍾 渾天儀 西 洋鐵絲琴 喜音律風致 眞率不俗云.

알게 되었다.[77] 황윤석은 그로부터 6년 뒤인 1776년 8월 5일에 비로소 홍대용을 찾아가서 만나게 되었다. 황윤석은 홍대용의 명성을 익히 알고 있었으며, 그에 대해서 '음악과 풍류를 즐겼지만 세속에 물들지 않는 진솔한 인물'이라고 평가하였다.

한편 홍대용의 『담헌서』 서문에 황윤석에 대한 얘기가 다음과 같이 있다.

> "이재頤齋 황윤석黃胤錫과 함께 미호渼湖 문경공文敬公 김원행金元行을 스승으로 섬기었다. 이때 성호星湖 이익李瀷이 아직 생존하고 있어 자손과 문하의 제자들은 대부분 실實을 숭상하고 용用을 힘썼으므로, 많은 신진新進들이 의귀依歸하였다."[78]

위의 서문은 정인보(鄭寅普, 1893~1950)가 지었다. 그는 황윤석이 홍대용과 함께 김원행의 문하생이었으며, 이들 두 사람은 성호 이익의 실용에 돌아가고자 하였고 또 그 실용에 의지하고자 하였다. 즉 홍대용과 황윤석은 실용이라는 단어로 그들의 공통성을 알 수 있고 또 둘 만의 끈끈한 우정 같은 교유관계가 성립되는 관련성을 볼 수 있다.

황윤석은 1776년 8월에 홍대용 집을 방문 중에 아래의 인용과 같이 이덕무(李德懋, 1741~1793) · 박지원(朴趾源, 1737~1805) · 박제가(朴齊家, 1750~1805)와도 만났다.

> "이미 德保[홍대용의 字] 집에 도착하니 李德懋가 마침 와서 서로 이야기하고 있었고, 朴趾源【故 도정대원어른[朴明源, 영조의 부마]

---

77) 황윤석, 『이재난고』 3책 권16, 429쪽. 此人以渼上夫人從姪 嘗往來丈席 文學才藝見識 猶非俗儒 曾以使行子弟 軍官隨入燕都.

78) 洪大容, 『湛軒書』〈湛軒書序〉 與黃頤齋胤錫 俱師事渼湖金文敬 而是時 星湖猶未沒 子孫門弟多崇寔致用 爲新進所依歸. 고전국역총서 75, 『국역 담헌서Ⅲ』 참조 및 인용.

의 먼 친척의 아우뻘이다.】과 朴齊家【故 참판 朴彝叙 兄의 후손이
다.】 또한 이르렀다. 세 사람이 모두 潛夫이나 多聞博識하여 더불어
말할 만하였다."79)

　황윤석은 얘기로만 듣던 여러 명의 북학파 인물들을 홍대용의 집에서
조우하였음을 위의 글에서 알 수 있다. 조우한 인물은 이덕무와 박지원,
박제가로 이들은 홍대용을 비롯하여 북학파의 대표적인 인물들이다. 황
윤석은 이들을 잠부潛夫로 지칭한다. 잠부는 후한 말기의 사상가인 왕부
(王符, ?~?)의『잠부론潛夫論』에 나오는 단어로 '잠행潛行하는 사나이'라
할 수 있는데, 홀로 지조를 지켜 관직에 나서지 않고 세상에 대한 포부를
가슴에 품은 채 은둔하며 살아가는 이를 말한다. 황윤석과 서울의 대표적
인 북학파 실학자들이 한자리에서 만남으로써 성리학자로서 황윤석의 학
문 성향은 더욱 박학적 경향을 띠게 되었다는 것을 알 수 있다.80)
　황윤석은 홍대용과 두 번째 만남에서 아래 인용과 같이 서로의 학문에
대해 토론할 수 있는 기회를 잡게 되었다.

　"방향을 돌려 大貞洞으로 감찰 덕보 홍대용을 방문하였다. 덕보가
나를 보고 깜짝 놀라면서 기뻐하더니 갑자기 易學에 유의할 곳을 물었
다.『律曆淵源』에 이르러 이야기가 계속 이어지자 그것을 꺼내 보이
며 말하기를, "이것은 실로 평소에 講하기를 원하던 것입니다. 가히
더불어 입을 뗄 때 볼 사람이 없었습니다."라고 했다."81)

79) 황윤석,『이재난고』4책 권22, 394쪽. 旣至德保家 則李生德懋適來相話 而朴生趾
　源【故都正大源丈族弟】朴生齊家【故參判彝叙兄之後】亦至 三君皆潛夫 而多聞
　博識 可與言者.
80) 권오영, 앞의 논문, 195쪽.
81) 황윤석,『이재난고』4책 권22, 386쪽. 轉訪洪監察大容德保漢上丈席 改字弘之于
　大貞洞 德保見余驚喜 亟問易學留意處 以至律曆淵源 說話縷縷 因以出示曰 此
　實平生所願講者 而無人可與開口.

황윤석과 홍대용의 만남은 1776년 8월 5일 며칠 동안 계속되었다. 여기서 황윤석과 홍대용은 서학에 대해서 토론하였다. 이때 황윤석은 홍대용으로부터『역상고성후편曆象考成後篇』7책을 아래 인용과 같이 빌리기도 하였다.

> "오직 팔십이 된 늙은 어머니가 계신데 기력이 건강하여 안 해도 될 일을 걱정합니다. 그러나 쓸데없는 걱정으로 내가 이리 뒤척 저리 뒤척입니다. 글씨를 쓰는 것도 금방 와 닿지 않고 내 나이를 손꼽아 보니 어느 듯 49세가 되었습니다. 때때로 넘어지니 어쩌면 좋겠습니까?『曆象考成後篇』을 빌려주신 것이 진실로 정을 두텁게 한 것이라는 것을 알 수 있으나 인순하여 세밀한 데까지는 미치지 못했습니다. … (중략)… 삼가 생각하건대 특별히 굽혀서 살펴주심을 내려주셔서 내가 나아가 뵙는 것을 받아 들어서 가르쳐주시면 아주 다행이겠습니다. 답장을 올립니다. … (중략) …정유(1777년) 10월 26일 백성 황윤석 재배."[82]

위의 인용문은 황윤석이 정조 원년 1777년 태인 현감으로 나가 있던 홍대용에게 황윤석이『역상고성후편』을 빌려준 데 대해 감사하며, 전편前篇을 다시 빌려달라고 청하는 편지 글이다. 이미 황윤석은 영조 52년(1776)에 세자익위사世子翊衛司 익찬翊贊으로 있을 때에 사헌부 감찰로 있었던 홍대용을 찾아가 율력과 상수의 설을 논하였으며, 청나라의 역서曆書인『역상고성후편』을 홍대용으로부터 빌려보았다.

황윤석이 김원행 문하에 입문하였던 1759년은 홍대용이 나경적을 만

---

82) 황윤석,『이재난고』4책 권23 499쪽.「追答泰仁使君洪德保大容書」. … 惟八耋老慈 氣力粗康 而憂冗輾轉 行墨亦稍抛荒 僂指馬牛齒 忽已四十九矣 有時□蹶 奈何奈何 曆像後編 固知惠借之良厚 而因循汔(仡)今 不及入細 思量其中 … 伏惟特賜俯察 許其進而誨之 幸甚幸甚 謹追謝狀上 丁酉十一月二十六日 民黃胤錫 再拜.

나 혼천의와 자명종 제작에 착수하던 시기이다. 1772년에 자명종이 완성
되었을 때 황윤석은 청원군에 있는 홍대용의 농수각籠水閣을 방문하였고,
그 후에도 가끔 농수각에 들러 그와 같이 천문기기를 관찰하면서 천문·
역상·수학 등에 대해 토론하였다.[83]

홍대용은 청주에 살다가 서울 저전동苧廛洞으로 올라와서, 동문수학한
황윤석을 집으로 초대하여 다음 인용과 같은 서적들을 황윤석이 읽을 수
있도록 하였다.

> "이 날 德保[洪大容의 字]가 소장한 것 『曆象攷成後篇』上下 및
> 『數理精蘊』과 함께 『八線對數表』와 『對數闡微表』를 상고해 보았고,
> 또 『泰西坤輿全圖』를 관람하였고, 康熙 甲寅年(1674)에 유럽에서 나
> 는 南懷仁(Ferdinand Verviest, 1623~1688)이 증수한 것이라고 한다.
> … 【홍대용이 또 말하기를 자기 집에 수장하고 있는 시초 한 줌이
> 있는데 50개를 가지고 있고 중국 사람이 먼 곳에서 선물한 것이라고
> 말하는데 (그 시초) 伏犧와 文王의 무덤에서 난 것이고 우리나라 방언
> 으로는 '셈양쌔'라고 하는 것이다.】 이날 저녁에 泮村으로 돌아와서
> 『역상고성후편』을 다시 열람하였다."[84]

황윤석이 지방에서 접했던 서학서는 『구고의句股義』·『원용교의圜容較
義』·『태서수법泰西水法』·『표도설表度說』·『혼개통헌도설渾蓋通憲圖說』
등이다[85].

---

83) 황윤석은 농수각을 방문하고 돌아온 뒤 「輪鐘記」를 써서 자명종의 제작방법과
   과정에 대해 상세히 소개하였다. 『이재난고』권19 540쪽, 영조 48년(1772)에는 황윤
   석이 홍대용이 스승 김원행을 모시고 홍양으로 廉永瑞가 만든 자명종을 구경하려
   같이 가기도 함.
84) 『이재난고』4책 395쪽. 是日 觀德保所藏曆象攷成上下後編及數理精蘊幷八線對
   數表對數闡微表 又觀泰西坤輿全圖 康熙甲寅西士南懷仁所增修者 …【德保又
   言 家藏蓍草一握五十莖 卽中國人所以遠饋者云 産于伏羲文王塚上 而我國方言
   所謂셈양쌔也】是夕 歸泮中 更閱曆象攷成後編.

〈그림 1-1〉『이재난고』에 필사해 둔 『曆象攷成』과 『數理精蘊』(黃炳寬 소장)

────────────

85) 『이재난고』에서 황윤석이 읽었던 西學書는 『曆象攷成』, 『律曆淵源』, 『渾盖通憲』, 『數理精蘊』, 『律呂正義』, 『幾何原本』, 『句股義』, 『同文算指』, 『新法曆引』, 『八線數』, 『職方外紀』, 『泰西水法』, 『表度說』, 『圜容較義』 등이다. 『이재난고』 1책 권6 551쪽.

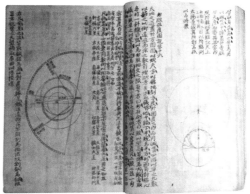

〈그림 1-2〉 황윤석이 지방에서 접한 서학서 『혼개통헌도설渾蓋通憲圖說』
(黃炳寬 소장)

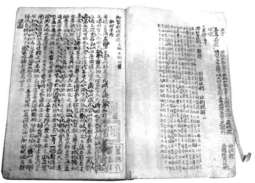

〈그림 1-3〉 홍대용을 통해서 접한 최신 서학서 『數理精蘊』과
황윤석의 落款(黃炳寬 소장)

황윤석이 주로 천문天文과 수학數學 부문에 관심을 지니고 있었기 때문
에 읽었던 서학서들도 그 방면에 집중되어 있었다. 이 서적들은 시기적으
로 모두 17세기에 편찬된 것들이지만, 황윤석은 『수리정온數理精蘊』과

『역상고성曆象攷成』등과 같은 최신 서적에도 상당한 관심을 가지고 있었다. 하지만 지방에서는 최신서적을 구해볼 수가 없었다. 그래서 이 어려움을 홍대용을 통해서 해결하려고 했음을 위의 서신을 통해 알 수 있다. 그는 홍대용의 호의로 『역상고성후편』 上下・『수리정온』・『팔선대수표八線對數表』・『대수천미표對數闡微表』・『태서곤여전도泰西坤輿全圖』 같은 최신서적을 읽어 볼 수 있었다.

이상에서 살펴본 것처럼 황윤석과 김원행, 김용겸, 서명응, 홍대용의 학문적 교유관계는 『이재난고』에 잘 담겨 있다. 이들의 교유는 단순히 안부를 묻는 정도가 아니라 학문적으로 교유한 것으로, 이러한 사실은 『이재난고』를 통해 충분히 증명된 것이다. 이러한 학문적 교유가 가능했던 것은 그들의 학문적 태도와 사상이 동일한 선상에 있었기 때문에 가능했을 것으로 해석된다.

2. 학문적 경향

이 항에서는 황윤석의 학문적 경향을 살펴보고자 한다. 황윤석의 학문적 경향은 수학修學의 차원에서 크게 두 시기로 나누어 볼 수 있다. 첫 번째 시기는 가학家學의 전수를 통해 이수학理藪學연구에 착수한 때이고, 두 번째 시기는 황윤석이 31세에 진사시에 합격하여 김원행 문하에 입문한 때로 나눌 수 있다.

1) 가학家學을 통한 이수학理藪學의 시작

황윤석의 학문적인 기반은 차남 황칠한黃七漢이 쓴 아래 인용의 행록行錄을 통해서 알 수 있다.

"晚隱公은 교훈이 있고 또 극히 바른 법도가 있었다. 대개 6대 큰

할아버지 黃應中은 이미 學術로서 밝고 수려했으며, 사람들이 칭송하
는 바 그 후세에까지 아름다움이 이어졌다. 작은 할아버지 龜巖公
諱 載重은 또 尤庵[송시열의 호] 緒餘를 얻었고, 松巖 奇公挺翼에게
사숙했으며, 農巖[김창협의 호] 金先生을 뵙고 「知行數百言」을 논하
였다. 선생이 크게 칭찬하였으니 그 家學淵源이 오래되었다. 府君이
그것을 이어받았다."86)

위의 인용문을 보면 황윤석의 선조는 송시열(宋時烈, 1607~1689), 기정
익(奇挺翼, 1627~1670), 김창협의 학문적 전통을 이어받았고, 이런 가학
을 황윤석이 계승하였음을 알 수 있다. 즉 그의 6대조인 황응중(黃應重,
?~?)과 황재중(黃載重, 1664~1718)으로부터 학문적인 전통이 비롯되었는
데, 그만큼 가학의 연원이 오래되었음을 알 수 있다.87)

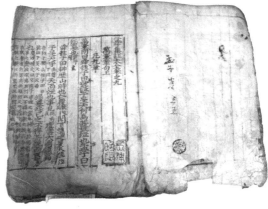

〈그림 1-4〉 황전이 구입한 『맹자』와 落款(黃炳寬 소장)

---

86) 황윤석, 『이재속고』 권13, 行錄.
87) 황윤석, 『이재난고』 권9 271쪽. 後題曰 余五歲 始學字於王母.

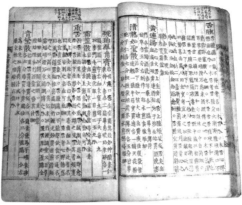

〈그림 1-5〉황전이 구입한『동의보감』과 황윤석의 頭註(黃炳寬 소장)

〈그림 1-6〉황전이 구입한『율곡전서』(黃炳寬 소장)

부친 황전黃㙻은 젊은 시절부터 책을 좋아하는 '서치書癡'로서, 책장사
가『주역周易』·『논어論語』·『맹자孟子』·『중용中庸』·『대학大學』·『주

자어류朱子語類』・『성리대전性理大全』・『율곡전서栗谷全書』・『동의보감
東醫寶鑑』[88] 등의 책을 팔러오면, 그는 밭 갈던 소와 책을 교환하였다고
한다.[89]

황윤석은 숙부인 황재중이 운영하는 소요산서당逍遙山書堂에 가서 공부
하였다. 황재중은 송시열에서 기정익으로 전해지는 학통을 계승하고 있
었고, 황전도 숙부를 통해 송시열의 학맥을 동일하게 계승하였다. 또한
황전은 고암서원古巖書院을 중심으로 학문 활동을 열심히 하여 항상 육경
六經을 중심으로 학문에 정진하였고, 『소학』・『격몽요결擊蒙要訣』・『주자
어류』・『주자서절요朱子書節要』・『심경』・『근사록近思錄』・『성리대전』
등을 두루 공부하였다. 그리고 송시열의 『우암집尤庵集』, 김창협의 『농암
집韓巖集』, 김창흡의 『삼연집三淵集』을 가장 애독하였다고 한다. 이러한
사실로 짐작해 볼 때, 황전은 송시열과 김창협, 김창흡으로 이어지는 학
통의식을 강하게 지니고 있었다고 할 수 있겠다.[90]

이러한 가학의 학풍에 의해 황윤석은 흥덕(興德, 전라북도 고창지역의
옛 지명)에서 대대로 학행學行이 있었던 집안의 자손으로서, 수천 권의
장서藏書를 소장하고 있었던 학자집안 출신이었으며, 당색이 노론이었기
때문에 당시 노론계 학자・관료와 많은 교유를 하였음을 알 수 있다. 즉
황윤석은 조부인 황재중이 김창협의 문인이었고, 또한 부친 황전이 김창
협 문파와 가까웠던 관계로, 자연스럽게 송시열・김창협 계열의 문로文路

---

88) 황윤석 집안에 대대로 내려오는 황전과 황윤석의 서적들 중에 황전과 황윤석의
   낙관들이 있다. 황전은 검정색으로 낙관되어 있고, 황윤석은 붉은 색으로 낙관되어
   있어서 서로 구분이 된다. 그리고 황윤석은 자신이 읽었던 책들마다 두주를 하였는
   데, 특히 『맹자』와 『동의보감』 등에 두주하였다.
89) 黃㙆, 『晚隱先生文集一』, 『韓國歷代文集叢書』 1018, 서울: 한국문집편찬위원회,
   서울: 경인문화사, 1973. 권4 附錄 「家狀」, 377쪽. 易論孟庸學朱子語類性理大全
   諸書來賣者 時方農月爲輟耕賣牛買之人.
90) 권오영, 앞의 논문 176~178쪽.

를 따르게 되었다. 따라서 황윤석이 기호학파 내에서 농암 계열의 낙학파洛學派 대열에 섰던 것은, 박물학자 내지 실학자로 성장하는 데 사상적 밑거름이 되었다.[91] 그리고 후일 김원행의 문하에 들어가 공부하게 된 결정적인 요인은 가문의 이러한 학문적인 분위기에서 이루어진 것이기도 하다.[92]

이러한 가문의 영향 하에서 황윤석은 조모祖母에게 『소학』을 배웠고, 백시덕에게 모르는 것을 묻기도 하였으며, 부친에게 경전을 배운 것들을 복습하여 하루도 공부를 그른 적이 없었다.[93] 이와 같은 학문생활을 통하여 그의 나이 14세 때에는 이수理藪에 관심을 갖기 시작하였는데, 이것은 아래의 인용과 같이 임영(林泳, 1649~1696)의 『창계집滄溪集』을 읽은 데에서 비롯되었을 것이다.

  "임영의 『창계집』을 읽으면서 그가 열한 살에 碁三百을 풀었다고 것을 보고 만은공이 황윤석에게 이르기를 "선배는 11세에 이미 이와 같았다. 너는 지금 열 네 살인데 그것을 풀 수 있겠느냐?"라고 하였다."[94]

부친 황전의 꾸중을 들은 황윤석은 이때부터 이기理氣와 상수象數에 관심을 갖게 되었다. 이처럼 황윤석은 이수理藪를 평생의 과업으로 여겨 『성리대전』에 가장 심혈을 기울여 공부하였는데, 마침내 그 조례條例를 모방하고, 성리대전으로 근본으로 삼고 많은 책들을 참고하고 자신의 견해를 덧붙여 거질을 편찬하였다. 자신의 평생 정력을 『이수신편理藪新編』

---

91) 최영성, 앞의 논문 85쪽.
92) 권오영, 앞의 논문 178쪽.
93) 황윤석, 『이재유고』 권14, 「연보」. 畢讀經傳, 猶以親命溫習 未嘗一日廢課.
94) 황윤석, 『(國譯)이재유고』 I (박순철·노평규·김영 譯, 전북대학교 이재연구소, 서울: 신성출판사, 2011), 讀林滄溪集 見其十一歲 解碁三百 晚隱公以語先生曰 前輩十一己如許 爾今十四 能之否乎, 15쪽.

이라는 책에 쏟아 부었다.[95] 이러한 결심이 평생 출세보다는 오직 학문에
만 전념하는 결과를 가져왔다.

18세 되던 해, 황윤석은 「의상박여호서擬上朴黎湖書」를 짓고 당시 낙론
계의 거두인 박필주에게 가르침을 받고자 하였으나, 박필주가 작고하여
이 글을 올리지 못하였다. 이 글에서는 황윤석이 이미 이때부터 과거공부
이외에 성리지학性理之學이 있다는 것을 깨닫고 평생을 여기에 종사하고
자 한 사실이 잘 나타나 있다.[96] 따라서 황윤석은 어려서부터 출세를 위
한 과거공부 보다는 이理에 대한 탐구에 매진하면서 가학을 이어받아 이
수학理藪學을 시작하였음을 알 수 있다.

2) 상수학象數學과 명물도수지학名物度數之學의 수용

28세 때[1756년]의 황윤석은 선대先代부터 내려오는 세의世誼만을 얘기
하였고, 그로부터 3년 뒤인 31세[1759년]에는 김원행을 정식 스승으로 모
시게 되었다. 이때 그는 진사시에 합격하였으며, 김원행으로부터 『소학』
공부의 중요성을 배웠고,[97] 또 "이미 군君은 호남의 호걸선비이니, 어찌
사장유詞章儒를 달게 여겨서야 되겠는가?"[98]라는 학문적으로 사장에 힘
쓰지 말 것을 당부 받았다. 실제로 황윤석은 사장보다 경학經學에 힘썼으
며 과거 시험에 집착하지 않았다. 이후 김원행이 별세한 1772년까지 14년
간 황윤석은 김원행으로부터 직접 수강을 받거나 관직 수행 시에는 편지
로 문의하기도 하는 등 밀접한 교유를 나누면서 학문적 영향을 받았다.

95) 황윤석, 『(國譯)이재유고』 I (박순철·노평규·김영 譯, 전북대학교 이재연구소, 서
    울: 신성출판사, 2011), 先生於性理大全用功最深 遂倣其條例 本諸大全 參以群
    書 附以己見 編成巨帙 平生精力盡在此書.
96) 황윤석, 『이재속고』 권3, 「擬上黎湖朴公書」. 自十許歲以後 始聞擧業之外 別有
    所謂性理之學 而竊自慨然 有委身從事之意.
97) 황윤석, 『이재난고』 1책 권3 209쪽.
98) 황윤석, 『이재난고』 1책 권6 561쪽.

그 당시 김원행 문하와 학풍은 조선 학계에서 노론 낙론계로, 경신처분(庚申處分, 1740)과 신유대훈(辛酉大訓, 1741) 이후 노론의 의리義理가 관철되어가고 청조淸朝의 학술과 서학이 전래되면서 노론의 낙론계 내에서 다양한 학문적 욕구들이 나타나기 시작하였다. 즉 이재는 노론 낙론계의 존장尊長으로 용인龍仁의 한천寒泉에 은거하면서 후학을 길러내는 데 전념했다. 그는 의리지학을 중시하였으나 의장儀章・상수象數・도수度數와 같은 경세학經世學에 대해서는 그다지 중시하지 않았다.[99] 이재가 죽고 난 이후 낙론계 학풍은 김원행에 의해서 주도되었는데, 그는 의리지학 보다 다양한 학문을 요구하였다. 즉 그의 문하에서는 상수학과 명물도수지학에 대한 관심을 구체화시키고자 하였다. 이러한 학문적 경향은 황윤석에게도 나타났는데,[100] 상수학과 명물도수지학에 대한 황윤석의 관심은 김원행 문하에 들어오기 전부터 이미 가학을 통하여 형성되었다.

그리고 황윤석은 국가적 차원보다 개인적인 차원에서 악률에 대해 관심을 가졌는데, 이러한 관심의 배경에는 그 당시 낙론의 학풍과 사상이 있었다. 낙론의 학풍과 사상은 김창협金昌協・김창흡金昌翕→이재李縡→김원행으로 이어지는 계보이다. 먼저 김창협과 김창흡 형제는 노론계 의리론의 충실한 실천자로 인식되었지만, 이들의 학풍은 호서湖西지역에 비해 개방적이며 포용적인 성향을 지녔다[101]. 반면, 이재는 이단異端의 책을 보지 말고 또 과거 문장을 짓지 말고 오직 의리의 설에 몰두해 주기를 바랐으며,[102] 상수를 말단적인 것이라고 여기고 사서四書의 의리강명義理

---

99) 권오영, 「18세기 洛論의 學風과 思想의 계승양상」, 『진단학보』 108호, 서울: 진단학회, 2009, 197~199쪽.

100) 유봉학, 「燕巖一波 北學思想의 연구」, 서울: 서울대학교 박사학위논문, 1992, 194쪽.

101) 조준호, 「조선후기 노론의 정치사상과 경세론」, 『한국유학사상대계』 정치사상편, 안동: 한국국학진흥원, 2007, 491쪽.

102) 권오영, 앞의 논문 200쪽.

講明과 학문의 대체大體를 중시하였다.103) 그러나 김원행의 문하에서는 상수학과 명물도수지학에 적극적인 관심을 표명하였다. 이러한 상수학과 명물도수지학에 대한 관심은 그의 제자들인 홍계희(洪啓禧, 1703~1771), 황윤석, 홍대용에 의해 지속되고 구체화되었다. 즉 이들은 명분과 의리를 의미하는 리理도 중요하지만, 이 리理를 현실에 구현할 수 있는 '수數'도 중요하다는 인식을 갖고 있었다. 이처럼 황윤석의 학문적 경향은 조선전기 성리학자들이나 악률의 본질적 가치를 경시하였던 당대 일반 학자들과는 많은 차이를 보였다.

황윤석에게 있어 악률樂律은 학문 세계에 들어서면서부터 계속되는 화두였으며, 이러한 관심은 다른 학자들의 견해를 수용하면서 한 단계 더 나아가 자신만의 독자적인 악률에 대한 견해를 제시하게 된 배경이 되었다. 이것은 조선전기 때 국가적 차원에서 악률에 대해 관심을 갖던 것과는 차원이 다른 발전이었다. 황윤석에게 있어 악률은 애초부터 상수학과 깊은 관련성을 갖는 것으로,104) 그의 음악에 대한 관심은 단순한 예술의 문제가 아닌 상수학과 명물도수지학에 대한 관심의 연장선상에서 이해될 수 있다.105)

한편, 황윤석은 어려서부터 지적 호기심이 많았으며, 그 관심의 대상도 방대하며, 박람강기博覽强記하기와 사색하기를 즐겨하였다. 그는 59세 때 (1787) 지은 「자서설自敍說」에서 다음과 같이 술회하였다.

"내가 나이 어렸을 때 글을 읽고 글씨를 연습하는 가운데 별을 보고 달을 점치느라고 높은 산에 올라 멀리 바라보았다. 등불을 밝힌 채 밤을 지새우면서 勞心費力하였는데, 經書와 史集으로부터 心性理氣,

103) 조성산, 「18세기 洛論系의 『磻溪隧錄』 인식과 洪啓禧 經世論의 思想的 基盤」, 『조선시대사학보』 제30집, 서울: 조선시대사학회, 2004, 150쪽.
104) 김병훈, 『율려와 동양사상』, 서울: 예문서원, 2004, 85~94쪽.
105) 조성산, 앞 논문 144쪽.

聲音, 篆隸, 圖畵, 醫藥, 象數 등 九流百家 일체가 사색하는 바탕 아님
이 없어서, 이미 두통과 현기증을 경험하였다."106)

위의 인용문을 통해 황윤석의 한없는 지적 호기심과 학구열이 그를
박물학자의 길로 이끌었으며, 지적 관심을 갖고 상수학에 매진하였음을
알 수 있다. 이것은 16세 때 『기삼백전해朞三百傳解』를 비롯하여 「황극경
세서해」, 「율려신서해」, 「역학계몽해」, 「전한서 율력지해」 등을 통해서
그의 관심이 상수 내지 역산曆算에 있음을 보여주는 것으로서, 단순한 지
적 호기심과는 차원이 다르다는 것을 알 수 있다.

상수는 두 가지로 해석된다. 첫째, 『주역』의 경문經文을 해석하는 특정
한 방식을 협소하게 지칭하는 말로 사용되기도 하고, 둘째, 자연세계에
내재되어 있는 심오한 수적數的 원리 자체 혹은 그러한 원리에 대한 탐구
를 포괄적으로 지칭하는 말로 사용되기도 한다. 즉 협의적 의미에서 상수
는 주역에서 말하는 선천역先天易과 후천역後天易 가운데 선천역을 뜻한
다. 여기서 말하는 선천역은 하도河圖와 낙서洛書와 같은 도서圖書에 나타
난 상과 수를 의미한다. 따라서 상수라는 개념은 원래 역학易學에서 비롯
되었지만, 조선후기 지식인들은 이 용어를 자연세계의 수리적 이치에 대
한 탐구 전반을 지칭하는 것으로 광의적으로 사용하였다. 즉 상수의 개념
은 역학 논의의 특정한 사조를 지칭하는 것에서부터 다양한 종류의 지식
들을 이용하여 자연세계의 원리를 탐구하는 노력들을 지칭하는 것으로
의미가 점차 확장되었다.107)

---

106) 황윤석, 『이재유고』 권23, 「自敍說」 余少時讀書寫字 候星占月 燈高望遠 明燈
達夜 勞心費力 其於經書史集心性理氣聲音篆隸圖畵醫藥象數 一切九流百家
無非思索之地 已嘗苦頭目眩暈矣.
107) 황윤석, 『이재난고』 권6, 551쪽. 1766년 3월 25일조에 서명응과 황윤석의 대화에
서 象數라는 용어의 용례를 보여주는 좋은 일례이다. 서명응과 황윤석은 이 대화
에서 상수라는 용어를 사용하면서 천문학과 산학, 역학 등에 관한 여러 책들을

황윤석의 학문은 이理를 체體로, 수數를 용用으로 전개하였다. 이와 수의 관계는 율력의 수가 우주의 지배원리라고 하는 『한서』 율력지의 기본 명제에 견주어 짐작할 수 있다. 황윤석에게 있어 수는 음운音韻·악률樂律·역법曆法·역수易數·도량형度量衡 등을 아우르는 것으로서, 『주역』의 상수를 기반으로 한 것이다. 그가 『한서』 율력지와 『율려신서』 등을 주해하였던 이유도 상수에 기반을 두고 있었기 때문이다. 이러한 수에 대한 그의 관심은 형이상학적 기본 관념을 배경으로 한 사대부의 교양 수학 단계를 훨씬 넘어섰으며, 이러한 상수에 대한 황윤석의 깊이 있는 이해는 그의 과학 기술 방면으로의 발전에 기초가 되었다.

한편, 황윤석은 소론少論의 추천으로 38세(1766)에 은일隱逸로서 관직에 진출하여108) 처음 사관仕宦의 길을 걷게 되었다. 이때 벼슬은 장릉참봉莊陵參奉밖에 되지 않았지만, 그는 벼슬에 연연하지 않으면서 다양한 학문 분야에 관심을 가지고 자신의 학문 활동을 이어갔다. 그의 학문 활동을 사환仕宦이전과 이후로 구분하여 보면, 사환 이전에는 가학에 의한 경서와 문집 등을 통해 학문 활동을 하였다고 볼 수 있으며, 사환 이후에는 학문의 내용의 훨씬 더 풍부해졌음을 알 수 있다. 사환 이후의 학문 활동을 구체적으로 살펴보면, 크게 세 가지로 요약할 수 있다. 첫째, 관직 생활에 필요한 지식을 습득하기 위해서 노력했다는 점이다. 둘째, 왕실과 중앙의 정치사안政治事案에 대한 내용 서술이 풍부해졌다는 점이다. 셋째, 관심 있는 분야의 서적을 비교적 쉽게 구해 볼 수 있었다는 점이다.109) 이런 세 가지 특징을 통해서 그의 박학적 정신과 경향은 더욱 발전하였으며, 점차 대박물학자로 나아갈 수 있었다. 즉 경학연구에 기초하여 수

함께 거론하며 토론하고 있다. 박권수, 「조선후기 象數學의 발전과 변동」, 서울: 서울대학교 박사학위논문, 2006, 6~7쪽.

108) 이선아, 「영조대 정국 동향과 호남지식인 황윤석의 학맥과 관료생활」, 『지방사와 지방문화』 13권 2호, 부산: 역사문화학회, 2010, 241쪽.

109) 노혜경, 앞의 논문 41~42쪽.

리·천문연구, 운학韻學연구, 악률연구, 행정제도 연구 등을 포괄하는 백
과전서적百科全書的 관심으로 학문적 경향을 확대하게 되었다.

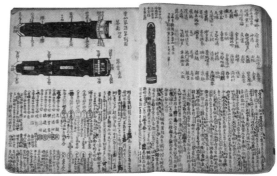

〈그림 1-7〉 『頤齋亂藁』 권29 표지와 『樂仙琴譜』(黃炳寬 소장)

특히 황윤석이 음악에 관심을 갖게 된 계기는 『경국대전』, 『속대전』을
통독하면서 의영고봉사義盈庫奉事에 재직할 시기이다. 또 장릉령長陵令에
임명되었을 때는 『악선금보樂仙琴譜』·『송풍각금보松風閣琴譜』·『대악원
음大樂元音』·『희금순보羲琴舜譜』등을 빌려서 초록뿐만 아니라 그림까지
상세히 기록하기도 하였다. 그는 전생서典牲暑 주부主簿로 지낼 때에는
『오례의五禮儀』등의 관련 자료를 통하여 제례악과 악기에 대해 관심을
보이기도 하였다.

2장
황윤석의 악률인식樂律認識

　악률학樂律學은 중국고대음악기술이론의 개칭인데 실제로는 악학樂學과 율학律學의 양쪽 모두를 포함한다. 그 중 악학은 형태학적形態學的 각도에서 음악 상호간의 관계를 연구하는 것이고, 율학은 음향학적音響學的 각도에서 악음 상호간 관계를 연구하는 것이다. 또한 악학은 궁조이론宮調理論・기보법記譜法・악기법樂器法의 연구를 말하고, 율학은 동율도량형同律度量衡학설과　황종율음고표준黃鐘律音高標準・정률기正律器・생율법生律法・율제律制의 응용에 관한 연구가 범주에 들어간다.[1] 따라서 한국음악학계의 악률개념은 위의 율학의 범주를 넘어서지 않으며 주로 율학부분만을 한정하여 쓰는 경우가 많다.[2]

　악률은 황종율을 제정하는 것을 의미한다. 국가를 건설할 때 제도와 문물을 정비하는 정책 중에서 가장 중요하게 간주되는 것으로 국가 통치

---

1) 『中國音樂辭典』(북경: 인민음악출판사, 1985)
2) 이숙희, 「茶山 丁若鏞의 樂律學 및 中國古代樂律學의 비교연구」, 대구: 경북대학교 석사학위논문, 1992, 11~13쪽/남상숙, 「律學의 研究成果와 研究方向」 『한국음악사학보』, 서울: 한국음악사학회, 제32집, 2004, 116~119쪽.

의 표준인 법전法典의 제정, 음률의 표준인 황종율의 설정, 도량형度量衡
의 표준인 황종척黃鐘尺의 설정 등을 들 수 있다.[3]

특히 황종율의 표준을 제정하는 일은 나라의 흥기와 악기樂器와 악률樂
律은 함께 가기 때문에 국가적으로 중요한 문제였으며, 특히 조선은 예악
禮樂을 중시하던 사회였기 때문에 조선전기부터 국가적 차원에서 중요한
문제로 대두되었다. 이후 조선후기에는 조선전기처럼 국가적 차원[4]에서
악률에 관심을 갖는 것에서 나아가 개별 문인들도 관심을 갖게 되었으며,
황윤석도 이런 문인 중 중요한 한 사람이었다.

황윤석이 왜 악률에 관심을 갖게 되었는지에 대해서는 그의 학문적 배
경과 관련해서 이미 1장 2절에서 간단히 살펴보았다. 이 장에서는 황윤석
의 악률인식을 보다 구체적으로 파악하기 위해서, 홍대용과 서명응과도
함께 비교하여 황윤석의 악률에 대한 인식을 좀 더 구체적으로 살펴보고
자 한다.

한편, 홍대용의 경우는 그의 저서『담헌서湛軒書』의「주해수용籌解需用」
편에 악률에 대한 내용들을 남기고 있고, 서명응의 경우는 국가실무관료
로서 정조년간의 악서편찬사업에 참여하여『시악화성詩樂和聲』등의 저
술이 있으며, 또「원음약元音鑰」등의 개인저술이 있다.[5] 황윤석은『이재

---

3) 이영춘,「세종대의 제도 문물정비」,『세종시대의 문화』, 성남: 한국정신문화연구
   원, 태학사, 2001, 82~113쪽.
4) 조선후기에 樂書를 국가적 차원에서 편찬한 저술은 정조 년간에『東國文獻備考』
  「樂考」와『詩樂和聲』,『樂通』등이 있다.
5) 송지원은「원음약」이『시악화성』을 저본으로 하여 쓴 책으로,『시악화성』의 권1
   '악제원류'와 권6 '악경균조'가 빠져있으며,『시악화성』의 제목이「원음약」에서는
   대부분 바꿔 놓았다고 한다. 또「元音鑰」의 세부적인 내용에 있어 부분적으로
   첨삭하거나 수정한 것으로 검토된다고 한다.「서명응의 元音鑰」,『문헌과 해석』
   통권4호, 태학사, 1988.「원음약」은 서명응이『시악화성』의 불필요한 부분을 빼고
   소제목들을 모두 바꾸었는데 거기에 '鑰'이라는 한 단어를 모두 삽입하였다. '鑰'이
   란 핵심의 뜻으로 원음에 대한 핵심만을 서술한 책이라는 것을 밝히고 있다.

난고』가 일기라는 특성상 악서를 남기고 있지는 않지만, 18세 때부터『율
려신서律呂新書』와『한서율력지』를 주해註解하여 율·역학에 관심을 갖
기 시작하여 악률과 음악에 대한 공부를 게을리 하지 않고 평생에 걸쳐
노력하며 지냈다. 황윤석이 가지는 악률인식이 무엇인지 살펴보는데, 홍
대용과 서명응의 악률도 함께 비교하여 논하고자 한다. 이러한 비교는
황윤석의 악률인식을 밝히는데 심도 있는 접근이라 할 수 있다. 왜냐하면
이들의 삶의 궤적이 유사하고 또 이들의 학문적 교유와 경향(1장 2절 1항
과 2항 참조)이 동일선상에 있기 때문이다. 따라서 이 장에서는『율려신
서해』를 통해 나타난 황윤석의 수리적數理的 개념과 상징성象徵性을 중시
하는 악률인식, 전대前代 악률이론과 도량형에 대한 인식을 중심으로 황
윤석의 악률인식6)을 총체적으로 살펴보고자 한다.

---

6) 악률에 대한 연구사를 학위논문 중심으로 검토해 보면, 남상숙(「『악학궤범』소재
율장의 문제점 및 율산에 관한 연구」, 서울: 한양대학교 석사학위논문, 1986;「『악
학궤범』의 鄕樂七調 연구」, 성남: 한국학중앙연구원, 한국학대학원 박사학위논문,
1997)에 의해 시작하여 이숙희(「茶山 丁若鏞의 樂律學 및 中國古代樂律學의 비
교연구」, 대구: 경북대학교 석사학위논문, 1992), 김세종(「삼분손익법의 사적고찰:
茶山의『樂書孤存』을 중심으로」, 서울: 한양대학교 석사학위논문, 1992), 김수현
(「『시악화성』의 악률론 연구」, 성남: 한국학중앙연구원, 한국학대학원 박사학위논
문, 2010) 등으로 연구 성과가 있다. 또 남상숙의 '律學의 硏究成果와 연구방향'
(『한국음악사학보』, 서울: 한국음악사학회, 2004)에서 '조선전기와 후기, 1930~40
년대, 1950년대 이후'로 시기별로 나누어 율학에 대한 연구 성과를 검토하고 있으
며, 특히 '1950년대 이후'의 율학의 연구 성과를 '조선후기의 樂書 및 문집관련
율학연구, 律算에 관한 연구, 黃鐘의 音高 문제를 다룬 연구, 악조관련 연구, 율학
과 관련된 번역서'란 주제로 분류하여, 율학이라는 학문분야에 걸맞게 기존의 연구
성과 검토를 자세히 설명해 주고 있다. 따라서 본고에서는 악률에 대한 기존의
방대한 연구보다는 황윤석의 악률에 관한 부분만을 한정하여 살펴보고자 한다.
왜냐하면 본고가 樂律論만을 중점적으로 다루는 연구가 아니기 때문이다.

1절 수리적 개념과 상징성을 중시하는 황윤석의 악률인식

『이재난고頤齋亂藁』에 산견되는 음악기록들은 1책에서 9책까지 다양한 내용으로 기록되어 있다. 다른 문헌에서 발췌하여 옮겨 적은 것이 있는가 하면, 황윤석의 독자적 시각이 반영되었거나 『이재난고』에서만 볼 수 있는 새로운 기록도 적지 않다.[7] 이런 다양한 내용 중에 독자적인 시각을 반영한 그의 첫 관심사는 이수학理藪學이었다.

1장 2절 2항에서도 언급했듯이, 황윤석은 14세 때 임영의 『창계집』을 읽고, 임영이 11세에 『서경書經』에 나오는 '기삼백朞三百'을 이해하였다는 기사를 접한 뒤로부터 이수학에 대해서 관심을 갖게 되었다. 이로 인해 황윤석은 16세 때에 「기삼백전해朞三百傳解」를 비롯해서 율·역학에 관련된 여러 가지 글들을 주해註解하는데 착수하였다.[8] 주해한 부분들을 정리하면 〈표 2-1〉과 같다.

〈표 2-1〉『頤齋亂藁』권1에서 황윤석이 주해한 글

나이	연대	제목
16세	甲子(1744년, 영조20)	讀朞三百傳
		讀太極圖
		讀朞三百傳解
17세	乙丑(1745년, 영조21)	讀易學啓蒙
		皇極經世書解
		朱子明筮贊解
		述志賦

7) 임미선, 「음악학적 측면에서 본 『이재난고』의 사료적 가치」, 『한국음악연구』 제44집, 서울: 한국국악학회, 2008, 242쪽.
8) 성영애, 「『律呂新書』에 대한 黃胤錫의 見解-『頤齋亂藁』를 중심으로-」, 『온지논총』 제26집, 서울: 온지학회, 2010, 349쪽.

나이	연대	제목
		奉賀李令公錫天 新搜通政大夫 慶宴樂府詩序
		回過考巖書院瞻謁尤翁眞像
18세	丙寅(1746년, 영조22)	皇極經世書解
		律呂新書解
		皇極經世書解
		易學啓蒙解
		雜識
		璣衡傳解
		前漢書律曆志解
		花潭集解
		皇極經世數解條
		自鳴鐘
		律呂新書解
		前漢書律曆志解
		前漢書律曆志解
		前漢書律曆志解
		前漢書律曆志解
		律呂新書解
		理藪新編序
		前漢書律曆志解
		擬上黎湖朴先生弼周書
		前漢書律曆志解

〈표 2-1〉은 『이재난고』 권1에서 시詩부분을 제외하고 산문散文들만을 정리해 보았다. 황윤석은 16세 때 「기삼백전朞三百傳」과 「독태극도讀太極圖」을 비롯하여 18세 때 「황극경세서해皇極經世書解」·「율려신서해律呂新書解」·「역학계몽해易學啓蒙解」·「전한서율력지해前漢書律曆志解」·「화담집해花潭集解」 등을 주해한 것을 알 수 있다. 이러한 주해들은 천문과

역법, 상수학에 관심이 있다는 것을 확연히 보여 주고 있으므로 단순한 지적 호기심과는 차원이 다르다.[9] 이와 같은 황윤석의 율·역학에 대한 관심은 『이재난고』의 권1에 모두 기록돼 있는데, 이것은 황윤석이 『성리대전』을 공부하던 과정에서 율·역학에 대한 관심을 함께 갖게 된 것이다.

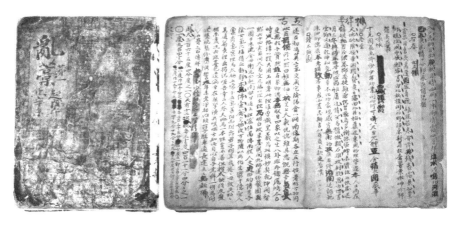

〈그림 2-1〉『頤齋亂藁』卷 1과 내용(黃炳寬 소장)

　『이재난고』권1에서 『율려신서해』는 황윤석이 음악에 대해 처음 관심을 가졌던 부분이다. 또 황윤석이 이수학을 공부하면서 『이수신편理藪新編』을 편찬하였다. 이것은 『성리대전』을 근본으로 삼았기 때문에 『율려신서』에 접근할 수 있었던 것이다. 이에 이 절에서는 황윤석이 관심을 갖고 주해한 『율려신서』를 중심으로 악률에 대한 그의 인식이 무엇인지 살펴보도록 하겠다.

---

9) 황의동, 앞의 논문, 81쪽.

1. 12율 산출계산법

황윤석은 채원정(蔡元鄭, 1135~1198)의 『율려신서』를 주해하였다. 채원정의 『율려신서』는 『성리대전』 「천편天編」 제22・23권에 수록되어 있다.[10] 채원정의 『율려신서』와 황윤석의 『율려신서』 주해한 부분을 서로 비교해 보면 〈표 2-2〉와 같다.

〈표 2-2〉 채원정 『律呂新書』와 황윤석의 『律呂新書解』의 목차비교도

순서	채원정의 『律呂新書』	황윤석의 『律呂新書解』	비고
	提要	-	孫士毅와 陸費墀
	序文	序文	朱熹
	律呂本原	律呂本原	
1	黃鐘 第一	黃鐘 第一	
2	黃鐘之實 第二	黃鐘之實 第二	
3	黃鐘生十一律 第三	黃鐘生十一律 第三	
4	十二律之實 第四	十二律之實 第四	
5	變律 第五	變律 第五	
6	律生五聲圖 第六	律生五聲圖 第六	
7	變聲 第七	變聲 第七	
8	八十四聲圖 第八	八十四聲圖 第八	
9	六十調圖 第九	六十調圖 第九	
10	候氣 第十	候氣 第十	
11	審度 第十一		
12	嘉量 第十二		
13	謹權衡 第十三		

10) 『성리대전』은 天・地・人編으로 구성되어 1415년에 완성되었다. 『성리대전』은 宋代와 遠代의 성리학자 120여 명의 학설을 채택하였으며, 전체가 70권으로 이루어져 있다. 그 구성은 70권 중에 25권이 송대 학자의 중요한 저술을 수록한 것이고, 45권이 주제별로 여러 학자의 학설을 분류, 편집한 것이다. 『민족문화대백과사전』 CD.

순서	채원정의 『律呂新書』	황윤석의 『律呂新書解』	비고
	律呂證辨	律呂證辨	
1	造律 第一	造律 第一	
2	律長短圍侄之數 第二	律長短圍侄之數 第二	
3	黃鐘之實 第三		
4	三分損益上下相生 第四		
5	和聲 第五		
6	五聲小大之次 第六		
7	變宮變徵 第七		
8	六十調 第八		
9	候氣 第九		
10	度量權衡 第十		

〈표 2-2〉에서 채원정의 『율려신서』[11]를 보면, 주희의 서문과 「율려본원律呂本元」・「율려증변律呂證辨」으로 구성되었으며, 「제요提要」는 『문연각사고전서文淵閣四庫全書』 판본을 간행했을 때 실린 것이다. 「율려본원」은 율려에 대한 각 항목의 원칙적이고 일반적인 내용들을 채원정의 의견을 중심으로 기술되었고, 「율려증변」은 권1의 각 항목에 대해 역사적 전거와 이론들을 소개하며 채원정의 주장을 논리적으로 증명하기 위해 다

---

11) 중국 송나라 象數學者 蔡元定(1135~1198)이 지은 『율려신서』는 1419년(세종 원년)에 우리나라에 처음으로 소개되었다. 그 후 『율려신서』는 세종조(1418~1450)의 아악 정비 때 특히 율관을 개정할 때와 『아악보』를 편찬할 때, 그리고 제례악을 정비할 때 중요한 영향력을 미친 음악문헌이다. 그리고 成俔이 『악학궤범』(1493)을 편찬할 때에도 『율려신서』는 陳暘의 『樂書』나 馬端臨의 『文獻通考』, 그리고 『周禮圖』와 『大晟樂譜』처럼 원전의 하나로 인용되었다. 중국에서 1415년에 출간된 『성리대전』은 명나라 永樂皇帝인 成祖(1402~1424)의 명을 받아 胡廣(1370~1418) 등이 편찬하였다. 敬寧君 李裶(태종의 후궁 孝嬪金氏의 소생으로 태종의 제1 庶子) 등이 영락황제의 하사품으로 1419년에 『성리대전』을 갖고 옴에 따라 그 안에 담겨 있는 『율려신서』가 조선에 처음 소개되었다. 송방송, 『온지논총』 제10집, 2009, 206~213쪽. 『율려신서』 원문은 1644년(인조 22)에 복간된 영인본과 중국 山東友宜書社에서 1989년에 출판된 것, 『사고전서』 CD도 함께 참조하였음.

른 여러 학자들의 설을 중심으로 기술되었다. 황윤석이 『율려신서』를 주해한 부분은 「율려본원」을 중심으로 서술하였고 「율려증변」은 2항목만 언급하였다.[12] 황윤석이 주해한 부분은 주로 12율 산출계산법인데, 본고에서는 〈황종지실黃鍾之實〉·〈황종생십일율黃鍾生十一律〉·〈십이율지실十二律之實〉을 중심으로 논하고자 한다. 먼저 '황종지실黃鍾之實'에 대해서 채원정은 다음과 같이 설명하였다.

> "子는 1이니 황종률이고, 丑은 3이니 絲의 法이 되고, 寅은 9이니 寸의 수가 되고, 卯는 27이니 毫의 법이 되고, 辰은 81이니 分의 수가 되고, 巳는 243이니 釐의 법이 되고, 午는 729니 釐의 수가 되고, 未는 2,187이니 分의 법이 되고, 申은 6,561이니 毫의 수가 되고, 酉는 19,683이니 寸의 법이 되고, 戌은 59,049니 絲의 수가 되고, 亥는 177,147이니 황종의 實數이다."[13]

----

12) 황윤석이 『율려신서』를 주해한 부분은 「律呂本原」의 〈黃鐘 제1〉·〈黃鐘之實 제2〉·〈黃鐘生十一律 제3〉·〈十二律之實 제4〉·〈變律 제5〉·〈律生五聲圖 제6〉·〈變聲 제7〉·〈八十四聲圖 제8〉·〈六十調圖 제9〉·〈候氣 제10〉와 「律呂證辨」의 〈造律 제1〉·〈律長短圍徑之數 제2〉를 읽고 주해하였다.(성영애, 앞의 논문 359~360쪽) 그리고 김수현의 '황윤석의 악률론' 부분에서(『조선시대 악률론과 『시악화성』』, 서울: 민속원, 2012, 101~102쪽)에서 「五音論考」·「五音審辨」·「七絃論考」를 황윤석의 악률에 대한 자료로 분류하여 論五音所屬, 論十一律屬於十二棵, 論古今按絃之法不同, 論琴中五音, 論琴中諸號, 十二律長短次序 등을 들어 악률에 관해 논하였다고 서술하였다. 그러나 이 자료는 황윤석이 1779년 6월에 있을 都目政을 기다리며 중국의 琴譜들을 베껴 놓은 것이다. 즉 1779년 4월 22일 金用謙에게서 빌려온 『朱子遺集附錄』·『樂仙琴譜』·『松風閣琴譜』·『大樂元音』·『羲琴舜譜』 등의 내용은 물론 그림까지 그대로 필사하여 6월 13일 김용겸에게 돌려준 내용이다. 『이재난고』 5책, 권29. 509~615쪽.

13) 채원정, 『律呂新書』 「律呂本原」 〈黃鐘之實第二〉. 子一黃鐘之律丑三爲絲法爲寸數 卯二十七爲毫法 辰八十一爲分數 巳二百四十三爲釐法 午七百二十九 爲釐數 未二千一百八十七爲分法 申六千五百六十一爲毫數 酉一萬九千六百八十三爲寸法 戌五萬九千四十九爲絲數 亥一十七萬七千一百四十七黃鐘之實.

채원정에 의하면, 먼저 10진수는 율관의 지름과 원둘레가 정해져야 응용할 수 있는 황종관이 정해진다. 이렇게 정해진 황종관의 길이를 다시 9진수로 정한 후, 삼분손일과 익일을 반복하면 나머지 11율이 정해진다. 10이 체體라면 9는 용用이 된다. 9는 용을 행하는 방법으로 여기에서 11율이 생기는 유일한 방법인 것이다.[14] 따라서 채원정은 육양진六陽辰에는 촌분리호사寸分釐毫絲의 수를, 육음진六陰辰에서는 촌분리호사의 수를 법칙이 되게 기술하였다. 이것은 황종의 사호리분촌絲毫釐分寸의 수는 법法과 같은 의미로 사용할 수 없으며, 음陰에 해당하는 법은 상생上生하므로 서酉에서 축丑으로 진행하고, 양陽에 해당하는 수는 하생下生하므로 인寅에서 술戌로 진행한다. 따라서 음양으로 분리되어 법과 수가 나뉘지므로 촌분리호사의 값을 다르게 나타냈다.[15]

위와 같은 황종지실에 대한 채원정의 의견을 황윤석은 『율려신서해』에서 다음과 같이 해석하고 있다.

> "子는 1이요, 3×1은 丑의 3이 되고, 3×3은 寅의 9가 되고, 9×3은 卯의 27이 되고, 3×27은 辰의 81이 되고, 3×81은 巳의 243이 된다. 이하도 이와 같다. 대개 황종은 陽에 속하며 陽은 3에서 이루어진다. 그러므로 3으로 12辰을 지나 亥까지 177,147이 나오니 이것이 황종의 實數이다. 12율은 이로 연유하여 損益을 하는 것이다."[16]

---

14) 10진수로 율관의 지름과 원둘레를 정해져야 응용할 수 있는 본체인 황종관이 정해지고, 이렇게 정해진 황종관의 길이를 다시 9진수로 정한 후, 삼분손일과 삼분익일을 반복하여 나머지 11율이 정해진다.

15) 樂에서 寸分釐毫絲는 9진수를 쓰므로 9絲가 1毫가 되고, 9毫가 1釐가 되고, 9釐가 1分이 되고, 1分이 1寸이 된다. 六陽辰인 子·寅·辰·午·申·戌은 子 1에서부터 위로 차례로 9배씩 증가하여 인 9, 진 81, 오 729, 신 6561, 술 59049가 된다. 따라서 각각의 수는 寸分釐毫絲의 數가 된다. 六陰辰인 亥·酉·未·巳·卯·丑은 해 177147부터 아래로 차례로 1/9배씩 감소하여 유는 19683, 미는 2187, 사는 243, 묘는 27, 축은 3이 된다. 따라서 각각의 수는 寸分釐毫絲의 法[분모]이 된다.

16) 황윤석, 『이재난고』 1책 권1 22쪽. 〈黃鍾之實 第二〉 子一三其一爲丑三 三其三爲

황윤석은 율관의 길이를 9진수로 정해서 삼분손익법으로 적용하여 나머지 11율이 정해진다는 계산법만 언급하고 있다. 즉 촌분리호사의 수와 법에 대한 계산은 설명하지 않고 삼분손익법으로 계산되는 산출법에 대해서만 기록하고 있다.

또한 황윤석은 「율려신서해」에서 '황종생십일율'이라 기록하면서, '십이율지실제사十二律之實第四'에 대해서도 언급하고 있다.

> "황종인 子는 1分인데 전체 9寸이고 가감한 것이 없다. 대개 子는 황종의 율이 되니 모든 율에서 으뜸이 된다. 그래서 전체의 쉬全數를 통괄해서 움직이지 않으니 君子의 道를 상징한 것이다."[17]

위의 인용문에서 황윤석은 황종은 실수이며 정률正律이다. 그래서 황종은 가감이 없는 것으로 설명하였다. 이 가감이 없다는 점은 곧 황종에 반성半聲이 없다는 것을 설명하였다. 황윤석의 의견에 채원정은 "자는 황종이니 177,147이고, 전체는 9촌, 반半은 없다"[18]고 기록하였다. 여기서 황윤석과 채원정의 견해가 다르지 않음을 알 수 있다. 채원정은 '황종생십일률'에서 12율의 산출계산법, 정률과 반성에 대하여 설명하였지만 채원정의 『율려신서』에는 정률로 12율이고 반의 수치를 쓰는 것은 반성으로 태주·고선·유빈·대려·이칙·협종·무역·중려이다. 따라서 정률 12율과 반성 8율로 모두 20율이다. 그러나 황윤석은 황종에 대해서만 설명하고 나머지 11율에 대해서 언급하지 않았다. 그리고 황종은 전수全

寅九 三其九爲卯二十七 三其二十七爲辰八十一 三其八十一爲巳二百四十三 以下倣此 蓋黃鍾屬陽而陽成於三 故以三歷十二辰至亥 得一十七萬七千一百四十七 是爲黃鍾之實 十二律由是而損益焉..

17) 황윤석, 『이재난고』 1책 권1 23쪽. 〈十二律之實 第四〉「黃鍾」子一分全九寸無加減 蓋子爲黃鍾之律 首於諸律 故統全數而不動 所以象君道也.

18) 채원정, 『律呂新書』「律呂本原」〈十二律之實 第四〉. 子黃鍾十七萬七千一百四十七 全九寸半無.

數로 통괄해서 움직일 수 없다는 군자의 덕만을 강조하였다.

한편, 『국어國語』를 쓴 위소(韋昭, 204~273)는 주注에서 황종에만 '초구初九'[19]라 한 사실이 있는데, 이것은 황종에 근거하여 나머지 11율을 추정하고자 한 것이다. 하지만 이 보다 이른 시기인 『한서』 율력지에 황종을 이미 '초구'라고 다음과 같이 기술하고 있다.

"황종 初九는 律 가운데 우두머리요, 陽의 변화이다. 따라서 그것을 여섯으로 하고, 9를 법으로 삼아 임종 初六을 얻는데, 임종은 呂의 우두머리요, 陰의 변화이니, 모두 參天兩地의 법칙이다. 여섯을 上生하여 그것을 배로 하고, 여섯을 下生하여 그것을 덜어내니, 모두 9를 법으로 삼은 것이다. 9·6은 陰陽·夫婦·子母의 도리이다. 律이 아내에게 장가들고, 呂가 자식을 낳는 천지의 情이다. 6律6呂면 12辰이 확립되는 것이다."[20]

위의 인용문을 보면, 황종은 건괘乾卦의 맨 아래 효爻인 초구요, 임종은 곤괘坤卦의 맨 아래 효인 초육初六으로서, 이들은 각각 양과 음의 변화를 나타내는 것임을 알 수 있다. 이때의 9는 3×3하여 얻은 수이고, 6은 3×2하여 얻은 수인데, 이들은 삼천양지參天兩地의 뜻으로 연결된다. 삼천양지를 글자 그대로 풀이하면, '하늘 셋 땅 둘'이다. 『주역』 「계사전繫辭傳」 상편上篇 제9장은 '천일지이천삼지사…天一地二天三地四…'으로 시작 된다. 둘은 땅이요 셋은 하늘이란 뜻이다. 삼천양지는 '천삼天三'이 아닌 '삼천參天'인 것처럼 그 3과 2가 아니다.[21] 『주역』 「설괘전設卦傳」 제1장은 '하늘

19) 『주역』의 괘에서 맨 아랫자리 陽爻의 이름.
20) 『漢書』律曆志. 黃鐘初九律之首 陽之首也 因而六之 以九爲法 得林鐘初九 呂之首 陰之變也 皆參天兩地之法也 上生六而倍之 下生六而損之 皆以九爲法 九六 陰陽夫婦子母之道也 律聚妻 而呂生子 天地之情也 六律六呂 而十二辰立矣.
21) 『周易』「繫辭傳」上篇 제9장. 天一地二天三地四天五地六天七地八天九地十 天數五地數五 伍位相得而各有合 天數二十有五 地數三十 凡天地之數 , 五十有

은 셋으로 땅은 둘로 해서 수를 의지하고[參天兩地而倚數]'[22]란 뜻으로 3과 2가 수의 시원始原이라 하였다. 이에 황종은 율의 우두머리로서 성기지원 聲氣之元 즉 소리의 으뜸이 되니 12율 중에 율의 첫 번째 음이 된다는 것이다.

또한 황윤석은 '십이율지실十二律之實'에 대한 수치계산법을 다음과 같이 간략하게 설명하였다.

> "子는 황종인데 177,147이다. 이 수를 3분하면 각각 59,049로 계산된다. 이것을 益一하면 丑律이 생긴다. 丑律을 또 3분하고 그 實을 損益하면 寅律이 생긴다. 丑은 임종인데 118,098이다. 이것은 곧 황종을 3분하여 그 하나를 損一한 것이다. 이 수를 3분하면 각각 39,366로 계산된다. 이것을 損益하면 寅律이 생긴다."[23]

위에 제시된 수치를 계산해보면, 먼저 177,147 ÷ 3 = 59,049 → 59,049 × 2 = 118,098이 나온다. 이 118,098의 값은 축률丑律에 해당하는 임종이다. 118,098 ÷ 3 = 39,366 → 39,366 + 118,098 = 157,464이 나온다. 157,464의 값은 인률寅律에 해당하는 태주이다. 이러한 12율 산출법에 의해서 수를 반복적으로 계산하면 12율의 모든 값을 구할 수 있게 된다는 것이다.

12율 산출계산법에 대한 황윤석의 견해를 정리해 보면, 황윤석은 채원

五, 此所以成變化而行鬼神也.

22) 『周易』「設卦傳」第一章. 昔者聖人之作易也 幽贊於神明而生著 參天兩地而倚數 觀變於陰陽而立卦 發揮於剛柔而生爻 和順於道德而理於義 窮理盡性 以至於命.

23) 황윤석, 『이재난고』 1책 권1 23쪽. 〈十二律之實 第四〉 子黃鍾 一十七萬七千一百四十七 以此數三分各計五萬九千四十九 以是損益以生丑律. 丑律又三分其實損益以生寅律. 丑林鍾 一十一萬八千0九十八 此即三分黃鍾而損其一也. 以此數三分各計三萬九千三百六十六 以是損益以生寅律.

정의 『율려신서』를 일부분만 주해하였음을 알 수 있다. 황윤석은 주희 또한 함부로 할 수 없다는 '황종黃鐘은 장長 9寸 공위空圍 9분分 적積 810분分이다'라는 명제를, 악률을 논의할 때 언급하지 않았다.

한편 홍대용은 황종율관의 해석을 다음과 같이 설명하였다.

> "黃鍾 管의 길이는 9寸이며 空圍의 면적은 9分이라고 한다. 지름[徑]과 둘레[周] 및 空體積은 각각 얼마인가?
> [답] 지름 3分 3釐 8毫 5絲 强
> 　　둘레 1寸 영 6釐 3毫 5絲 弱
> 　　공체적 8尺 1寸
> [풀이] 지름을 구하려면 1億을 1率로 하고 1억 27,323,954를 2率로 하며 面積을 3率로 하여 4率을 推得한 후에 그 결과의 제곱근을 구하면 된다.
> 　　둘레를 구하려면 1억을 1率로 하고 12억 56,637,062를 2率로 하고 면적을 3率로 하여 4率을 推得한 후에 그 결과의 제곱근을 구하면 된다. 空體積을 구하려면 管의 길이에 넓이(면적)을 곱한다. 아래는 이와 같이 한다."[24]

위는 홍대용의 『담헌서』「주해수용籌解需用」의 〈율관해律管解〉에 나온다. 「주해수용」의 구성은 서두인 총례總例와 내편상內篇上 전체와 내편하內篇下의 천원해天元解를 묶은 산술편, 천원해를 제외한 내편하의 나머지를 기하편, 외편外篇의 측량설測量說로부터 천측天測까지를 측량편, 「농수각의기지籠水閣儀器志」를 의기儀器편, 이후를 음률편으로 구분할 수 있

---

24) 洪大容, 『湛軒書』 外集 卷6 「籠水閣儀器志」〈律管解〉, 黃鍾管長九寸 空圍面積九分 問徑周及空體積各幾何 答曰 徑三分三釐八毫五絲强 周一寸零六釐三毫五絲弱 空體積八尺一寸 術曰 求徑則一億爲一率 一億二七三二三九五四爲二率 面積爲三率 推得四率 平方開之 求周則一億爲一率 一十二億五六六三七〇六二爲二率 面積爲三率 推得四率 平方開之 求空體積則管長乘面積 下倣此. 고전국역총서 75, 『국역 담헌서Ⅲ』 참조 및 인용 285쪽.

다.25) 홍대용은 전통적으로 구하는 황종율관을 구하는 방법을 부정하고 수학적 계산을 통한 12율관과 공체적을 구하는 방법을 제시하였다. 위의 풀이를 현대 수식 기호를 사용해 정리하면 아래와 같다.

둘레 = 2×반지름×π
원의 면적 = 반지름×반지름×π
둘레 = 2×R×π   (반지름 : R)
원의 면적 = π×R2
9 = π×R2
$R2 = \dfrac{9}{\pi}$
$R = \sqrt{\dfrac{9}{\pi}}$
지름 = $\sqrt{\dfrac{9}{\pi}} \times 2$
지름 = $\sqrt{\dfrac{4\times2}{\pi}}$ (π=3.14159265358979)
4÷(3.14159265358979) = 1.273239544735164
$\sqrt{(1.273239544735164 \times 9)}$ = 3.3851375012865396
공체적 = 단면적×길이
81 = 9 × 9

이상에서 황종 수식계산을 통하여 둘레와 지름, 공체적을 구해보았다. '지름을 구하려면 1억을 1율로 하고 1억 27,323,954를 2율로 하며 면적을 3율로 하여 4율을 추득한 후…'라는 글에서 1억을 1율로 놓은 것은, 홍대용이 이미 2율이 1억대의 숫자가 나올 것을 예상하고 황종관의 지름과 둘레, 공체적을 구하도록 한 것이다.

또 '1율·2율·3율·4율'은 수식계산의 한 종류로 '사율법'에 의한 계

25) 한영호, 「서양 기하학의 조선 전래와 홍대용의 『주해수용』」, 『역사학보』 제 170집, 서울: 역사학회, 2001, 69~70쪽.

산법이다. 즉 수학의 4율 비례比例로 알고 있는 3율을 가지고, 알지 못하는 4율을 아는 것인데, 예를 들어 쌀 2섬이 1율이 되고, 값 6양 6전이 2율이 되고, 사들이려는 8섬이 3율이 되어 이미 그 수를 알고 있다면, 알지 못하는 것이 4율이 된다.[26]는 이론이다.

또 홍대용은 사율법은 다양한 곳에 사용되는데, 특히 소수를 서로 바꾸는데 이 법을 항상 사용하며 다른 말로 '이승동제법異乘同除法'[27]이라 한다. 이 계산법은 서양에서 전해진 것이라고 밝히고 있다.

예컨대 사율법과 연비례율은 『수리정온』을 통하여 소개된 것이다. 『수리정온』은 1722년에 서양 수학을 집대성한 서적으로, 홍대용은 『수리정온』에 나오는 서양수학인 사율법을 통해서 황종율관의 수치를 계산하고자 한 것은 서양의 기하학을 수용하여 이로 인해 상수학을 부정하고 상象과 수數를 분리하여 수數 자체로서의 새로운 해석이라 할 수 있다.

한편 서명응은 율에 관한 의견이 한漢나라 이후 명明나라까지 많은 학자들의 설들이 있다는 사실을 설명하였다. 서명응은 이들의 학설에서 불합리한 점을 고증하여 지적하며 비판하였다. 가장 기본적인 12律의 비율을 합리적으로 책정하기 위해서만 수천 년의 세월이 흘렀고, 그동안 많은 학자들이 남긴 글자도 수천만이 넘어 헤아릴 길이 없으나, 아직까지도 여전히 미결 상태로 있다. 미결 상태로 있다고 말하는 까닭은, 그 이론이 우리의 실제 음악과 일치하지 못하고, 시대적 변화와 발전을 포괄할 수 있는 이론적 터전을 마련하지 못했기 때문이다. 이렇게 정하기 어렵고

---

26) 최한기, 『人政』권1 測人門[一]. 總論 四率測人 數學四率比例 以所知之三率 知所不知之四率 如米二石爲一率 價六兩六戔爲二率 欲買八石爲三率 已知其數而所不知者四率也. 以二率三率相乘 爲五十二兩八戔 以一率除之 得二十六兩四錢 卽求知之四率也.

27) 홍대용, 『湛軒書』外集 권4「籌解需用內編」上 〈四率法〉. 四率法者 西學之比例也 其用浩博 令貿貿易小數 以資恒用 所謂異乘同除是也. 二率與三率 相乘爲實 一率爲法 除之得四率. 고전국역총서 75, 『국역 담헌서』Ⅲ 참조 및 인용 42~43쪽.

의견이 분분한 율을, 서명응은 다음과 같이 자신의 주장을 피력하였다.

"사람들이 혹 '오늘날 세상에 율을 정하는 것이 지극히 어렵다'고 말을 하나, 이것은 그렇지 않다. 오히려 오늘날 세상이기 때문에 율을 정하는 것이 쉽다. 왜 그런가? 옛적에 순임금께서 여러 사람에게서 취하여 善을 행하셨고, 무릇 천하의 말에서 양끝을 잡아 그 中道를 쓰셨다. 그러므로 簫韶의 악을 이룰 수 있었다. 이치에는 큰 이치와 작은 이치가 없고, 道에는 聖人의 道와 凡人의 道가 없다. 漢 이후 律을 논한 여러 책들은 수백에 달할 뿐만이 아니다. 그 가운데에 나아가 得失을 분변하고 眞僞를 핵실하여 옳은 것은 취하고 그른 것은 버리어 한결같이 造化 차원에서 결정하면, 律이 여기에서 정해질 것이다."[28]

역대 율학자 중 율이란 정하기가 쉽다고 주장하는 학자는 아마도 서명응이 혼자일 것이다. 그가 율을 정하기가 쉬운 까닭은 순임금이 실천한 '선善'을 행하고, 또 '인심은 위태롭고 도심은 은미하니, 오로지 정精하게 하고 한결같이 하여야 진실로 그 중도中道를 잡을 것이다.'[29]라고 한 말에서 그 중도를 실천할 수 있다는 것이다. 한나라 이후 율에 대해서 많은 논한 서적들이 있으나 서명응은 중도를 잡아서 단장취의하면 율을 정하기가 쉽다는 것이다. 즉 서명응의 악률은 어떠한 학설에서도 그 중도를 잡아서 취한다면 바로 그것이 율이 될 수 있다고 주장한다. 즉 그는 '선유의 도리를 절충하여 단점을 버리고 장점을 취하였다. 공위를 손익하는

---

28) 서명응,『보만재총서』「元音鑰」권1〈同律鑰〉제1 定律要法. 人或謂 居今之世 定律至難 是不然 惟其居今之世 故定律爲易也 何則 昔大舜 取諸人以爲善 凡於 天下之言 執兩端而用其中 故能成簫韶之樂焉. 理無大小 道無聖凡 自漢以後 論 律諸書 不啻累百家 就其中 辨其得失 覈其眞僞 是者取之 非者去之 一決之於造 化 則律於是乎定矣. 김종수, 역주『시악화성』131~132쪽.
29)『書經集傳』上 虞書 大禹謨 권2. 人心惟危 道心惟微 惟精惟一 允執厥中.

것은 채원정에서 취하였고, 면멱적실面冪積實은 주재육(朱載堉, 1536~
1611)에서 취하였으며, 후기의 관을 대신하여 영척景尺으로 하는 것은 이
지조(李之藻, 1565~1630)에서 취하면 저절로 일대에 아음雅音이 된다.'30)
고 주장하였다. 서명응은 단순히 수준 높은 악률의 인식31)만을 가지는
것이 아니라 순임금의 심법心法인 '유정유일惟精惟一하여 윤집궐중允執厥
中에 의해서 악률에 관해 그 중도中道를 잡는다'는 뜻이다. 그가 잡은 악률
의 중도는 채원정과 주재육, 이지조의 이론을 부분적으로 취한 학설인
것이다.

　황윤석은 그가 읽은 서학서 목록에 정철조와 김용겸을 통해서『수리정
온』을 열람하였으며, 또 홍대용을 통해서도『수리정온』을 열람하였다.
그리고 황윤석은 서명응에게서『율력연원』을 열람하였는데,『율력연원』
은『역상고성』과『수리정온』을 포함하고 있다. 황윤석은 홍대용과 서명
응 보다 황종율관에 관심을 갖지 않은 것이 아니다. 단지 시기적으로 어
려서 성리대전에 수록된『율려신서』만을 접했기 때문이다.『수리정온』
이 편찬된 시기는 1723년으로 황윤석이 태어나기 6년 전이다. 그가『수리
정온』을 열람할 수 있었던 시기는 1768년과 1769년이다. 따라서 황윤석
은 '황종黃鐘은 장長 9寸 공위空圍 9분分 적積 810분分이다'라는 명제에 대
한 악률을 심도 있게 논의하지 않았을 뿐이지 그 명제에 대한 사실을
몰랐던 것은 아니다.

　그리고 황종지실에 대한 촌분리호사의 수와 법에 대한 계산은 전혀
설명하지 않았고, 삼분손익법으로 계산되는 산출법만을 설명하였다. 반
면, 황윤석은 황종이 가지는 상징적인 의미에 대해서는 중점적으로 설명

---

30) 서명응,『보만재총서』「攷事十二澨」권7〈律呂總敍〉6~7쪽. 夫然後折衷先儒之
說舍短取長 空圍損益則取於蔡元定 面冪積實則取於朱載堉 景尺代候管則取於
李之藻 自足以成一代之雅音矣. 번역은『농업과학도서관』e-book자료를 참조하
여 수정함.
31) 김수현, 앞의 논문 255쪽.

하였다. 즉 황종은 반성이 없어서 가감할 것이 없다는 의미에서 12율의
으뜸이 되며, 다른 율이 황종보다 클 수도 없고 다른 율에 이용될 수도
없다고 언급하였다. 그리고 황종은 삼분三分손일損—·익일益—하여 상생
과 하생이 미치지 못하는 곳이라 지존한 임금의 상象이라고 주장하였다.
이처럼 황윤석은 12율에 대한 수치적 계산을 통하여 황종이 내포하는
상징성과 수리적 개념에 초점을 두고 언급하였음을 알 수 있다. 그리고
악률에 대한 황윤석의 수치적 계산은 초보적인 수준에 머문 것[32]을 알
수 있는데, 이것은 황윤석이 가학을 바탕으로 이수학을 시작하였지만,
이수학의 수준이 아직 깊이 있는 단계는 아니었던 것이 원인이 된다.

2. 변수變數 729의 강조

729는 변율變律에서 수를 통할 수 있도록 하기 위해 사용하는 법수(法
數, 除數의 이전 말)이다. 변율은 채원정이『율려신서』에서 제시한 이론
중 가장 핵심이 되는 부분으로, 이것은 삼분손익법에 의해 12율을 만들
때 마지막으로 만들어지는 중려에서 다시 황종으로 돌아가지 않는 데서
발생하는 것이다. 즉 중려에서 삼분손익하면 변황종이 되고, 이 변황종이
손일하면 다시 변임종, 또 익일하면 변태주 등으로 이어진다. 채원정은
이러한 6변율과 12정률을 합하여『율려신서』에서 18율 이론을 제시하였
다.[33] 이러한 변율론에서 황윤석은 729를 다음과 같이 얻을 수 있다고
기록하였다.

"율은 마땅히 변화시켜야 할 것이 여섯 가지가 있다. 우선 하나를

32) 성영애, 앞의 논문 366쪽.
33) 리우짜이성[劉再生], 『中國音樂의 역사』(김예풍·전지영 옮김), 서울: 민속원,
2004, 422~423쪽.

놓고서 3^6을 하면 729를 얻는다. 이 조항은 대개 3×1을 말하니 단지 3개가 하나라는 것이다. 또 첫째자리는 3이다. 또 3×3은 9가 되므로 둘째자리는 9이다. 또 3×9는 27이 되므로 셋째자리는 27이다. 또 3×27 은 81이 되므로 넷째자리는 81이다. 또 3×81은 243이 되므로 다섯째자 리가 243이다. 또 3×243은 729가 된다. 이것은 여섯째자리가 된다. 대개 3을 6번 거쳐서 729를 얻는 것이다."[34]

위의 인용문은 3의 6승인 729를 얻게 된 과정을 설명한 내용으로, 변율 이 6개이므로 3을 여섯 번 곱하여 법수인 729를 얻는다는 것이다. 즉 729 는 변율의 실을 소분 없는 자연수로 나타내기 위해 곱해주는 수라는 사실 을 보여준다.[35] 황윤석은 이렇게 구해진 729를 변율에서는 다음과 같이 사용되고 있다고 밝혔다.

"중려의 실 131,072는 3으로 나누면 2가 남는데 계산상 나누어떨어 지지 않으므로 삼분손익하여 만드는 율은 12에서 그치게 된다. 무릇 천지의 수는 窮하면 變하고 變하면 通한다. 따라서 자연수로 계산을 지속할 수 없게 때문에 이를 통분해야 한다. 율에서 변하는 것은 여섯 이므로 1에 3^6을 곱하면 729를 얻는다. 중려의 실에 729를 곱하면 95,551,418을 얻는다. 이것을 3분하면 각 31,850,496을 삼분익일한다. 그래서 4를 3,185,0496을 곱하면 127,401,984을 얻었으니 이것이 재생 한 황종이다. 상세한 것은 아래문장에서 볼 수 있다."[36]

---

34) 황윤석,『이재난고』1책 권1 23쪽.〈變律 第五〉律當變者有六 姑置一而六三之得 七百二十九 此條蓋謂以三乘一 只是三個一 故第一位爲三 又以三乘三爲九 故 第二位爲九 又以三乘九爲二十七 故第三位爲二十七 又以三乘二十七爲八十一 故第四位爲八十一 又以三乘八十一爲二百四十三 故第五位爲二百四十三 又以 三乘二百四十三爲七百二十九 是爲第六位也 蓋以三歷六而得七百二十九也.

35) 남상숙, 앞 논문 118쪽.

36) 황윤석,『이재난고』1책 권1 39쪽.〈變律 第五〉仲呂之實 十三萬一千七十二 以 三分之 餘二算故數不可行 此律之所以止十二也 凡天地之數窮則變變則通 故數 之不可行者 當有以通之. 律之當變者六 置一而六以三歷之 得七百二十九 以 七百二十九 乘仲呂之實 得九千五百五十五萬一千四百八十八 以此三分之 各三

위의 인용문은 12율 산출에서 마지막으로 구하는 율의 중려를 설명한 부분이다. 중려의 실수를 기준으로 삼분손익하여 계산하는데 나머지 2가 있어 3을 6승乘 한 729로 통분해야 하고, 황종에서 임종까지 계산한 나머지가 나오는 것을 소분이라 하며, 그 수는 729를 분모로 하고 분자가 되는 수이다. 이것이 응종까지 가면 나머지가 1이 되어 729로 통분이 불가능하여 더 이상 셈을 못하고 변율은 여기서 마치게 된다. 이처럼 『주역』의 궁窮하면 변變하고 변變하면 통通한다는 이 원리를 수에도 적용할 수 있는데, 이것은 바로 729를 사용하여 통하지 않는 것을 통하게 만드는 것으로, 이런 의미에서 729는 변수變數이다. 즉 변율에서 바뀔 수 있도록 작용하는 수가 729인 것이다. 황윤석은 이 729란 수의 중요성을 강조하였다. 위에서 언급한 변황종이 나오는 과정은 다음과 같이 정리할 수 있다.

729 × 131,072(중려의 실) = 9,551,418
9,551,418 ÷ 3 = 31,850,496
4 × 31,850,496 = 127,401,984

황윤석은 변황종을 구한 다음에 나머지 변율을 구하는 과정에 대해 다음과 같이 설명하였다.

"황종 12,741,984를 3으로 나누면 매분 각 42,467,328인데 이에 삼분손일해서 임종을 낳는다. 임종은 84,934,656인데 3분하면 매분 각 28,311,552가 된다. 이에 삼분익일해서 태주를 낳게 되니 이하 남려, 고선, 응종 3율도 모두 손일과 익일을 한다. 나머지는 모두 이와 같다. 【본문은 단지 삼분익일만 말하였고 손일은 말하지 않았다. 대개 위 문장의 손익의 법일과 익일그렇게 되었다. 초학자가 가 가 잘 모르고

千一百八十五萬四百九十六 三分益一 故以四乘三千一百八十五萬四百九十六 得一萬二千七百四十0萬一千九百八十四 是爲再生之黃鍾也 詳見下文.

다만 삼분익일의 내용만 전거해서 그 법을 추구하니 그 법만 가지고
연구한다면 반드시 통하지 않을 것이다.】"37)

변황종에서 손일하여 임종을 구한다. 임종에서 익일하여 태주를 구하
고, 태주에서 손일하여 남려를 구하는데, 그 나머지도 익일과 손일하여
고선과 응종을 구하면 된다. 채원정의 『율려신서』 변율에서는 삼분손일
만 기록하였기 때문에 초학자가 변율에서 삼분손익을 하지 않는 것에 대
해서 이해할 수 있도록 황윤석은 위와 같이 기록하였던 것이다.
다음의 글을 통해 황윤석은 729 수의 중요성을 다시금 상기시키고 있다.

"서산 본문[채원정의 『율려신서』]에 말하기를, 또 729로 나눈다는
것은 어째서인가? 대개 729라고 하는 것은 중려를 곱하는 까닭으로
6변율을 낳게 된다. 그러므로 이 수(729)로 차례차례 나눈다. 예를
들어 황종 127,401,984를 729로 나누면 174,762가 얻어지는데, 이것은
곧 본문에 이른바 12율을 따르는 수인 것이다. 나머지 486은 729에
미치지 못하여 나누어떨어지지 않는다. 그러므로 소분으로 삼는 것이
다. 나머지도 모두 아래와 같다.【歸란 나눈다는 뜻과 같다.】"38)

위의 인용문은 변황종의 실수 값에 대하여 설명한 것으로, '127,401,984

37) 황윤석, 『이재난고』 1책 권1 39쪽. 〈變律 第五〉 黃鍾 一萬二千七百四十萬一千九
百八十四 三分之 每分各四千二百四十六萬七千三百二十八 乃三分損一 以生林
鍾. 林鍾 八千四百九十三萬四千六百五十六 三分之 每分各二千八百三十一萬
一千五百五十二. 乃三分益一 以生太簇, 以下南呂姑洗應鍾三律 皆一損一益. 餘
皆倣此.【本文只言三分益一而不言損一 蓋冒上文損益之法而然也 初學者 或有
不知乎此而 只據三分益一之文 以推其法要究其法 則必不通矣】.
38) 황윤석, 『이재난고』 1책 권1 39쪽. 〈變律 第五〉 西山本文曰 又以七百二十九 歸
之者 何也 蓋七百二十九者 是所以乘仲呂 以生變六律者也 故復以此數 次次除
去 如黃鍾一萬二千七百四十0萬一千九百八十四 以七百二十九除之 得一十七
萬四千七百六十二個 此卽本文所謂以從十二律之數者也 餘四百八十六 未滿七
百二十九 故爲小分也 餘皆倣此.【歸與約之之義同】.

÷ 729 = 174,762'가 된다. 또 황윤석은 소분에 대하여 설명하였는데, 즉 변율의 실을 소분 없는 자연수로 나타내기 위해서 729를 곱한 것으로 설명하였다. 이것은 황종의 변율을 구하기 위해서 다시 729를 나눈 것이며, 그 나눈 나머지 486이 소분이 된다는 것을 의미한다.

이처럼 변수 729는 변율에서는 없어서는 안 되는 수이다. 즉 729는 변율의 실을 소분 없는 자연수로 나타내기 위해 곱해주는 수이다. 이것은 앞서도 언급하였듯이, 『주역』의 궁하면 변하고 변하면 통한다는 원리를 수에 적용한 것으로, 결국 통하지 않는 것을 통하게 만드는 변수인 것이다. 즉 변율에서 바뀔 수 있도록 작용하는 수가 729이다. 황윤석이 이러한 변수 729를 강조한 것은 3이 개입되지 않으면 셈이 불가능하다는 사실[39]을 충분히 인식하고 있었기 때문에 가능한 일이었다.

2절 전대前代 악률이론과 도제度制에 대한 인식

황윤석은 16세 때 『율려신서』를 주해하면서 악률에 대한 인식을 키웠고, 성인이 된 뒤 즉 출사한 뒤에는 김원행과 김용겸 등과의 교유를 통해서 『악학궤범』과 『문헌비고』 등을 접하면서 전대 악률이론을 이해하고 비판할 수 있는 식견을 갖게 되었다.

전대 악률이론은 한대漢代의 경방(京房, B.C. 77~B.C. 37)으로부터 남북南北시대의 하승천(何承天, 370~447), 송대宋代의 진양(陳暘, 1040~1110)과 채원정, 명대明代의 맹강孟康(?~?)과 냉겸(冷謙, ?~?), 주재육朱載堉과 이지조李之藻 등에 이르기까지 수많은 학자들에 의해 제시된 음악이론을 말한다. 즉 한나라 이후 명나라까지 많은 학자들의 학설 중에는 채옹(蔡

39) 조희영, 「『율려신서』에 나타난 圖書·象數理論」, 서울: 한중철학회 정기학술발표회, 2009, 16쪽.

邕, 133~192)의 황종율관의 지름 3분설, 정현(鄭玄, 127~200)의 12율관의 둘레가 모두 같다는 설, 호원(胡瑗, 993~1059)의 황종율관 공위空圍 9방분설의 의미, 이지조의 서척법 및 후기법과 측영설 등에 관한 악률이론들이다.

1장 1절 2항에서와 같이 황윤석은 김원행 문하에 입문하면서 노론 낙론계의 인물성동론을 수용하였고, 인물성동론은 인간의 심성心性만을 학문의 대상으로 삼았던 종래의 학문적 경향을 수정하고 물物도 학문의 대상으로 포함하는 새로운 학문적 경향이었다. 이러한 학문적 배경에서 황윤석은 악률과 수에 대한 관심을 구축할 수 있었다. 악률과 수에 대한 관심은 황윤석뿐만 아니라 홍대용과 서명응도 함께 갖고 자신들의 주장을 펴고 있었다. 이 절에서는 홍대용과 서명응의 전대 악률이론도 함께 논하여 궁극에는 황윤석의 전대 악률이론을 밝힐 것이다. 또 도량형은 음악과 불가분의 관계에 있는 것으로, 조선후기 도량형의 폐해가 심각한 상황에서 황윤석은 악률이론뿐만 아니라 도량형 중에 도제度制의 중요성을 인식하게 되었다. 따라서 이 절에서는 전대 악률이론과 도제와의 관련성 속에서 황윤석의 악률에 대한 인식을 살펴보고자 한다.

1. 전대前代 악률이론에 대한 황윤석의 수용과 비판

황윤석은 악서樂書를 편찬하는 국가적 사업에 참여하거나 악서를 개인적으로 저술한 적은 없었다. 조선후기 대부분의 노론계 학자들은 주자학적 의리학義理學의 명분에만 치중하였던 터라 상수학이나 명물도수학을 기피하는 경향을 보였다. 그러나 황윤석은 초년시절부터 가학을 통하여 이수학에 입문하여 상수象數와 악률樂律, 역수曆數, 도량형 등에 이미 관심을 가지고 있었다. 또 장년시절 김원행의 문하에 들어가 상수학과 명물도수지학에 더 매진하였다는 사실은 2장 2절에서 이미 서술하였다.

그리고 황윤석은 초년시절에 채원정의 『율려신서』에 '황종黃鐘은 장長

9寸 공위空圍 9분分 적적積 810분分'에 대한 명제보다 황종에 내포된 상징적인 의미에 관심을 가졌으며, 변율의 실을 소분 없는 자연수로 나타내기 위해 곱해주는 수 729를 강조하였다는 사실도 이미 언급하였다. 이러한 황윤석의 악률에 대한 인식은 채원정의 『율려신서』에 나타나는 악률이론에 부합하는 것이다. 또 황윤석은 황종에 대한 명제에 초년에는 관심이 없었으나 전대악률이론 등에 관심을 갖게 되었다. 이것은 황윤석이 『악학궤범』을 읽고, 이 명제에 대하여 보다 관심을 갖게 되었던 것으로 보인다. 『악학궤범』은 김용겸이 장악원 악정으로 있을 당시에 교유하면서 열람해 보았으며, 이 책이 출판하기 위해서는 긴 시간이 필요했는데, 황윤석은 이 긴 시간을 두고 장황裝潢하는 과정을 기다린 모습이 보인다.[40]

고금古今을 통해서 황종율관을 산출하는 방법은 여러 가지가 있다. 예를 들어 첫 번째 방법은 기장을 이용하는 누서법累黍法으로, 한서 『율력지』에 기장을 횡서척橫黍尺과 종서척縱黍尺으로 정하는 경우 또 황종관을 용량의 단위로 보아서 정하는 경우이다. 두 번째 방법은 옛날의 척도와 황종율관을 고증하는 경우이다. 이것은 중국의 화현(和峴, 933~988)·이조(李照, ?~?)·범진(范鎭, 1007~1087) 등이 석척石尺이나 포백척布帛尺, 가량嘉量 등을 이용하여 정하는 경우이다. 세 번째 방법은 사람의 소리에 바탕 하여 율을 정하는 것으로 양걸(楊傑, ?~?)과 유기(劉幾, ?~?)가 이 방법을 쓰자고 주장하였다. 네 번째 방법은 위한진(魏漢津, ?~?)이 황제의 가운데 손가락 세 마디의 길이로 황종률을 정한 경우이다. 그리고 다섯 번째로 땅에 율관을 묻고 천지 자연현상으로 황종관을 재는 후기법候氣法과 절기의 해 그림자를 길이를 측정하여 재는 측영법測景法 등이 있다. 위의 다섯 가지 방법으로 얻은 결과는 다르지만 황종의 음고를 구하려는 뜻에서 이러한 방법들이 사용되었다. 따라서 황윤석은 황종률을 정

---

40) 『이재난고』 1769년 5월 13일 기사 등.

하는데 어떤 방법이 논리적이고 타당성이 있는지를 검토하여 그것을 통해서 그의 악률인식을 살펴보고자 한다. 아울러 홍대용과 서명응이 주장한 황종율관방법 또한 함께 살펴볼 것이다.

『이재난고』에 보면 음악에 관련된 실록기사들이 나오는데, 이 실록기사들은 거의 대부분 『동국문헌비고』에 실린 기사들이다. 황윤석은 『동국문헌비고』를 음악에 관련된 이론이나 역사적 사실들을 접하면서 몇 달간을 교정하기도 하였다. 그리고 황윤석의 악률에 대한 이론은 「율려신서해」를 쓴 이후부터 달라지기 시작하였다. 그는 김용겸을 통하여 『동국문헌비고』와 『악학궤범』, 『율려정의』 등의 음악에 관련 서적들을 열람하면서 악률에 대한 이론들이 발전하였다. 황윤석은 김용겸이 장악원의 악정樂正에 재직할 당시 어느 날 김용겸과 역범易範과 율력律曆 등에 관해 토론을 하였다. 그 내용은 누서법累黍法에 대한 학문적 대화로 다음과 같다.

> "내가 말하기를, 『律呂正義』는 정밀하긴 하지만 『율려신서』에 비해 장·단점이 있습니다. 황종의 근본을 찾는데 있어서 橫黍는 古尺이고 縱黍는 今尺인데, 기장이 大小가 없다고 하는 이 말은 그럴 것 같지 않습니다. 만일 그렇다면 옛 사람들이 어찌 기장의 대소를 말했겠습니까? 풍년과 흉년에 따라서, 땅이 기름지고 척박한 것에 따라서 달라집니다. …(중략) 『律呂正義』의 圖 가운데 과연 黍體[기장의 크기]가 천지의 氣와 충분히 조화할 수 있겠습니까? 이것은 작은 차이이면서도 큰 차이를 만들어낼 것이니, 하늘이 내린 최고의 귀[神瞽聖, 天道]를 알았던 옛 樂正를 가진 사람이 아니면 정할 수 없을 것입니다."[41]

---

41) 황윤석, 『이재난고』 2책 권12 402쪽. 余曰正義因精密 而比新書 或有出入 原其黃鍾之本 則橫黍爲古尺 縱黍爲今尺 而以爲黍無大小 此說恐未然 若然則古人 豈云黍之大小 由於歲之豐歉 地之饒瘠乎 (중략)正義圖中黍體 果能協天地之氣乎 此處一差 向下都差 自非古之神瞽聖於審音者 不能定也.

황윤석은 위와 같이『율려신서』가『율려정의律呂正義』보다 더 나은 악
률이론서임을 누서법 등을 통해서 주장하였다. 누서법에는 횡서척과 종
서척이 있는데, 횡서척은 고척古尺으로 가로로 기장을 쌓아서 율관을 정
하는 법이고, 종서척은 금척今尺으로 세로로 기장을 쌓아서 율관을 정하
는 법이다. 또한 고척으로 황종은 9촌이고 금척으로 황종은 7촌 2분 9리
로, 고척의 도수度數가 많고, 금척의 도수가 적다. 이처럼 고척의 도수가
많은 것은 기장을 횡橫으로 쌓아 만들었기 때문이고, 금척의 도수가 적은
것은 기장을 종縱으로 쌓아 만들었기 때문이다. 이처럼 고척과 금척에
따라 도수는 차이가 있지만, 율관의 길이는 똑같다는 이론이다.

또 누서법에서 기장의 크기에 크고 작음이 없다는 것은, 이른바 '거서
중秬黍中'을 염두에 두고 황윤석이 서술한 것으로 보인다.「악통樂通」에
"『한서』율력지의 '자곡거서중子穀秬黍中'이란 문구를 잘못 해석하여, 기장
을 쌓아 만든 척尺이 너무 짧아 중화中和의 소리를 잃었다. 이른바 '거서중
秬黍中'이란 대개 법식에 맞는 기장을 가려 뽑으라는 것이지, 중中이 중간
등급의 기장을 호칭하는 것이 아니다. 만약 큰 기장을 가려 뽑으면 거의
법식에 맞을 것이다. 대체로 거秬라는 것은 거세巨細의 거巨와 같다"[42]라
고 하였다. 하지만 황윤석은「악통」의 해석처럼 '큰 기장을 가려 뽑으면
법식에 맞을 것'이라는 이론에 근거하지는 않은 것으로 보인다. 그는 '박
연이 중간 크기의 기장을 가려 뽑는다'라는 이론에 근거하여 누서법을
비판한 것이다. 즉 기장은 자연물로 풍·흉년에 따라, 토질에 따라 크기
가 달라질 수밖에 없는 곡물이기 때문에, 기장이라는 곡물을 근거해서
크기를 재는 것에 대한 비판인 것이다.

---

42)『(국역)홍재전서』7책 권61 雜著8「악통」293~294쪽. 王朴泥看漢志子穀秬黍中
之文 以致絫尺太短 而失中和之聲 所謂秬黍中者 蓋指揀選中式之黍 非中號中
等之黍 若揀選大黍 則庶近乎中式 夫秬之爲言 卽巨細之巨 端淸大黍中式之說
實有所本 而朴堧之擇取中等黍 亦泥看漢志之病.

한편 홍대용의 경우는 누서법에 대하여 다음과 같이 설명하였다.

> "무릇 소리와 기의 근원을 이미 황급히 구할 수 없으니, 황종의
> '眞'을 오로지 누서에 맡겨야 하는데, 古今이 합치되지 않는 것은 이것
> 이 매우 심하다. 기장은 진실로 천지간의 一物인데 어찌 고금에 판연
> 히 차이가 있겠는가? 해에는 풍년과 흉년이 있고 땅에는 기름지고
> 척박한 곳이 있고, 생산물은 작고 큰 것이 있어, 그에 따라서 같지
> 않으니 고금에 기장으로써 율을 구한 것도 또한 옳지 못하다. 하물며
> 천년 뒤에 고르지 못한 死法[낡은 법]에 바탕하여 자연의 正聲을 구하
> 려는 것이 옳겠는가?"[43]

위의 인용문에서 기장은 천지간의 하나의 물로서 당연히 고금의 차이
가 있으니 해마다 혹은 지역마다 서로 기장의 차이가 있기 때문에 기장을
가지고는 율을 구할 수 없다는 주장이다. 즉 누서법 자체가 낡은 방법이
라는 것이다. 또 홍대용은 누서법에 대해서 다음과 같이 설명하였다.

> "가령 古律은 얻을 수 없고 오직 기장에서 참을 얻는다 하더라도
> 또한 律을 정하기는 어렵다. 阮逸은 方積을 주로 하였고, 房庶는 圓積
> 을 주로 하였으며, 李照는 縱黍累尺을 썼고, 胡瑗은 橫黍累尺을 사용
> 하였다. 縱은 매우 길고, 橫은 매우 짧다. 그런데 『律呂精義』을 보면
> '縱黍 81은 橫黍 100에 해당한다. 99개를 접쳐 쌓으면 이에 律尺이
> 생겨나고, 10개로써 그렇게 하면 이에 度尺이 생겨난다.'고 하였다.
> 그렇다면 종서법으로 율을 정하는 것이 나을 것 같지만 불가불 9분을
> 1촌으로 삼아야 한다. 대개 律分의 分은 度分의 分과는 다른 것인데

---

43) 홍대용, 『담헌서』 外集 권6 「籠水閣儀器志」〈黃鍾古今異同之疑〉. 夫聲氣之元
旣不可遽求 則黃鍾之眞專 責於粂黍 而古今之不合 惟此爲甚 黍固天地間一物
也 豈判然於古今 而歲有豐歉 地有腴瘠 産有小大 隨而不同 則古人之以黍求律
亦末也 況於千載之後 欲因不齊之死法 以求自然之正聲 可乎. 고전국역총서 75,
『국역 담헌서Ⅲ』 참조 및 인용 294쪽.

李文利 · 瞿九思의 무리가 반드시 10분으로 1촌을 삼은 것은 어째서
인가? 만약 90分을 13으로 곱하면 1,170개의 기장을 얻고 오히려 30개
의 기장이 남으니 1分에 수용되는 기장은 13과1/3개 가 된다. 이미
1/3서라고 말한다면, 온전한 기장이 아닌 것인데, 장차 어떻게 累積을
할 수 있겠는가? 게다가 公孫崇이 12개의 기장으로 1寸을 삼고, 劉芳
이 10개의 기장으로 1촌을 삼은 것은 어째서인가? 이것이 누서법으로
장단을 정하기가 어려운 까닭이다."[44]

위의 인용문에서 홍대용은 참이 되는 기장을 얻어서 방적, 원적, 종서
누척, 횡서누척의 방법으로 사용한다 하더라도 종은 너무 길고 횡은 너무
짧아서 결국은 황종율을 구하기는 어렵다는 말이다. 즉 기장을 가지고
9진법과 10진법으로 그 척도를 정했다 하더라도 기장이 남게 되는 부분
이 있으므로 온전한 기장은 될 수가 없다는 말이다. 결국 홍대용도 황윤
석과 같이 누서법을 비판하였다. 홍대용은 누서법 자체를 부정하였고 황
윤석은 하늘이 내린 최고의 귀를 가진 자만이 누서법을 정할 수 있기
때문에 누서법에 관해서는 부정적인 입장을 취하였다.

반면, 서명응은 누서법에 대해서 수용하는 입장을 취하는데 그 내용은
다음과 같다.

"율척을 반드시 거서로 만드는 것은 무엇 때문인가? 이는 성인이

<hr>

44) 홍대용, 『담헌서』外集 권6 「籠水閣儀器志」 〈黃鍾古今異同之疑〉. 假使古律雖
未可得 而惟黍得眞 亦難定律 阮逸主方積 房庶主圓積 李照用縱黍累尺 胡瑗用
橫黍累尺 縱則太長 橫則太短 而按精義曰 縱黍八十一 當橫黍一百九九 絫之則
乃生律尺 以十成之則乃生度尺 然則縱黍定律似勝 而不可不九分爲寸 盖律分之
分 異於度分之分 而李文利 瞿九思輩必斷斷於十分爲寸 何歟 若九十分 以十三
乘之 得一千一百七十黍 猶餘三十黍 則一分容黍十三及又三分黍之一 既云三分
黍之一 則已非全黍 將何以累積耶 況公孫崇以十二黍爲寸 劉芳以十黍爲寸者
何歟 此所以絫黍以定長短之爲難也. 번역은 고전국역총서 75, 『국역 담헌서Ⅲ』
참조 및 인용 295쪽.

하늘에서 낸 자연의 물질을 빌려 하늘에서 법을 취하자는 것이다. 대개 天數는 9로써 쓰임을 삼고, 人數는 10으로써 쓰임을 삼는다. 그러므로 거서를 세로로 9낟알씩 9번 쌓아 9푼과 9촌으로 하고, 또 그 거서를 가로로 10낟알씩 10번 쌓아 10푼과 10촌으로 한다. 이 兩尺 이 꼭 같아서 남음도 부족함도 없다. 이것이 天人의 經緯한 지극히 묘한 法象이다."[45]

위의 인용문에서 기장은 성인이 내려준 물질로서 법으로 삼아도 됨을 주장하였다. 즉 기장을 가로나 세로로 쌓던 결국 길이는 같이 된다는 것이다. 그리고 종서척은 인수人數로 숫자 10에 해당되고 횡서척은 천수天數로 숫자 9에 해당됨을 주장하였는데, 이것은 역易에서 10의 수는 '체體'가 되고 9의 수는 '용用'이 되는 원리에서 나온 것이다. 그러나 서명응은 기장을 구하는데 조건을 달았다. 그 조건은 기장이 양두산羊頭山에서 나는 것만이 가능하다는 말이다. 서명응이 양두산의 기장을 고집하는 이유는 신농씨가 도읍한 땅이고, 호원은 양두산의 기장의 중간 것을 택했고, 주재육은 양두산의 기장을 가지고 척도를 만들었기 때문에 적합하다는 것이다.[46] 그리고 양두산의 기장은 건회도서建會圖書[47]의 수를 가진 기장으로 율을 만들 수 있기 때문에 누서법에 관한 중요성을 주장하였다. 이

---

45) 서명응, 『보만재총서』「元音鑰」권1 〈同律鑰〉 제1 秬黍眞數. 律尺之必取秬黍何也 聖人假天生自然之物 以受法於天也 蓋天數以九爲用 人數以十爲用 故縱置秬黍 九九累之 爲九分者九寸 則橫置其黍 十十累之 爲十分者十寸 兩尺相當適足無餘欠 此乃天人經緯 至紗之法象也. 김종수, 역주 『시악화성』 137~138쪽.

46) 서명응, 『보만재총서』「元音鑰」권1 〈同律鑰〉 제1 秬黍眞數. 其秬黍必取羊頭山黍何也 羊頭山卽神農所都也 今山上有神農廟 廟西北八十步大坪 有神農城址 秬黍産其下形體最大 造律家以其神農遺種 而常采用之 如宋胡瑗以羊頭山黍篩之 而取其中等是也 明朱載堉亦取羊頭山黍 樹藝私田收得一斗 擇其大者 以成下文所載兩尺 其後李之藻 以測景所得之尺 準之 則毫髮不差 造化一處得其眞 觸處皆通也. 김종수, 역주 『시악화성』 139쪽.

47) 建은 북두칠성이 가리키는 방향, 會는 해와 달이 만나는 것, 圖는 河圖, 書는 洛書를 말한다.

러한 서명응의 주장은 황윤석과 홍대용과는 다른 주장을 펴는 것을 알 수 있다.

한편, 후기법候氣法에 대한 구체적인 과정을 살펴볼 수 있는 최초의 문헌적 근거는 『속한서續漢書』 율력지이다. 『속한서』 율력지는 진대晉代 사마표(司馬彪, ?~?)의 저작으로 후기법의 복잡한 과정을 소개하였고 아울러 그 방법에 대한 이론적인 해석이 실려 있다. 그 내용은 다음과 같다.

"무릇 五音은 陰陽에서 생겨나 12律로 나뉘며 轉하여 60律을 생하니, 이 모두 斗氣를 紀하고 物類를 본받는 것이다. 하늘은 景으로써 본받고 땅은 響으로써 본받는다 한 것이 즉 律이다. 음양이 조화로우면 景이 이르고 律氣가 응하면 재가 사라진다. 이런 까닭에 천자는 매번 冬至와 夏至가 되면 대전 앞에 八能之士를 모아 놓고 八音을 펼쳐 樂이 均함을 듣고 晷景[그림자를 살펴 鍾律을 候했으며 土炭을 달아 보아 陰陽을 效한다. 冬至에 陽氣가 응하면 樂이 고루 淸아지고 景이 길이가 최대가 되니, 黃鐘이 通하고 土炭는 가벼워지면서 저울대가 들린다. 夏至에 陰氣가 응하면 樂이 고루 濁해지고 景이 길이가 최소가 되니, 蕤賓이 通하고 土炭은 무거워지면서 저울대가 내려간다. 선후 5일 중에 進退하면서 八能之士가 각기 기다린 바를 아뢰면 太史가 받들어 올린다. 效則이 和하다고 보고 그렇지 않으면 점을 친다. 候氣의 법은 삼중의 밀실에서 틈을 다 바르고 천을 두른다. 방 안에는 나무로 탁자를 만들어 놓는데, 각 律마다 하나씩으로 하며 안이 낮고 밖이 높은 형태로 하여 그 방위에 따라 놓고 律管을 위에 올려놓는다. 葭莩(갈대 줄기에 있는 얇은 막)의 재로 안을 채우고 曆에 따라 이를 살핀다. 氣가 이르면 재가 움직인다."[48]

48) 『續漢書』律曆志. 夫五音生于陰陽 分爲十二律 轉生六十 皆所以紀斗氣 效物類也 天效以景 地效以響 卽律也 陰陽和則景至 律氣應則灰除 是故天子常以日冬夏至御前殿 合八能之士 陳八音 聽樂均 度晷景 候鍾律 權土炭 效陰陽 冬至陽氣應 則樂均淸 景長極 黃鐘通 土炭輕而衡仰 夏至陰氣應 則樂均濁 景短極 蕤賓通 土炭重而衡低 進退于先後五日之中 八能各以候狀聞 太史封上 效則和否則占 候氣之法 爲室三重 戶閉 塗釁必周 密布緹縵 室中以本爲案 每律各一 內低外高

위인용문에서 후기법의 과정을 정리해보면, 먼저 밀폐된 방 안에 일정한 방위에 따라 12개의 탁자를 배치한다. 탁자는 안이 낮고 밖이 높은 경사진 상태로 하고, 서로 다른 길이의 12개 율관의 끝에 갈대의 재를 채워 넣은 후 순서대로 상응하는 탁자 위에 놓는다. 이후 역법曆法에 따라 율관에 채워 넣은 갈대의 재의 상태를 관찰한다는 것이다.49) 이러한 후기법에 대하여 황윤석은 다음과 같이 긍정적으로 수용하는 입장을 취하였다.

"蔡西山[蔡元定의 號은 어쩔 수 없이 候氣를 기초할 수밖에 없었지만, 장차 天地의 元氣를 가지고 天地의 元聲黃鐘을 정한 것이니 이것은 근원을 끝까지 추구하는 논리로서 이른바 候氣라는 것이 어찌 쉬운 것이겠습니까? 잘 모르지만 『律呂正義』의 圖 가운데 과연 黍體[기장의 크기]가 천지의 氣와 충분히 조화할 수 있겠습니까? 이것은 작은 차이이면서도 큰 차이를 만들어낼 것이니, 하늘이 내린 최고의 귀[神瞽聖, 天道를 알았던 옛 樂正]를 가진 사람이 아니면 정할 수 없을 것입니다."50)

앞서 설명했듯이 후기법이란 율관에 대한 조작을 통해 자연의 기운의 변화를 관찰함으로써 정확한 계절적 시기를 파악하는 방법이다. 이 후기법은 아무 곳에서나 구할 수 있는 율관제작법이 아닌 것이다. 후기候氣란 천지의 원기를 가지고 천지天地의 원성元聲을 정하는 것이라고 하였다. 전통적인 역법曆法에서는 24절기節氣를 12절節과 12기氣로 구분했는데,

---

從其方位 加律其上 以葭莩灰抑其內端 案曆而候之 氣至者灰動.
49) 은석민, 「候氣法에 대한 연구」, 한국의사학회지 19권 2호, 2006, 176쪽.
50) 황윤석, 『이재난고』2책 권12 402쪽. 蔡西山不得不歸本於候氣驗應 將以天地之元氣 定天地之元聲 此極本窮源之論 而所謂候氣 豈是易事 未知正義圖中黍體 果能協天地之氣乎 此處一差 向下都差 自非古之神瞽聖於審音者 不能定也 正義因精密 而比新書 或有出入 原其黃鍾之本 則橫黍爲古尺 縱黍爲今尺 而以爲黍無大小 此說恐未然 若然則古人 豈云黍之大小 由於歲之豐歉 地之饒瘠乎.

입춘立春 · 경칩驚蟄 · 청명淸明 · 입하立夏 · 망종亡種 · 소서小暑 · 입추立秋 · 백로白露 · 한로寒露 · 입동立冬 · 대설大雪 · 소한小寒이 12절이 되고 나머지는 모두 기이며, 12율관은 이 12기와 상응하는 것이다. 이처럼 후기의 본뜻은 천지天地의 원기元氣를 헤아리는 데 있다. 즉 동지冬至의 일양초생지기一陽初生之氣를 측정하여 역법의 기초로 삼음으로써 당시의 역법이 천도天道에 부합하는 것인지를 증명하려고 한 것이다.51) 이같은 근거에 의해서 채원정이 후기를 주장하였고 황윤석 자신도 같은 입장에서 후기를 긍정하는 입장인 것이다. 후기법은 근원을 끝까지 추구하는 논리가 되기 때문에 후기로 황종율관을 정할 수 있다는 주장인 것이다.

반면, 홍대용은 후기법에 대하여 황윤석과 상반되는 견해를 가지고 있는데 그 내용은 다음과 같다.

> "候氣法은 지금이 진실로 옛날만 같지 않은데, 氣를 관찰한 바는 옛날과 지금이 같다. 그러나 地勢의 높고 낮음이 있고 토질에는 성글고 조밀함이 있으므로 기를 살펴보는 것 또한 따라서 같지 아니하다. 무릇 물[水] 또한 氣이다. 이 물이 떨어지기도 전에 저 물은 이미 말라 버린다. 초목 또한 기이다. 이쪽 것은 시들지 않았는데 저쪽 것은 이미 시든다. 그것이 기에 응함이 진실로 빠름과 느림, 먼저와 나중이 있으니 건조하고 습함을 막론하고 다만 黃鍾 9寸으로만 기준을 삼는다면, 또한 어찌 이것은 상승하지도 않았는데 저것은 이미 응해버린 것이 없겠는가? … (중략) 이것이 후기법이 어려운 까닭이다."52)

51) 唐繼凱, 「中國古代的律曆合一學說」, 交響-西安音樂學院學報, 2000. 은석민, 「候氣法에 대한 연구」, 한국의사학회지 19권 2호, 2006, 177쪽 재인용.

52) 홍대용, 『담헌서』 外集 권6「籠水閣儀器志」〈黃鍾古今異同之疑〉. 候氣之法 今固不如古 而所候之氣 古猶今耳 然地勢有高下 土性有疎密 則所候者亦隨而不同 夫水亦氣也 此未落者彼已消矣 草木亦氣也 此未彫者彼已謝矣 其氣應固有早晚先後 而無論燥濕 只以黃鍾九寸爲準 則亦豈無此未升而彼已應者耶 … 此所以候氣之爲難也. 번역은 고전국역총서 75, 『국역 담헌서Ⅲ』 참조 및 인용 293~294쪽.

살아있는 모든 만물은 기氣가 있고 기가 있지 않으면 죽은 상태이다. 홍대용은 후기법을 기의 상태를 가지고 설명하였다. 사물에 따라 기의 상태가 똑같을 수가 없는데 이런 상태를 고려하지 않고 단지 올라오는 기만 살펴서 황종 9촌을 기준으로 정하는 것은 모순이라는 주장이다. 홍대용의 이러한 주장은 고대에도 나타나는데, 후기법은 구하기 어려운 문제임을 아래의 내용에서도 확인할 수 있다.

> "信都芳은 학문에 힘쓰고 또한 견문이 넓었다. 丞相 倉曹 祖珽중국 北齊 武成帝 때의 신하이 신도방에게 '律管에서 재가 날아오르는 법이 매우 미묘하여 그 전승이 끊어진지 이미 오래되었다. 내가 생각이 못 미치는 바를 경이 한번 생각해 보라'라고 하였다. 신도방이 십수일 동안 생각한 후 珽에게 보고해 말하기를, '제가 알아냈습니다. 그런데 반드시 河內에서 나는 갈대의 재를 써야 합니다.'라고 하였다. 祖珽이 시험해 보았으나 효과가 없다가 후에 하내의 갈대에 재를 구해서 그 법을 시험해 보니 節氣에 응해 재가 날았고 나머지 재들은 움직이지 않았다. 그 때에 주목받지 못하여 뜻이 쓰이지 못한 까닭에 이 법이 드디어 끊어졌다."[53]

위의 인용을 통해 신도방(信都芳, ?~?)은 후기候氣에 능했던 인물이라는 사실을 알 수 있는데, 그는 북조北朝시기 동위東魏의 저명한 천산가天算家로서 후기법을 복원한 사람이다. 그러나 이 방법은 당시에 별로 주목을 받지 못하였고 이후 모두 실전되었다. 이렇게 실전된 것은 율관에서 재를 날리는데 기를 살피는 것이 어려웠기 때문인 것임을 알 수 있다. 이는 홍대용이 사물에 따라 기의 상태가 다르다는 주장과 같은 맥락인 것으로,

---

53) 『北史』, 卷八十九「列傳」第七十七〈藝術〉上. 芳精專不已 又多所窺涉 丞相倉曹祖珽謂芳曰 律管吹灰 術甚微妙 絶來既久 吾思所不至 卿試思之 芳留意十數日 便報珽雲 吾得之矣. 然終須河內葭莩灰 祖對試之 無驗 後得河內灰 用術 應節便飛 餘灰卽不動也 爲時所重 竟不行用 故此法遂絶.

고대나 홍대용이 살았던 조선후기에도 후기법의 어려움은 매 한가지인
것임을 알 수 있다. 이러한 후기법에 대한 홍대용의 주장은 황윤석과는
상반된 견해인데, 그러면 서명응의 후기법에 대한 견해는 어떻게 개진하
였는지 살펴보면 다음과 같다.

> "대개 候氣는 天下萬國에서 행할 수 있는 것이 아니고, 오직 洛陽의
> 潁川 陽城縣에서 북극을 볼 때 높이 36도 되는 땅뿐이다. 동지일에
> 관을 묻고 氣를 살피는데, 이때 살피는 것은 단지 황종 1관뿐이다.
> 나머지 11관은 황종관의 長短圍徑을 징험하고자 임시로 함께 묻는
> 법을 쓴 것에 지나지 않는다. 황종관을 명백히 얻으면 나머지 관은
> 數法으로서 구할 수 있으니, 어찌 節氣마다 氣를 살필 필요가 있겠는
> 가? 따라서 氣를 살펴 律을 구하는 것도 옛 성인의 遺法이다. 후기법은
> 이미 前篇에 나왔다."[54]

위의 인용에서 후기법은 중국 낙양의 영천 양성현의 북위 36도 되는
곳에서만 구할 수 있는 유일한 장소이다. 즉 이 한 곳에서만 시험하여
구할 수 있는 장소라는 것이다. 그리고 황종 율관 길이만 구해지면 나머
지는 계산에 의해서 구할 수 있다는 개선방안을 제시하였다. 서명응의
이러한 견해는 황윤석과는 동일하나 홍대용과는 상반된 견해이다. 그리
고 황윤석도 서명응과 같이 후기법을 구할 수 있는 장소를 다음과 같이
설명하였다.

---

54) 서명응, 『보만재총서』「元音鑰」권1〈同律鑰〉제1 候氣測景. 候氣之法 始於張蒼
著於京房 該載於班固之志. 蒼去古未遠 必得古聖遺法 而固則未詳法術 宜其言
疎略 以起後人之惑也 蓋候氣 非可行於天下萬國 唯洛陽之潁川陽城縣 見北極
高三十六度之地 冬至日 埋管候氣 是其所候者 只是黃鍾一管而已 其餘十一管
不過欲驗黃鍾管之長短圍徑 權爲此共埋之法也 黃鍾管求得端的 則餘管 可以數
法求之 何必每節候氣乎 故知候氣求律 亦古聖遺法也 候氣之法已見前篇. 김종
수, 역주 『시악화성』 151~152쪽.

　　"皇明 嘉靖에 大司馬 韓邦奇가 樂學에 정통하였는데, 그는 '候氣法
은 본래 천하만국에서 시행할 수 있는 것이 아니고, 오직 낙양 땅
광야의 황토 흙에서 객토를 23척 정도 치워 버리고 3중으로 토실을
만들어 12관을 비스듬히 무도 한가을 백로에 황하에서 갈대청을 채집
하여 재로 만들어 관대 끝에 채운 후에야 응한다.'고 하였다. 이렇게
하는 이유는 樂은 天地의 中을 모방한 것이 때문이다. 구하는 것이
또한 반드시 中이어야 하므로, 비록 이치에 통달하신 주자께서도 閩越
[福建城]에서는 징험할 수 없었으니, 민월 땅이 남쪽에 치우쳐 있기
때문이다. 이제 우리나라에서 유독 징험할 수 있었고 여러 차례 시험
해도 틀리지 않은 것은 무엇 때문인가? 우리나라 경기·충청 구역은
洛陽·穎川의 陽城과 더불어 같이 북극에서 36도 되는 지역이어서
남북의 한가운데에 위치해 있기 때문에, 능히 氣가 이르러, 이같이
재를 날게 한 것이니, 마땅히 文明의 運數가 열리어 제도·문장을
찬란하게 갖추게 된 것이다. 당시에 氣를 살핀 땅은 이치로 따져보면
경성 남쪽 250리 지역에 있고, 그 설로 살펴보면 함춘원·관상감 등
지역에서 벗어나지 않을 것이다. 그러나 지금 모두 살펴볼 수 없으니
애석하다!【경기와 충청 지역이라 말한 것은 충청과 전라도 지역이고
또 서양의 역법을 상고하였기 때문이다. 낙양과 장안은 북극에서 높이
34도쯤인데, 36도는 마땅히 34도로 돼야 하고 250리는 마땅히 500리로
돼야 한다.】"[55]

　황윤석에 의하면, 후기를 구할 수 있는 장소는 북극 36도가 되는 중국의
양성陽城이라 하는데 이것은 서명응과 같은 장소이다. 양성은 조선에서

---

55) 황윤석,『이재난고』3책 권18 631쪽. ○ 皇明嘉靖中 大司馬韓邦奇 精於樂學 其言
曰 候氣之法 本非可行於天下萬國者 唯洛陽地中 曠野黃壤 去客土二三尺 築三
重土室 斜埋十二管 中秋白露 採河內葭莩 爲灰實管端然後應之 所以然者 以樂
只是模畫天地之中 凡其求之者 亦無往非中也 今我國京圻忠清之間 與洛陽陽城
俱係北極出地三十六度 而處南北之中 故能氣至灰飛如此 宜其啓文明六運也 當
時候氣之地 以理推之 似在京城南二百五十里地 以說觀之 似不出含春苑觀象監
等地 然今皆不可考矣「京圻忠清當云 忠清全羅又以西曆攷之 洛陽長安北極當
高三十四度許 則三十六當作三十四 而二百五十里當作五百里」.

경기도와 충청 지역에 해당되고, 이 지역은 남북의 한 가운데에 위치하기 때문에 기가 이르러 재를 날릴 수 있어서 문명의 운수를 열리게 할 수 있는 장소라는 것이다. 그리고 조선에서 기氣를 한번 살핀 적이 있는데, 이 지역은 경성 남쪽 부근에 있는 함춘원이나 관상감일 것으로 추측한다. 하지만 황윤석 자신이 알아본 바에 의하면, 그 지역은 북극 36도에 해당하는 장소가 아니라 북극 34도에 해당하는 곳이었다. 즉 경기도와 충청도 지역이 아니라 충청도와 전라도 지역이 된다는 주장이다. 황윤석이 이러한 사실을 밝혀낼 수 있었던 것은 서양의 역법을 상고하였기 때문에 가능한 것이었다. 즉 당시 황윤석은 43세로, 사포서별제司圃署別提를 맡고 있었으며, 김용겸과 병서兵書와 해방海防에 관해 토론하였고, 김성범(金聖範, ?~?) 및 김종순(金鐘純, ?~?)과는 율려律呂, 역상易象, 수학數學과 예설禮說, 문장文章에 대해 토론할 때였다. 또한 이 시기에 황윤석은 이미 서학을 수용하였던 만큼 후기候氣를 구하는 장소가 북극 36도가 아니라 34도라는 사실을 충분히 고증할 수 있었을 것이다.

위에서 언급하였던 바대로, 황윤석은 누서법과 후기법에 대해 자신의 입장을 분명히 밝혔다. 이렇게 밝힌 전대 악률이론을 통하여, 황윤석이 율려에 대해 어떠한 견해를 개진하였는지 직장直長 이속(李涑, ?~?)과의 토론내용을 통해 살펴보면 다음과 같다.

"12월에 직장 李涑과 律呂의 法에 대하여 논하였다. 직장 이속이 "옛 사람의 율려의 법이 문자에 보인다고는 하지만 지금 복고를 할 수 있겠습니까?"라고 물으니, 대답하여 말하기를 "주자와 채원정의 정론이 있은 뒤로 원나라와 명나라 때에 이르러서 뒤섞여 혼란하게 되었습니다. 대개 三分損一 上下相生의 법을 벗어나고자 하여 때때로 『呂氏春秋』의 黃鐘이 3촌 9분을 포함한다는 설에 미혹되었습니다. 淸人이 다시 하지와 동지 전후에 해 그림자의 長短과 尺寸에 의거하여 十二律의 장단을 만들려고 하여 그 혼란이 더욱 심하게 되었습니다.

비록 그러할지라도 삼분손익에 의거하여 차례대로 배정을 한다면 아마도 이것이 바뀌지 않는 수일 것입니다. 대개 옛 사람들은 소리에 따라 악기를 만들고 후인들은 악기에 따라서 소리를 잃었으니 이제 만약 옛 사람들이 이미 정한 법을 가지고 연역하여 올라간다면 또한 어찌 옛것을 회복할 수 없겠습니까?"라고 하였다."56)

위의 인용문에서 황윤석은 채원정의 『율려신서』에 서술된 '황종관의 길이가 90분이라는 설'57)과 '12율관의 둘레와 지름이 모두 같다는 설'을 정론으로 보고 있다. 유흠(劉歆, B.C 46~A.D 23)은 9촌을 9분척의 9촌이 아니라 10분척의 9촌으로 잘못 간주하여 황종관 길이를 90분이라 하였으며, 반고(班固, 32~92)는 『한서』 율력지에 '황종 길이는 9촌이며, 1촌은 10분이다'58)라고 하였는데, 채원정은 이러한 설을 따랐다. 그리고 후한後漢의 정현(鄭玄, 127~200)과 채옹(蔡邕, 133~192)이 12율관의 둘레와 지름이 모두 같다는 설을 주장하고, 『한서』 율력지 주註를 단 맹강(孟康, ?~?)이 12율관의 둘레와 지름이 다르다는 설59)을 주장한 이후 두 설이

---

56) 황윤석, 『(國譯)이재유고』Ⅰ(박순철·노평규·김영 譯, 전북대학교 이재연구소, 서울: 신성출판사, 2011, 72~73쪽). 十二月 與李直長(浹) 論律呂之法 直長曰 古人 律呂之法 見於文字 而今亦可以復古否 答曰自有朱蔡定論以後 至元明之際 又 復淆亂蓋欲脫去三分損益 上下相生之法 或惑於呂氏春秋黃鍾 含少三寸九分之 說 淸人則又欲依二至 前後日景 長短尺寸 以爲十二律 長短 其亂亦已甚矣 雖然 只据 三分損益 次次排定 恐是不易之數 蓋古人因聲以生器 後人因器而失聲今 若以古人已定之法 細之繹之 亦何不可復古之有. 이 기록은 『이재속고』 권11 「漫錄」에도 보임.

57) 蔡元鄭, 『律呂新書』 「律呂證辨」 〈律長短圍徑之數第二〉. 漢前後志及諸家 用審度 分數審度之法 以黃鐘之長爲九十分 亦以十爲寸法 故有九十分 法數不同 其 長短則一 故隨志云 寸數並同也. 『性理大全』 二 卷之二十二, 山東友宜書社, 1989, 1520쪽. 율관에 대한 여러 학설은 蔡元鄭의 『律呂新書』 「律呂證辨」의 〈律長短圍徑之數第二〉를 참조.

58) 『漢書』 「律曆志」, 九十分黃鐘之長 一爲一分 十分爲寸.

59) 蔡元鄭, 『律呂新書』 「律呂證辨」 〈律長短圍徑之數第二〉. 孟康不察 乃謂凡律圍徑不同 各以圍乘長 而得此數者 蓋未之考也. 『性理大全』 二 卷之二十二, 中國:

공존하였는데, 채원정의 『율려신서』에서는 12율관의 둘레와 지름이 모두 같다는 설을 따랐다. 또 『수서』 율력지에 '맹강이 그르고 정현이 옳다'고 한 이후로 여러 유자儒者들이 12율의 위경이 모두 같다는 설을 따랐다. 그런데 명나라 때 냉겸(冷謙, ?~?)이 다시 '맹강의 설을 가지고 나오면서 혼란스럽게 하였다'고 하며 황윤석은 비판하기도 하였다. 따라서 황윤석은 위인용과 같이 '황종관의 길이가 90분이라는 설'과 '12율관의 둘레와 지름이 모두 같다는 설'을 주희와 채원정의 설을 정론으로 수용하였던 것으로 보인다.

또한 황종율관의 수치가 정해지면 나머지 11율을 계산해야 하는 문제가 발생하는데, 황윤석은 채원정의 『율려신서』를 주해하였기 때문에, 이것을 삼분손익법과 상하상생의 법으로 구한다는 사실을 잘 이해하고 있었다. 따라서 황윤석은 삼분손익법 중 손일을 먼저 하느냐 익일을 먼저 하느냐에 따른 문제와 손일의 하생下生과 익일의 상생上生에 대한 문제를 고민하였다. 그런데 주재육이 삼분손익법을 부정하였음을 알고 황윤석도 다시 부정적인 시각을 내비쳤다. 그리고 주재육이 삼분손익법을 부정하니, '옛날 황제가 만물의 이름을 바로잡을 때에 영륜伶倫에게 명령하여 대하大夏 서쪽 해곡嶰谷의 대나무로 자연히 둥글고 빈 것 3촌 9분을 잘라 불게 하여 황종의 궁宮을 만들었다'[60]는 오류에 빠지게 되면서, 또 역가曆家에서 측영법測景法을 주장하자 유가儒家에서 후기설을 주장하여 측영법을 부정하게 되는 이러한 상황에서 청나라 사람들이 측영법을 다시 언급한 것을 보고 황윤석은 비판하였다. 즉 하지와 동지 때 해 그림자를 이용해서 그 장단을 측정하여 12율을 만드는 그 자체에 문제가 있다는 부정적

山東友宜書社, 1989, 1523~1524쪽.

60) 김근 역주, 『呂氏春秋』, 서울: 민음사, 1993, 242쪽. 「中夏紀」〈古樂〉昔黃帝正名百物 爰命伶倫 自大夏之西 斷嶰谷之竹 取其自然圓虛者 三寸九分而吹之 以爲黃鍾之宮.

시각을 표방하였다.

이와 같이 황윤석은 누서법과 측영법은 부정하여 비판하였고, 후기법만은 수용하였는데, 당대當代의 홍대용은 측영법에 대한 설명은 없지만 그가 세 가지 모두를 부정했을 것으로 짐작된다. 왜냐하면 홍대용은 누서법과 후기법, 심성법 등이 비과학적이기 때문에 부정한다는 입장을 표방하였기 때문이다.[61] 반대로 서명응은 누서법과 후기법, 측영법 모두를 긍정적으로 생각하였다. 특히 측영법에 대해서는 그의 저서에서 많은 지면을 할애하여 설명하였다. 측영법에 대한 서명응이 생각한 바를 간략하게 살펴보면 다음과 같다.

> "대저 律과 曆은 본래 한 가지 일이다. 해그림자로 節氣를 구하면서, 유독 해그림자로 律을 구하는 것만이 불가 할 수 있는가? 또 더구나 『詩經』에 '해로 헤아린다.[揆日] 그림자를 헤아린다.'[度景]라는 글이 있으니, 집을 짓고 터를 측량하는데 해그림자를 쓴 것이고, 『禮記』에 '景短景長'이란 글이 있으니, 읍을 조성하고 도읍을 정함에 해그림자를 쓴 것이다. 옛 성인이 매사에 반드시 해그림자로 구했는데, 어찌 律呂와 같은 큰일을 해그림자에서 구하지 않을 까닭이 있겠는가? 따라서 그림자를 측정해서 律을 구하는 것은 옛 성인의 遺法임을 알겠다."[62]

위인용에서 서명응은 측영법이 『시경』과 『예기』와 같은 경전을 통해서 이미 고증되었기 때문에 이로 인해서 해 그림자를 측정하면 율은 충분히 구할 수 있다는 것이다. 이것은 성인이 사용했던 방법이므로 당연히

61) 洪大容, 『湛軒書』 外集 卷6 「籠水閣儀器志」 〈律管解〉 참조.
62) 서명응, 『보만재총서』 「元音鑰」 권1 〈同律鑰〉 제1 候氣測景. 夫律曆 本爲一事. 以日景求節氣 則獨不可以日景求律乎 又況詩有揆日度景之文 則築室度址 用日景也 禮有景短景長之文 則營邑定都 用日景也. 古之聖人 每事必以日景求之 豈以律呂大事 而不求之日景乎 故知測景求律 亦古聖遺法也. 김종수, 역주 『시악화성』 151쪽.

율을 정할 수 있다는 것이다. 그래서 측영법을 옛 성인의 유법으로 서명
응은 파악한 것이다.

〈그림 2-2〉를 통해서 측영요법測景要法이 어떻게 설명되는지 살펴보고
자 한다.

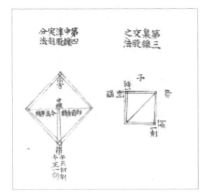

〈그림 2-2〉 測景要法

〈그림 2-2〉에서 서명응은 측영법을 4단계를 통해서 해 그림자를 구하
였다. 즉 1단계는 얼표(臬表, 해시계)의 입고법立股法, 2단계는 얼표의 입
구법立句法, 3단계는 얼표의 교고법交股法, 4단계는 중선中線에 고股를 준
하여 분각分刻을 정하는 법을 통해서 측영법을 구할 수 있다고 주장하였
다. 이것은 『주비산경周髀算經』의 구고법(句股法, 오늘날의 삼각법)을 측
영법에 적용하였으며 측영법의 4단계를 사율법에도 적용하였다. '사율四
率'은 a와 b, c와 d의 관계가 선형비례線形比例를 가질 때, 이미 알고 있는
수들인 a, b, c를 통해 미지수 d를 구하는 법인데, 여기서 a는 1율, b는
2율, c는 3율, d는 4율이 된다. 그는 이러한 사율법을 '선천방도先天方圖'에
서 구고(句股, 직각삼각형)가 도출되는 과정을 제시함으로써 선천先天 자
체의 체용으로 방원도方圓圖와 구고의 관계를 설명한다. 이는 구고법을

선천학先天學 속에 포섭하는 논리이다. 또 "『주비경周髀經』이 삼대三代의 책이 아니라면 모르거니와 그렇지 않다면 『주비경』에서 이미 포희包羲는 구고로써 천도天度를 세웠다고 분명히 말했다면 구고는 포희가 지은 것은 명확하다."63)라고 그의 저서인 『선천사연先天四演』에서 밝히고 있다. 이 것은 서명응이 '『주비산경周髀算經』의 구고법'을 복희伏羲가 창제한 선천 학先天學에서 나왔다고 보기 때문인 것이다. 또 서명응은 『구장산술九章算術』을 선천학先天學의 用用으로 인식하지 않고, 『주비산경』만을 구고법의 책으로 인식하기 때문에 『주비산경』만이 선천의 용이 될 수 있다는 것이 다.64) 따라서 서명응은 자신의 선천학을 황종율관의 수치를 구하는 방법 인 측영법에도 적용하였음을 알 수 있다.

황윤석은 홍대용과 김원행의 문하에서 동문수학을 하였고 학문적으로 도 교유하면서 지냈지만, 후기법에 대해서는 서로간의 견해 차이를 보였 다. 서명응과는 후기법만 긍정적으로 수용하는 입장이지만, 누서법과 측 영법에 대해서는 서로 견해 차이가 보인다. 즉 서명응은 측영이나 후기, 누서를 따질 것 없이, 여러 번의 실험을 통해서 천지의 참된 수 즉 정확안 실험을 통한 정확한 수를 얻고, 천지의 참된 수가 종율鍾律의 참된 척尺이 된다65)는 주장이다. 이 종율의 척을 구하지 못하는 것은 후대의 사람들이 율에 전념하지 않아서 율에 대한 여러 폐단이 생긴다는 것이다. 서명응은 세 가지 방법을 모두 아우르는 견해를 가지고 있는데, 이러한 견해는 그 가 국가편찬사업의 실무자로서 그리고 누서법과 측영법, 후기법에 상관

63) 서명응, 『보만재총서』권1 「先天四演」〈方圓數箋〉句股比例. 以周髀經爲非三代之書則已 不然周髀經旣明言 包羲以句股立天度則 句股之爲包羲所作明矣.
64) 이봉호, 「서명응의 先天學 體系와 西學 解釋에 관한 연구」, 성균관대 박사학위논문, 2005, 151~152쪽.
65) 서명응, 『보만재총서』「元音鑰」권1〈同律鑰〉제1 候氣測景. 大抵無論測景也 候氣也 累黍也 博試屢驗 一一皆合 然後方爲天地之眞數 天地之眞數 鍾律之眞尺也 但後世人事紛亂 有難專精於求律一事. ⋯. 김종수, 역주 『시악화성』153쪽.

없이 그 수를 궁구窮究하여 천지의 수를 구하고자 강조하였기 때문이다. 즉 천지의 수를 구할 수만 된다면 종률의 척이 되므로 상관할 필요가 없다는 것이다. 이러한 견해를 뒷받침해 줄 근거는 일전日躔과 두병斗柄에 음악을 연결시켰기 때문이다. 즉 서명응은 당상堂上과 당하堂下에 일전과 두병을 비유하였는데 이것은 당상과 당하가 천상天象이 되기 때문이고, 율려의 장단과 위경이 건회建會의 수법을 진정으로 얻는다면 조화가 진행되어 천체의 운행에 응해서 천지의 조화가 이루어진다는 것이다. 이것은 서명응의 선천역 사상을 당상과 당하악에 적용한 것으로, 또 율관제작법인 누서법과 측영법 그리고 후기법에도 적용하여 세 가지 방법 모두를 수용한 것이다.66) 이러한 서명응의 수용적인 견해는 측영법에서 황윤석과 달리하는 견해 차이가 있었다.

이러한 상황에서 황윤석의 악률인식에 대한 당대의 평가는 다음에 제시한 인용문에서 알 수 있다.

> "악률을 논함에 蔡季通[蔡元定의 字]의 候氣說을 주장하고 청나라 사람들의 측영을 가지고 율관을 만드는 법[測景爲管之法]을 배척하였다. 曆數를 논함에 있어서는 歲差(황도와 적도의 交點이 매년 황도를 따라 서쪽으로 퇴행하는 年差를 말한다.)가 바르니 서양의 역법을 기다릴 것 없이 중국의 역법이 쓸 만하다고 하였다."67)

---

66) 서명응, 『보만재총서』「元音鑰」권1 〈同律鑰〉제1 序. 歌瑟作于堂上 右轉畢曲 則日躔之右轉 成時序也 匏竹作于堂下 左旋畢曲 則斗建之左旋 成節候也 是又 何嘗有外於經緯陰陽乎 是以律呂之長短圍徑與其宮調 必得建會之數法 眞正無 差 然後方有合於造化密移之機 不然所謂左旋者 未必是左旋 所謂右轉者 未必 是右轉 其於應天運 而召天和 亦末矣. 김종수, 역주『시악화성』129쪽.

67) 황윤석, 『(國譯)이재유고』I (박순철·노평규·김영 옮김), 전북대학교 이재연구소, 서울: 신성출판사, 2011, 345쪽. 論樂律 則主蔡通候氣之說 排淸人測景爲管之法 論曆數 則謂歲差得正 不待西法 而中國之曆可用.

위의 인용문은 홍직필(洪直弼, 1776~1852)인 쓴 황윤석의 묘지명에 기록된 글로, 평소에 황윤석이 악률에 대해 어떻게 평가하였는지를 간략하게 보여주고 있다. 요컨대, 이 글을 통해서 보면, 황윤석은 후기설은 긍정적으로 수용한 반면, 측영법은 부정적으로 비판하였음을 확인시켜 준다. 이것은 황윤석이 『율려신서』를 주희와 채원정이 함께 만든 것으로 보았기 때문에 후기설은 지지할 수밖에 없었던 반면, 청나라에서 수용한 측영법은 조선 중화주의中華主義 사상에 근거해서 부정할 수밖에 없었다. 즉 화이론華夷論의 입장에서 보면, 조선 중화주의는 '문화文化 중심의 화이론'으로, 청이 중화국가의 근거가 될 수 없다는 것이다.[68] 따라서 측영법은 이적夷狄인 청의 조정에서 수용한 율관제작법이기 때문에 인정할 수 없다는 황윤석의 사상이 반영되어 있음을 알 수 있다.

또한 황윤석은 천체 운행을 뜻하는 역수曆數에 대해서도 평가를 하였다. 천체가 운행하는 데 세차는 정해져 있기 때문에 서양역법으로 구할 필요 없이 중국의 역법을 이용하여 충분히 만들 수 있다고 주장하였는데, 이것을 통해서 볼 때, 황윤석은 '중국원류설中國源流說'을 지지하였음을 알 수 있다. '중국원류설'은 17세기에 서학문물이 들어오면서 지식인들 사이에 나타나는 현상으로, 이 설은 중국과 서양의 과학을 조화시켜 이해하고자 하는 조화의 논리로 제시된 설이다.[69] 황윤석과 홍대용은 누서법과 측영법을 부정하고 비판하는 데는 같은 입장이었으나 후기법에 대해서는 서로 다른 입장을 표방하였는데, 이것은 서학을 어느 수준까지 수용할 것인가와 관련된 문제의식을 반영한다고 볼 수 있다. 황윤석의 경우, 중도적인 관점에서 서양과학의 우수성에 대해서는 인정하지만, 중국원류설

68) 김문식, 조선후기 지식인의 對外認識, 『한국실학연구』 제5집, 서울: 한국실학학회, 2003, 224~227쪽.
69) 노대환, 「19세기 동도서기론 형성과정 연구」, 서울: 서울대학교 박사학위논문, 1999, 61쪽.

에 대해서도 지지하고 있다는 사실을 알 수 있다. 반면, 홍대용의 경우 이론과 실제가 서로 다른 기존의 황종율관을 구하는 방법들을 비판하였는데, 이러한 비판 속에는 서양의 천문학과 기하학에 대한 이해가 심화되면서 이전의 상수론象數論에 대한 부정과 '수數'에 대한 새로운 이해가 싹트고 있었음을 알 수 있다. 이러한 연유로 홍대용은 후기법에 대해서 황윤석과 다른 견해를 가졌음을 알 수 있다.

황윤석이 후기법을 수용할 수밖에 없었던 이유에 대해, 황서절(黃瑞節, ?~?)이 쓴 "『율려신서』는 대개 주희와 채원정, 스승과 제자가 서로 더불어 같이 지었다."[70]라는 글귀에서 황윤석이 벗어나지 못하였다는 평가가 있다. 이 말은 황윤석이 『이수신편』을 편집하였을 때 채원정의 『율려신서』를 한 마디로 평한 말이기도 하다. 그가 처음부터 『이수신편理藪新編』을 편집한 의도는 '이理란 우주와 인생의 근본 이치를 탐구하는 이학理學을 말하며, 수藪란 사물이 집중되고 귀속되는 곳'을 뜻하니, '이수理藪'란 '이학의 총집', '물리物理의 연원淵源'을 의미[71]한다는 입장을 표방하였던 데에서 알 수 있다. 따라서 황윤석은 이학을 실현하기 위해 『이수신편』을 편집하였기 때문에 후기법만은 수용할 수밖에 없는 한계를 갖고 있었다.

또한 황윤석은 어쩔 수 없이 채원정의 후기候氣를 기초할 수밖에 없었는데, 이것은 장차 천지天地의 원기元氣를 가지고 천지의 원성元聲을 정한 것이니 근원을 끝까지 추구하는 논리이기 때문에 후기에 기초 할 수밖에 없다는 그의 입장임을 알 수 있다. 즉 전통적인 역법에서 24절기 중 12율관은 12기와 상응하므로 후기는 천지의 원기를 헤아리는 데 있기 때문에, 채원정이 누서법을 비판하고 후기법을 강력하게 수용한 입장이 바로 황

---

70) 황윤석, 『頤齋全書』II (서울: 경인문화사, 1975, 416~417쪽). 「理藪新編」권19 黃氏瑞節曰 律呂書蓋朱蔡師弟予相與成之者.(이 문장의 원문이 『율려신서』朱熹의 序文註에 기록된 문장이다.)

71) 이숭녕, 「이수신편해제」, 『理藪新編』, 서울: 아세아문화사, 1975, 5쪽.

윤석 자신의 입장도 되는 것이다. 이러한 사실은 "율은 기장에서 나오는 것이 아니다. 백대百代 뒤에 백대 앞의 율을 구하려는 사람은 그 또한 성기지원聲氣之元에서 구하고 기장에서 반드시 구하고자 하지 않는다면 얻을 것이다"[72]라는 채원정의 입장과 황윤석의 입장이 같은 것에서도 알 수 있다. 또한 이 두 사람은 율관의 제작에 필요한 기氣는 정밀하면서도 은미隱微하고 유무有無의 경계에서 없는 듯 있는 듯하니, 바로 그 '기'가 율려律呂의 핵심이라고 보았기 때문에 '기'를 포기할 수 없었던 것이다. 이것이 천지의 마음이고 역易의 마음[73]이라고 생각하였기 때문에, 채원정과 황윤석은 후기에 기초할 수밖에 없었던 것이다.

최근 학자들의 후기법의 실험 결과에 두 가지 설이 있다. 하나는 후기법을 실험결과에 대한 분석을 통해 기氣에 응하여 재가 날리는 것은 일지인력(日地引力, 지구와 태양이 서로 끌어당기는 힘)의 주기적인 변화와 관련된 것으로서 일종의 물리적인 공진현상(共振現象, 특정 진동수를 가진 물체가 같은 진동수의 힘이 외부에서 가해질 때 진폭이 커지면서 에너지가 증가하는 현상.)일 가능성이 있고, 또 다른 하나는 후기법이 과학사에서 차지하는 위치가 뉴튼의 만유인력 연구에 결코 뒤지지 않는 보편적이고 위대한 발견이라는 견해를 밝혔다. 즉 후기법은 성聲의 공진 뿐 아니라 전자기의 공진 및 원자체계와 우주천체의 공진에 광범위하게 적용되고, 나아가 생명체를 포함한 만물의 운동형식 즉 주기운동, 진동, 파동에 두루 적용될 수 있는 보편적인 운동규율이라는 것이다.[74] 또 고대의 점후(占候, 천체의 변화를 보아 길흉을 점치는 것)학적인 측면에서 언급되고

---

72) 채원정, 『율려신서』 「율려증변」 〈造律 第一〉, 非律生於黍也 百世之下 慾求百世之前之律者 其亦求之於聲氣之元 而毋必之於秬黍則得之矣. 『성리대전』 권23, 1517~1518쪽.
73) 조희영, 앞 발표문, 14쪽.
74) 唐繼凱, 「候氣法疑案之發端」, 交響-西安音樂學院學報, 2003. 은석민, 「候氣法에 대한 연구」, 한국의사학회지 19권 2호, 2006, 185쪽 재인용.

있으며, 고대 상수개념에 대한 고찰로 보는 경우도 있다. 따라서 황윤석은 서학의 과학성을 깊이 공부하였고 점후학 즉 천문학도 통독한 것을 보면, 당시의 많은 유학자들이 보였듯이 주희와 채원정의 이론에서는 벗어나지 못한 한계를 갖는 것이 아니라 물리적인 공진현상이나 점후학적 측면에서 이해한 것은 아닌지 한다.[75]

황윤석이 누서법과 후기법, 측영법 등의 악률이론만 언급한 것은 아니다. 황윤석은 음악에서 이론뿐만 아니라 실기도 중요함을 다음과 같이 강조하였다.

"(중략) 다만 여러 가지 세세한 것들은 본래『管子』에 자세하게 나와 있을 뿐입니다. 하지만 侍生은 이런 생각들을 가지고 있으면서도 管絃에 입혀본 적이 없습니다. 朱子가 말했듯이 季通[채원정의 字]은 律呂와 數理를 탐구했지만 琴을 연주하지 못하였다고 하는데, 그것이 한 가지 부족한 점이라고 하겠습니다. 그러니 지금 선생님께서 하신 질문에 어찌 부끄럽지 않겠습니까?" 김용겸이 웃으며 말하였다. "이것은 유학자들이 공통적으로 가지고 있는 문제이다. (중략)"[76]

채원정은 율려와 수리를 연구하여『율려신서』라는 악서를 편찬하였지만 금琴을 연주하지는 못하였다. 이것은 조선후기 유자들 사이에서 일반적으로 나타나는 현실인데, 김용겸과 황윤석은 여기에 대해 악기를 직접 연주하는 것의 중요성을 강조하는 등 서로 같은 입장을 표방하였다. 즉 음악에서 이론을 아는 것도 중요하지만 악기를 직접 연주할 줄 아는 것도 중요한 문제라고 인식하고 있었다. 이 사실은 조선후기에 중요한 문제로

75) 후기법을 물리적인 공진현상이나 점후학적 관점으로 보는 문제는 다음 기회로 미루기로 한다.
76) 황윤석,『이재난고』2책 권12 402쪽. 但如下微少商諸說 實本之管子耳 雖然 侍生論說及此 而未曾被之管絃 其視朱子所謂季通能究律呂理數 而未能彈琴 闕於下學者其失一也 今於長者之問 豈不惶愧 金丈笑曰 此儒者之通患也.

대두되어 당시의 현실을 반영하고 있다. 황윤석은 유학자가 악률이론의
지식에 대해서 아는 것도 중요하지만, 이와 함께 실제 연주를 하는 것도
유학자가 함께 갖추어야 할 덕목으로 인식하였다. 이러한 인식은 이론과
실기의 중요성을 함께 강조한 것으로, 당시 유학자의 음악 연구의 한계를
비판한 것이다.

2. 도제度制의 중요성에 대한 황윤석의 인식

황윤석은 43세(영조 47년, 1771)에 정랑正郎 김성범(金聖範, ?~?)에게
『문헌비고文獻備考』의 「예고禮考」와 「악고樂考」를 아래의 인용과 같이 빌
려보았다.

> "이날 오후 正郎 金聖範이 병조에서 齋宿하였다. 본조에 소장된
> 『東國文獻備考』의 「禮考」 6책과 「樂考」 4책을 빌려서 보냈다."[77]

『동국문헌비고東國文獻備考』는 영조 45년(1769)에 처음 편찬되었던 것
을 계기로 정조 6년(1782)에 제2차 보편補編되었고, 그 후로 100년이 지난
광무 7년(1903)에 제3차로 보편하여 『증보문헌비고增補文獻備考』이라 하
여 기존의 편찬체제를 대폭 개정하여, 융희 2년(1908)에 인쇄되었다.[78]
그 당시 황윤석은 사포서별제司圃署別提로 있을 때, 숙직하면서 무료하
여 『동국문헌비고』를 아래와 같이 읽었다고 한다.

> "숙직을 서며 무료함을 달래기 위하여 『東國文獻備考』의 「禮考」와
> 「樂考」를 열람하였는데, 의논할 만한 것이 많았으니 애석한 일이다.

---

77) 황윤석, 『이재난고』 3책 권18 628쪽. ○ 是午 金正郎聖範 齋宿于內兵曹 借送本曹
   所藏文獻備考之禮考六冊 樂考四冊.
78) 김종수 역주, 『(譯註)增補文獻備考』-樂考-上, 서울: 국립국악원, 1994, 서문.

「예고」는 金鍾秀가 편집한 것이고, 「악고」 初本은 鄭存謙이 담당
하였으나 서명응이 대신해서 定本을 완성하였다. 「「악고」를 간략
히 초록하다.」"[79]

『동국문헌비고』「예고」는 김종수(金鍾秀, 1728~1799)가 편집하였고,
「악고」 초본初本은 정존겸(鄭存謙, 1722~1794)이 관여하였으나 정본定本
은 서명응徐命膺이 완성한 것이다. 이렇게 완성된 「예고」와 「악고」에서
논의할 사항이 많다는 사실에 황윤석은 안타깝게 생각하였다. 이때 황윤
석은 종부시宗簿寺 직장直長으로 근무하고 있었는데, 정존겸도 함께 근무
하였다. 정존겸이 『문헌비고』 「악고」를 교정해야 하지만, 그를 대신해서
황윤석이 대부분의 시간을 『문헌비고』에 넣을 내용을 발췌하여 요약하고
교정하는데 사용하였다. 이러한 일들은 앞서 살펴본 악률에 대한 이론이
나 금보에 대한 이론 등을 미루어보면, 당연한 판단이었으며, 서명응과
황윤석 두 사람의 악률에 대한 견해를 동시에 알 수도 있을 것이다. 그러
면 「동국문헌비고」의 도량형제와 악률에 대한 인식을 살펴보도록 하겠다.

도량형은 척도尺度, 용량容量, 권형權衡의 약칭으로 일정한 공간에서 정
해진 수치를 통해 사회의 모든 현상을 예측하는 기능을 말한다. 그런 측
면에서 도량형은 인류의 시작과 함께 출현하였다고 볼 수 있으며, 처음에
는 손과 발 같은 신체일부를 가지고 사용하였을 것이다. 그러나 정밀성과
안전성 등을 고려하여 고정된 음고音高를 내는 황종율관의 길이와 같이
규격이 고정되고 재현할 수 있는 일상적인 물건을 응용하는 만물의 표준
단위로 발전하였을 것이다.[80]

---

79) 황윤석, 『이재난고』 3책 권18 629쪽. 直中無聊 試閱文獻備考之禮考樂考 可議者
多惜哉 禮考卽金鍾秀所輯 樂考初本 卽鄭存謙所管 而徐命膺代成定本者也.「樂
考略鈔」.
80) 최덕경,「戰國·秦漢시대 도량형제의 정치사적 의미와 그 변천」,『釜山史學』제23

조선왕조의 도량형제는 대체로 세종조에 정비되었는데, 그것이 『경국
대전』에서 법전화되어 후기에까지 계속되었다.[81] 하지만 양란兩亂을 거
치며 도량형의 표준원기가 많이 소실되어 재정비가 절실히 요구되어, 인
조 12년(1634)에 새로운 신척新尺을 만들었다. 당시 신척을 만들기 위한
표준척은 아래 인용과 같이 세종 때의 만든 포백척이었다.

> "세종조에 반포한 銅尺이 지금 三陟府에 있는데, 布帛尺이다. 절반
> 모양 배면에 '정통 11년(세종 28년, 1446) 12월에 상정소에서 새로
> 만든 포백척'이라고 쓰여 있었고, 柳馨遠의 『반계수록』에 기록되었는
> 데, 이보다 앞서 許穆이 이미 뜻한 바가 있었다. 今上(영조) 26년「乾隆
> 15년, 1750」庚五에 우의정 俞拓基가 말하기를 '世宗 때에 布帛尺을
> 三陟府에 보관토록 명하였는데, 『大典』의 치수에 따라 주척, 영조척,
> 조례기척, 포백척 및 황종척에 서로 준하여, 여러 척들을 서로 교정하
> 여 時用하도록 주면 中外에 반포할 수 있을 것입니다.'고 하였다."[82]

이 포백척布帛尺은 삼척부에 유일하게 남아있었는데, 이것은 당시 전란
으로 기존의 도량형이 유실되어 버린 상태에서 예와 악의 정비와 봉건적
수취체제의 재정비를 통하여 유교적 봉건국가를 재 강화하려는 영조의
당연한 노력이었다. 또한 실학자들도 도량형제 정비의 필요성을 주장하
고 그 방안을 제시하기도 하였다. 그 중 유형원(柳馨遠, 1622~1673)의
『반계수록磻溪隧錄』에는 다음과 같은 글이 실려 있다.

집, 부산: 부산사학회, 1쪽.

81) 박흥수, 「李朝尺度에 관한 연구」, 『대동문화연구』제4집, 서울: 성균관대학교 대동
문화연구원, 1967, 199~202쪽.

82) 황윤석, 『이재난고』3책 권18 632쪽. 世宗朝所頒銅尺 今在三陟府 即布帛尺 半樣
背刻正統十一年「世宗二十八年丙寅」十二月 詳定新造布帛尺 而柳馨遠隨錄記
之 先是許穆已有所志矣 今上二十六年「乾隆十五年」庚午*(영조 16년(1740)으로
고쳐야 함.) 用右議政俞拓基言 命取三陟所藏 依大典相準造周尺 營造尺 造禮器
尺 布帛尺 及黃鐘尺 與時用諸尺相校 頒行中外.

"이 자는 지금 삼척부에 소장된 것인데 구리로 주조하였으며 세종 때 포백척의 절반이다. 거기에 연호 월 일을 모두 새겼는데 제조 기술이 극히 정교하여 각한 선이 털끝과 같다. 이것은 대체로 당시에 모든 제도가 완비되었기 때문에 銅尺을 만들어서 각 기관, 각 고을, 史庫와 名山에다 간직한 것으로 추측된다. 그러나 병란을 여러 번 치른 탓으로 지금까지 남아 있는 것이 없고 오직 삼척부에만 보관되어 왔는데 보는 사람도 그것을 심상하게 알며 오래가지 않아서 그나마 매몰될 것이니 한탄할 일이다. 지금 관가에서나 민간에서 사용하는 포백척이 이 자보다 7푼이 조금 더 길다. ○『경국대전』을 보면, "주척을 黃鐘尺에 준하면 주척의 길이는 6촌 6리이며 영조척을 황종척에 준하면 그 길이는 황종척의 8촌 9푼 9리이며 造禮器尺을 황종척에 준하면 그 길이는 황종척의 8촌 2푼 3리이며, 포백척을 황종척에 준하면 그 길이는 황종척의 1척 3촌 4푼 8리이다" 하였다. 이제 이 자를 가지고 『경국대진』에서 말한 숫자로 따진다면 황종척의 길이를 얻을 수 있고 또 황종척으로써 미루어 계산하여도 주척의 길이를 얻을 수 있다."[83]

영조 16년 동척銅尺이 제작되어 각 도에 반포되었지만, 척의 길이에 약간의 문제가 있어서, 영조 35년에 새로 포백척이 반포되었다. 이렇게 만든 자는 삼척부의 포백척을 보고 만든 것인데, 이 자가 민간에서 사용되고 있는 자보다 7분이나 더 짧아서 조선후기의 도량형제에 대한 폐단을 짐작할 수 있다. 위의 인용문은 이러한 도량형의 폐단에 대해 유형원

83) 柳馨遠, 『磻溪隨錄』 권2, 田制下. 此乃今三陟府所藏銅鑄 世宗朝布帛尺半 其所刻年號月日俱在 制造極精細入秋毫 蓋當時 旣齊律度 鑄銅尺 遍藏於各司各邑 史庫名山 而屢經兵亂 今無存者 唯幸保於此府 人亦視爲尋常 未久 又將埋沒 可歎 今公私所用布帛尺 較此更加七分强. ○ 按大典曰 以周尺 準黃鐘尺 則周尺長 六寸六釐 以營造尺 準黃鐘尺 則長八寸九分九釐 以造禮器尺 準黃鐘尺 則長八寸二分三釐 以布帛尺 準黃鐘尺 則長一尺三寸四分八釐" 今旣得此尺 推以大典相準之數 而得黃鐘尺 又以黃鐘尺 推之 而得上周尺. 북한사회과학원 고전연구소 역, 여강출판사, 『한국의 지식콘텐츠』(출처 : www.krpia.co.kr).

의 지적이었는데, 황윤석은 유형원의 고증보다 더 앞서서 1662년 허목(許穆, 1595~1682)이 도량형의 폐단에 대해 아래와 같이 언급하였다고 한다.

> "조선 세종 때에 기장을 가지고 악률과 도량형 제도를 자세하게 제정하였다. 정통 12년(1447, 세종 29) 12월에 銅尺을 주조하여 삼척부에도 내려 주었는데 그것을 소장하고 있다. 10釐를 1分으로 하고 10分을 1寸으로 하고 10촌을 1척으로 하고 10척을 1장으로 한다. 周尺을 黃鐘尺에 견주어 보면 주척의 길이는 6촌 6리이고, 營造尺을 황종척에 견주어 보면 길이가 8촌 2분 3리이고, 포백척을 황종척에 견주어 보면 길이가 1척 3촌 4분 8리이다."[84]

위의 인용은 허목(許穆, 1595~1682)이 삼척부사로 있을 때의 도량형에 관한 언급인데, 허목은 유형원보다 앞서서 삼척부가 포백척을 소장하고 있다는 사실을 알고 있었다. 이 사실에 대해 황윤석이 조선후기 도량형 중에 척의 길이에 대한 장단의 문제를 지적하기 위해 기록하였다.

또 황윤석은 도량형제에 관한 제도적 폐해를 다음 인용과 같이 지적하였다.

> "국가와 관련된 민간의 일을 살펴보건대 尺의 길이, 斗의 크기, 衡의 무게는 이에 이르러 더욱이 상정해야 하나 진실로 黃鐘을 복고하는 것은 어려운 일이다. 만약 同律과 도량형의 遺意를 조금이라도 본뜨게 한다면 나라에서 그 제도에 상이함이 없게 하여 백성이 현혹되게 사용하지 않도록 해야 한다."[85]

---

84) 배재홍, 『(國譯)陟州誌』, 삼척시 박물관, 1997, 60쪽. 世宗時得秬黍詳定律度量衡 正統十二年十二月鑄銅尺府有須賜尺藏之 十釐爲分十分爲寸十寸爲尺十尺爲丈 以周尺准黃鐘尺周尺長六寸六釐以營造尺准黃鐘尺長八寸二分三釐以布帛尺准黃鐘尺長一尺三寸四分八釐.

85) 황윤석, 『이재속고』 권11 「漫錄」 中, 『頤齋全書』Ⅰ 550쪽. 以民間事關於國家者觀之 尺之長短 斗之大小 衡之輕重 尤須及此詳定其能復古眞黃鐘則難事 而若使稍倣同律度量衡之 遺意使國無異制民不眩用則猶或可也.

위의 인용문은 황종이 각종 도량형의 원형을 규정한 중국의 도량형으로 당시 그 원리에 배치되는 도량형이 시행되어 폐해가 발생되었음을 지적하고 있다. 황윤석은 수치에 관한 폐해의 기본을 도량형의 착오에서 비롯되었음을 인식하고 문제에 접근하고 있다. 그가 이렇게 도량형제의 통일성을 위해서 노력한 것은 실용적인 정신을 바탕으로 하고 있기 때문이다. 도량형제뿐만 아니라 산학算學을 연구함에 있어서도 그는 순수학술 차원에 그치지 않고 양곡과 금전을 계산하는 방법, 세금을 산정하는 방법, 토목공사에 소요되는 인부와 비용 등의 산출방법, 물자수송에 드는 비용과 노역의 산출방법 등 수학적 지식을 실용적으로 응용하는 독창적 업적을 남겼다.[86]

도량형제에 관심을 가졌던 황윤석은 『동국문헌비고』에 있는 척도尺度에 대한 오차를 다음의 〈표 2-3〉과 같이 기록하였다.

〈표 2-3〉 『經國大典』과 『東國文獻備考』의 度

『經國大典』	『東國文獻備考』	黍尺圖說 (『頓宮禮樂全書』와 『律呂精義』에 보임)
黃鐘尺一尺		
準周尺 1尺 6寸 5分	尺 5寸(誤)	縱黍尺 1尺 1寸 5分
營造尺 1尺 1寸 1分 2釐	1尺 1釐(誤)	橫黍尺 1尺 1寸 8分 9釐
造禮器尺 1尺 2寸 1分 5釐	1尺 1寸(誤)	
布帛尺 7寸 4分 1釐		
周尺一尺	備考	
準黃鐘尺 6寸 6釐 大典本文	6寸(誤)	
營造尺 6寸 7分 4釐	6寸 6分 3釐(誤)	縱黍尺 7寸 9釐
造禮器尺 7寸 3分 6釐	7寸 3分(誤)	橫黍尺 7寸 8分 9釐
布帛尺 4寸 4分 9釐		

---

86) 하우봉, 앞의 논문 35쪽.

『經國大典』		『東國文獻備考』	黍尺圖說 (『頖宮禮樂全書』와 『律呂精義』에 보임)
營造尺一尺		備考	
準黃鐘尺 8寸 9分 9釐 大典本文		8寸 9分 9釐	縱黍尺 1尺 1寸 5分
周尺 1尺 4寸 8分 3釐		1尺 4寸 9分 9釐(誤)	橫黍尺 1尺 1寸 8分
造禮器尺 1尺 09分 2釐		1尺 9分(誤)	
布帛尺 6寸 6分 6釐			
布帛尺一尺			
準黃鐘尺 1尺 3寸 4分 8釐 大典 木文			
周尺 2尺 2寸 2分 4釐			
營造尺 1尺 4寸 9分 9釐			
造禮器尺 1尺 6寸 3分 7釐			

　　황윤석은 〈표 2-3〉의 『경국대전』의 공전工典에 의거하여 분촌分寸을 산
정算定하였고, 이를 바탕으로 『동국문헌비고』를 분촌으로 함께 나열하니,
『동국문헌비고』에서 산정한 것이 아직 정밀하지 못했음을 보여준다.[87]
이상의 『동국문헌비고』에서 분촌으로 한 산법은 『경국대전』의 산법에서
이미 많은 오차가 나타났는데, 이것은 『반궁예악전서泮宮禮樂全書』 및 『율
려정의律呂精義』의 산법을 인용해서 서척黍尺과 분촌이 더욱더 문란해지
고 분명하지 않다는 사실에 입각하여 자신의 의견을 개진한 것이라고 할
수 있다.[88]

　　그리고 서명응도 세종대의 포백척는 『경국대전』의 황종척도에 비교하
여 가감손익加減損益하여 이 자를 만들었는데 아주 심하게 잘못이 그대로
전해져 표준으로 삼을 수 없다. 지금은 『율려정의』 중의 거서척秬黍尺이

---

87)　황윤석, 『이재난고』 3책 권18 632쪽. 胤錫謹依大典之工典 分寸算定 因以備考
　　分寸並列 以見備考 算定之未密云.
88)　황윤석, 『이재난고』 3책 권18 633쪽. 已上備考所算分寸 視大典所算 已多誤處
　　其引禮樂全書及精義所算 黍尺分寸 尤貿亂不明 姑錄之.

나 『반궁예악지』 중의 일영척日景尺 같은 것을 서로 참고로 하는 것이
비교적 간결하다[89]고 황윤석과 같은 의견을 피력하였다.

옛날 사람이 말한 율은 만사의 근본을 삼았던 도량형에서 유래되었는
데, 율로써 소리를 조화시키고, 길이를 재는 자로써 도度를 살피고, 용량
을 되는 것으로써 양量을 좋게 하고, 무게를 재는 것으로써 형衡을 고르게
하는 것이니, 도度는 장단이 있고, 양量은 대소가 있고, 형衡은 경중이 있
는 것으로 비록 평범하고 어리석은 사람이라도 모두 알 수 있지만, 소리
에 대한 율에 이르러서는 혹 바르기도 하고 혹 음란하기도 하며, 혹 화하
기도 하고 혹 어긋나기도 하여 비록 현명하고 명철한 선비일지라도 곧
알 수가 없는 것이니, 대체로 율도량형律度量衡 가운데 율이 어렵다.[90]라
고 하였다. 따라서 도량형의 기준이 율이었던 만큼 율관을 만드는 일은
무척 중요한 일이었다. 이 율관으로 자를 만들어 길이를 재고 부피를 재
고 무게를 재었는데, 이것은 백성들의 일상에서 없어서는 안 될 것이었
다. 따라서 황윤석의 도량형에 대한 관련 기사가 『이재난고』에 기록되었
다는 것은 조선시대에 율과 도량형의 관계가 그만큼 중요한 문제였음을
시사해 준다. 그리고 그는 도량형 중에서 도제度制의 척尺만을 기록하였
고, 양제量制의 곡斛, 형제衡制의 근斤, 칭稱에 대해서는 언급하지 않았다.
이것은 황윤석이 악률이론에서 도제의 중요성을 의식하였기 때문에 가능
한 일이었다.

89) 서명응,『保晚齋叢書』卷 55 集類 42「攷事十二集」권7〈律籥眞訣〉. 莊憲朝布帛
尺, 較之於經國大典, 黃鐘尺度加減損益, 以爲此尺傳化已甚不可, 則今若以律
呂精義中秬黍尺, 頖宮禮樂志中景尺, 參互較緊.
90) 馬端臨 撰,『文獻通考』上, 中華書局, 권131 1172쪽, 2006. 按古人 言律爲萬事本
度量衡皆由焉 律以和聲 度以審度 量以嘉量 衡以權衡 度有長短 量有小大 衡有
輕重 雖庸愚之人 皆能知之 至律之於聲 或雅或滛 或和或乖 則雖賢哲之士 不能
遽曉 蓋四者之中 議律爲難.

3장
황윤석의 거문고 음악의 수용과
당대當代 음악에 대한 인식

　조선시대 정악正樂이란 "정인심正人心하기 위하여 실내에서 항상 타는 거문고 음악이라면, 그런 정악은 중인층에 국한되지 않고, 전에 언급한 것같이, 선비[士]와 군자君子의 일상으로 쓰는 음악"[1]이라고 볼 수 있다. 즉 선비와 군자의 음악은 '정인심'하기 위해 실내에서 연주하는 거문고 음악이고, 또 선비와 군자의 음악으로 거문고 음악이 '정인심'의 도구에만 치우친 감이 없지 않아 있다.[2] 또한 자연에 화답하고 문인들의 여흥의 도구로서 거문고 음악이 사용되기도 하였다.

　오늘날의 음악은 합리주의적이고 실증주의적인 서구문화가 유입된 이

---

1) 이혜구,「正樂의 槪念」,『한국음악사학보』제11집, 서울: 한국음악사학회, 1993, 15쪽.
2) 송혜진,「조선시대 文人들의 거문고 수용 양상-詩文과 산수인물화를 중심으로-」, 『이혜구박사구순기념 음악학논총』, 서울: 이혜구학술상 운영위원회, 극동문화사, 1998, 223쪽. 송혜진은 조선시대 文人들의 거문고 수용양상을 正人心 도구로서의 거문고, 자연에 화답하는 도구로서의 거문고, 문인들의 여흥에 수용된 거문고로 나누고 있다.

래 모든 음악행위가 물리적 소리의 세계인 음향적 범주 속에서만 논의되고 실천되어 오는 것이 관행으로 자리 잡고 있다. 이처럼 음향자체만을 중시하고 음악자체에만 비중을 두려는 서구적인 음악에 우리가 지나치게 매몰된다면 전통음악의 진면목이 왜곡되고 상실될 것이다.3) 이러한 문제를 해결해 줄 수 있는 것이 바로 거문고라는 악기이다. 따라서 이런 문제점을 해결해 줄 수 있는 거문고를 통해서 황윤석의 거문고 음악을 총체적 總體的으로 살펴보고자 한다.

황윤석은 19세 때(1747년)에 17세기 대표적인 금보인 양덕수梁德壽의 『양금신보梁琴新譜』(1610년)를 필사하여 『현학금보玄鶴琴譜』라고 명명하였다. 황윤석은 이 『현학금보』를 필사하면서 거문고 음악에 입문하고, 기존의 『양금신보』에 없는 주註 등을 단 특징이 있다. 이 주를 통해서 『현학금보』가 황윤석에게서 어떠한 영향을 끼쳤는지 먼저 검토하고자 한다.

그리고 동시대에 같이 살았던 홍대용과 서명응은 금보琴譜에 대한 기록은 없고 금보에 대한 자료가 남아 있는 것은 황윤석이 유일하다. 이것은 황윤석이 거문고에 대한 애착이 어릴 때부터 남달랐고 또 책을 통해 습득한 지식이나 보고 들을 지식을 빠짐없이 기록하는 '기록벽'을 가지고 있기 때문이다. 물론 홍대용도 거문고 연주가 탁월했고 거문고에 대한 애착 또한 남달랐다. 홍대용이 금보에 대한 기록이 없다고 해서 그가 거문고를 배울 때 금보 없이 배웠다고는 생각하지 않는다. 홍대용 또한 황윤석과 마찬가지로 다양한 금보들을 보고 전문음악인들과 함께 연주하였다. 또 서명응은 국가편찬 실무자로서 악서에 대한 편찬에 참여하였으나 금보에 대한 개인적인 기록은 없다. 홍대용과 서명응이 금보를 소장하지 않았더라도 그들의 거주가 서울이고 보니 지방에 있는 황윤석보다는 정

---

3) 한명희, 「거문고 음악의 精神性에 대한 再吟味」, 『국악원논문집』 제10집, 서울: 국립국악원, 1998, 211쪽.

보력이 월등히 뛰어났으므로 더 많은 음악과 관련된 자료들과 악보를 접했을 것으로 생각된다.

거문고는 소리를 내는 도구인 동시에 악기 이상의 정신성精神性을 내포하고 있는 인문학이라고 생각된다. 이 인문학적 정신성이 바로 금도琴道인 것이다. 따라서 『이재난고』의 음악적 자료와 『현학금보』를 통해서 황윤석 자신만의 금도琴道는 어떠한 것인지 살펴보고 또 거문고 음악을 통하여 당대當代의 선비들과 풍류생활은 어떻게 하였는지도 살펴볼 것이다. 앞서 언급하였듯이 1절에서도 홍대용과 서명응을 비교하여 황윤석의 거문고 음악의 수용과 금도를 살펴보고자 한다.

그리고 황윤석이 살았던 18세기는 고악古樂과 금악今樂에 대한 논쟁이 심했던 시대였다. 고악과 금악에 대해서는 옛날부터 논쟁되었던 주제로, 고악을 더 추구하였던 기록들이 경서에서 자주 보이곤 한다. 따라서 황윤석의 당대 음악을, 고악과 금악으로 나누어 그가 가지는 당대 음악은 무엇이고 또 당대 음악에 대한 인식은 무엇인지 살펴보고자 한다. 그리고 2절에서도 홍대용과 서명응의 고악과 금악에 관한 관심과 태도도 함께 살펴서 궁극에는 황윤석의 당대 음악에 대한 인식이 무엇인지 밝혀보고자 한다.

1절 황윤석의 거문고 음악의 수용 자세와 금도琴道

이 절에서는 황윤석이 거문고 음악을 어떻게 입문하고 수용하였는지 『현학금보』를 중심으로 살펴보고, 아울러 그의 금도와 풍류생활상도 함께 살펴볼 것이다. 먼저 황윤석이 『현학금보』를 어떻게 입수하였는지를 알아보고, 『현학금보』와 『양금신보』 두 체제에서 어떤 내용적 차이가 있는지 검토하여 『현학금보』의 내용적 특징이 무엇인지 살펴볼 것이다. 그래서 그 내용적 특징으로 인해서 『현학금보』가 가지는 의미가 무엇인지를 밝힐 것이다. 그리고 황윤석의 금도와 풍류생활상도 살펴보고자 한다.

1. 『현학금보玄鶴琴譜』의 내용적 특징과 그 의미

앞서 언급했듯이 『현학금보』는 양덕수의 『양금신보』를 황윤석이 19세 때 입수하여 필사한 금보이다. 『양금신보』는 17세기를 대표하는 금보로서, 한국음악사에서 『양금신보』만큼이나 그 의미를 다양하게 부여받은 서적도 드물 것이다. 민간판본악보 중 『시용향악보時用鄕樂譜』·『금합자보琴合字譜』에 버금가는 악보로써 가곡연구에 귀중한 자료로 평가받고 있다. 특히 '중대엽'은 4조調의 악곡을 후대에 전해 줌으로써 조선시대의 음악사 연구에서 뿐 아니라 임진왜란 이후 거문고의 전통을 후대에 전승시키는데 커다란 공헌을 한 금보이다.4)

이러한 『양금신보』은 후대에 많은 문인음악애호가들 사이에서 필사되고 유통되었는데 황윤석도 예외는 아니었다.

황윤석은 다음과 같은 연유로 인해서 『양금신보』를 입수하였다.

> "송씨 어르신은 본디 추성(秋城, 전라남도 담양) 사람인데 화개 북쪽인 月岳에 거처를 정하였으니, 바로 추성의 秋月山(전라남도 담양군 용면과 전라북도 순창군 복흥면에 걸쳐 있는 산)이다. 언젠가 나에게 말하기를, "어렸을 적에 금보를 베껴 點指法에 통달하였지. 그리고 龍鬚木을 구하여 술대[琴匙]를 만들고는 거칠게라도 연주할 수 있을 때를 기다렸다네. 장차 거문고를 끼고 靑山 아래 푸른 물가의 초가삼간에서 낭랑하게 연주하며 조물주와 더불어 표표히 노닐 것을 기약했건만 어찌하여 머리카락은 이렇게 빨리 새고 소싯적의 뜻은 온통 이지러졌는지! 예전에 말했던 금보와 용수목, 이 두 물건은 상자 속에서 좀이 쓸고 있을 뿐이라네."라고 하였다."5)

---

4) 신현남, 「『양금신보』의 사료적 가치」, 『국악과 교육』 제29집, 서울: 한국국악교육학회, 2010, 103쪽.

위의 인용문에서 담양지역의 송씨宋氏가 어릴 때부터 보관해 둔 금보
와 술대를 황윤석에게 소개하였다. 송씨가 소장한 금보가 『양금신보』로
추정되는데, 왜냐하면 위의 내용이 『이재난고』권1에 수록되어 있고 또
황윤석이 『현학금보』를 필사한 사실도 같은 시기이기 때문이다. 따라서
송씨가 보관한 금보는 『양금신보』임에 확실하고 황윤석은 송씨로부터
『양금신보』를 입수한 것으로 판단된다. 그리고 송씨의 점지법點指法과 용
수목龍鬚木이란 용어를 기록한 것을 보면, 황윤석은 송씨에 의해서 『양금
신보』만을 입수한 것뿐만 아니라 거문고 악기에 대한 기초 지식도 함께
습득한 것으로 보인다.

먼저 황윤석이 필사한 『현학금보』와 『양금신보』의 체제를 비교하여
살펴보면 〈표 3-1〉과 같다.

〈표 3-1〉『梁琴新譜』와 『玄鶴琴譜』의 체제

	『梁琴新譜』	『玄鶴琴譜』	비고
1	없음	朱熹와 祖可의 詩	표지에 있음.
2	〃	〈絃絲數〉와 〈李好善 時用樂府〉	
3	琴雅部	琴雅部	황윤석의 落款
4	玄琴鄉部	玄琴鄉部	황윤석의 註와 頭註가 있음.
5	平調散形, 羽調散形	平調散形, 羽調散形	
6	慢大葉	慢大葉	'만대엽'의 한글표기와 각 장의 한글표기
7	北殿	北殿	'북전'의 한글표기
8	中大葉 俗稱 心方曲	中大葉 俗稱 心方曲	'중대엽'의 한글과 한자표기

5) 황윤석,『이재난고』1책 권1 54쪽. 宋丈本秋城人 卜居華蓋之陽月岳 即秋城之秋
月山也 嘗與余言 少時寫琴譜 一通識點指法 又求得龍鬚木 以其中琴匙也 待其
業粗成 將以一張琴 泠泠於青山之下 綠水之上 草堂三間 飄飄乎 與造物相遊 而
夫何秋髮先白 夙志全謬 曩所謂琴譜與龍鬚木二物者 乃蟫之蠹之於箱篋間已矣
年少者宜以此爲殷之夏云云.

	『梁琴新譜』	『玄鶴琴譜』	비고
9	中大葉 羽調	中大葉 羽調	'대엽'의 한자표기
10	中大葉 羽調界面調	中大葉 羽調界面調	'대엽'의 한자표기/중대엽 끝부분에서 '徵ㄴ'이 한번 빠짐.
11	中大葉 平調界面調	中大葉 平調界面調	'대엽'의 한자표기
12	調音 俗稱 다스림	調音 俗稱 다스림	
13	感君恩 平調	感君恩 平調	'감군은' 평조 4편을 황윤석은 '一二三四'로 번호를 매겨서 수록된 곡들과 구분지어 봄.
14	感君恩 2·3·4장	感君恩 2·3·4장	
15	金斗南 발문	琴譜序	김두남의 발문은 '금보서'라고 함.
16	없음	琴譜後序	황윤석의 『현학금보』 발문

〈표 3-1〉에서 『현학금보』는 양덕수의 『양금신보』를 큰 틀에서 보면 변경된 악곡 없이 그대로 준수하고 있다. 그러나 기존의 『양금신보』에 없는 내용들을 황윤석이 『현학금보』에 추가하여 기록하였다. 추가한 기록은 〈표 3-1〉에서 비고란에 보이는데, 크게 네 가지 측면에서 『현학금보』의 특징을 살펴볼 수 있다. 그 특징적 내용은 첫째 주註를 단 점과, 둘째 악곡명과 그 용어를 순 우리말로 병기했다는 점, 셋째 현絃의 사수絲數에 대한 기록과 〈이호선李好善 시용악부時用樂部〉의 인용이 있다는 점, 넷째 감군은을 앞에 수록된 곡들과 분리하여 구분한 점이다. 그리고 표지에 주희와 조가의 시를 실었고 또 황윤석 자신의 낙관이 있으며, 『현학금보』의 말미에 자신의 발문을 추가하여 기록한 점이다.

황윤석은 『현학금보』의 말미에 발문을 실었고, 또 『이재난고』 권 1에 「양신보사본발梁新譜寫本拔」이라 제목 하여 추가하여 기록했다. 그 발문에 황윤석은 『양금신보』를 아래와 같이 평가하였다.

해가 바뀌어 올 봄 초에 우연히 이 악보를 얻어 볼 수 있었는데,

나는 비록 알지 못하고 즐기지 못하는 자이지만, 이미 맑은 소리가
귀에 들어오는 것 같았다. 그 〈三大葉〉(만대엽·중대엽·삭대엽)과
〈感君恩〉 등 곡들은 비록 師曠과 같은 전문가라도 입으로 가르치고
손으로 가리 칠 수 없다. 하지만 이 몇 장 안 되는 분량이지만 樂律의
精髓를 터득할 수 있으니 그 차서가 체계적이고 일목요연하다. 나는
잘 모르지만, 玉寶高가 다시 나온다고 해도 과연 이것이 어떠어떠하다
고 말할 것이다. 드디어 크게 견주어 탐색하여 옛날 내려오는 숭상한
곡조에 조율해서 또한 내 뜻한바 사업이 대성하기를 기다려 본다.[6]

　위 인용문에서 보면, 황윤석은『양금신보』의 내용에 대하여 악률의 요
점만을 잘 정리해 둔 금보로 초보자라도 혼자서 체계적으로 배울 수 있는
편리한 금보라고 평가하였다. 사광이나 옥보고 같은 명인이 와도『양금
신보』에 실린 곡들을 평가할 수가 없다고 하였다. 사광은 중국 궁중 악사
로 절대음감의 소유자였을 뿐만 아니라 고금의 연주소리를 듣고 국운을
점칠 수 있을 정도로 평가받는 경지에 이른 명인이고, 옥보고는 우리나라
에서 거문고의 대가로서 평가받는 인물로 이들은 양국에 쌍벽을 이루는
금의 명인으로서 이들조차 없어도 또 여기에 실린 악곡만으로도 거문고
의 음악을 대신할 수 없다는 극찬의 평가를 내렸다.
　이와 같이 극찬한『양금신보』를 필사하여 황윤석은『현학금보』라 하
였는데, 이『현학금보』의 내용적 특징을 살펴보고 나서 이 금보가 음악사
적으로 어떤 의미를 갖는지 살펴고자 한다. 먼저『현학금보』에 대한 서지
사항을 소개하고자 한다.

6) 황윤석,『이재난고』 1책 권1「梁琴新譜寫本跋」 58쪽. 頃歲春初 偶得此譜以觀
則余雖不知而不喜者 已若泠泠之音 來逼於耳邊 而若其三大葉感君恩數曲 則雖
以師曠之妙 似不能口授手敎 而唯是一小帙之中 包得樂律之精髓 次序井井 一目
瞭然 吾未知玉寶高復起 果謂斯如何耳 遂大擬搜蓄 以酬宿尙 而且待余志業大成.

〈그림 3-1〉『玄鶴琴譜』표지, 원본 20 × 22.5㎝(黃炳寬 소장)

〈그림 3-1〉은 황윤석이 전사轉寫한 금보의 표지로, '『현학금보』'라고 전서篆書로 명명하였다. 그리고 주희와 조가의 시 두 편이 기록되어 있다. 이『현학금보』는 1747년에 황윤석이 필사한 후 현재에 이르기까지 265년이 지났지만『현학금보』의 보관 상태는 양호하다.

〈그림 3-2〉은『현학금보』의 권수면卷首面이다. 권수면에는 황윤석의 자字인 '영수永叟'라는 낙관落款이 찍혀있다. 한국음악계에서 필사본으로 전해져오는『양금신보』는 국립국악원 소장『금보琴譜』7), 박기환朴淇煥 소장『금보琴譜 단單』8),『남훈유보南薰遺譜』9), 경북대 소장『금보琴譜』10),『인수

7) 『한국음악학자료총서 2』(서울 : 국립국악원), 1985. 국립국악원소장『금보』는『양금신보』전사 부분이 범례·산형부터 〈감군은〉까지 대체로 충실하게 전사했으나,『양금신보』권두의 '금아부', '현금향부'만은 맨 뒤, 중국 금도론 뒤에 옮겨놓았다. 연대는 장사훈은 '高宗'으로, 성경린은 '연대불분명', 편자는 미상으로 되어 있다. 김세중, 「'송씨이수삼산재본'계 거문고보 淺見錄」,『한국전통음악학』제6호, 서울: 한국전통음악학회, 2005, 148~149쪽.

금보仁壽琴譜』[11] 등이 있다. 이 중에서『양금신보』는 악보 전체를 전사한 것이 아니라 일부분만을 전사하거나 혹은 편자가 미상이거나 혹은 연대를 추정하기 힘든 금보가 많은 실정이다. 그러나 황윤석이 전사한『현학금보』는 연대와 악곡, 편자를 확실히 알 수 있는 금보라는 것을〈그림 3-2〉에서 살펴볼 수 있다.

〈그림 3-2〉黃胤錫의 字 '永叟' 落款

---

8)『한국음악학자료총서17』(서울 : 국립국악원), 1985. 박기환소장『금보 단』은 국립 국악원소장『금보』와 전사 상태가 비슷하나 연대가 1825년으로 추정이 가능하였 다. 중국 금도론 소개함. 김세중, 앞의 논문 151쪽.

9)『한국음악학자료총서18』(서울 : 국립국악원), 1985.『남훈유보』는 편자미상이며 『양금신보』의 곡명의 순서가 뒤섞여 있고 만대엽은 없다. 중국 금도론 소개함. 김세중, 앞의 논문 151쪽.

10)『한국음악학자료총서18』(서울 : 국립국악원), 1985. 경북대소장『금보』는『남훈 유보』와 같이 곡명의 순서가 뒤섞여 있고 중국 금도론이 앞에 배치돼 있다. 전사 상태가 양호하지 않고 중국 금도론 소개함. 김세중, 앞의 논문 151~152쪽.

11)『한국음악학자료총서19』(서울 : 국립국악원), 1985.『인수금보』도『남훈유보』와 경북대소장『금보』와 같이 곡명의 순서가 뒤섞여 있다. 중국 금도론 소개함. 김세 중, 앞의 논문 152쪽.

또 〈그림 3-3〉에서 황윤석의 호號와 자字를 확인할 수 있다.

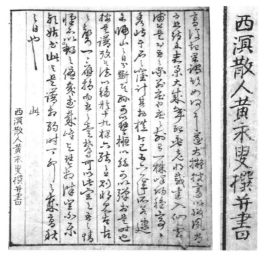

〈그림 3-3〉『玄鶴琴譜』 '琴譜後序'의 黃胤錫의 號와 字

    〈그림 3-3〉에는 『현학금보』의 발문인 '금보후서琴譜後序'가 기록되어 있
다. 「금보후서」는 행行·초서草書로 되어 있으며, 발문 끝에 자신의 여러
호號 중의 하나인 '서명산인西溟散人'과 자字인 '영수永叟'를 합쳐서 '서명산
인황영수찬병서西溟散人黃永叟撰幷書'라는 서명을 하였다. 그리고 후손에
의해서 『현학금보』의 원본을 확인해 본 결과, 다른 이의 가필加筆은 전혀
없었고 또 『현학금보』뿐만 아니라 황윤석의 유품에는 집안대대로 加筆할
수 없도록 하였다고 한다. 그래서 『현학금보』는 황윤석이 양덕수의 『양금
신보』를 옆에 놓고 보면서 그대로 닮게 베낀 임사본臨寫本인 것이다.12)
    한편, 황윤석은 『현학금보』를 소장에 그치지 않고 관심 있는 이들에게
금보를 빌려주기도 한 사실이 아래의 인용에서 확인된다.

───────────

12) 황윤석의 8대손 黃炳寬 인터뷰날짜 : 2012년 4월 9일(월)과 2016년 6월 5일(일).

"會津에 사는 宋潤大의 집에 들렀는데『양금신보』를 빌려갔다."13)
"10월 15일 南竹 李어른 順采가 琴譜를 빌려갔다."14)

『양금신보』는 17세기부터 많은 사람들에 의해 사본이 만들어졌을 정
도로 세간의 풍류객들에게 널리 활용되었던 악보였다.15) 조선시대에는
서적을 구하는 일이 쉽지 않았는데, 가장 손쉽게 서적을 구하는 방법은
책을 빌려서 필사하는 것이었다. 황윤석도 필사를 통해 서적을 확보하였
는데, 비록 조선후기에 이르러 서적의 유통이 이전보다 급격히 늘어나기
는 했으나, 필사는 여전히 서적의 주요한 구득求得방법16)이라는 사실이
이『현학금보』에 의해 확인되었다.17)

　다음은『현학금보』의 내용적 특징을 크게 네 가지 점에서 살펴보고자
한다. 앞서 언급하였듯이『현학금보』에 주를 단 점, 악곡명과 그 용어를
순 우리말로 병기했다는 점, 감군은 평조 4편을 수록된 곡들과 구분지은
점, 현의 실의 수에 대한 기록과 〈이호선 시용악부〉의 인용이 있다는 점
에서 기존의『양금신보』와 다른 특징이 있다.
　첫 번째 경우인『현학금보』의 주를 단 점은 크게 세 부분으로 구분할
수 있다. 첫째 '현금향부' 앞부분에 있는 4개의 주, 둘째 '현금향부' 뒷부분에
두 가지 내용, 셋째 '합자법'과 '만대엽'의 두주頭註를 단 부분으로 구분된다.
　먼저 '현금향부' 앞부분에 기록된 4개의 주는 다음 〈그림 3-4〉에서 확인

---

13) 황윤석,『이재난고』5책 권34 364쪽. 赴會津宋潤大 借梁琴新譜以去.
14) 황윤석,『이재난고』1책 권2 153쪽. 十月十五日 南竹李丈順采 借琴譜去.
15) 임미선,「음악학적 측면에서 본『이재난고』의 사료적 가치」,『한국음악연구』제44
　　집, 서울: 한국국악학회, 2008, 199쪽.
16) 옥영정,「『임원경제지』현존본과 서지적 특성」,『풍석 서유구와 임원경제지』, 서
　　울: 소와당, 2011, 105쪽.
17) 황윤석은『이재난고』에 음악과 詩, 朱子에 관한 필사기록과 서역에 관한 내용,
　　佛經 등에 관한 내용도 그대로 필사하고 있다. 노혜경,『조선후기 守令 行政의
　　實際-黃胤錫의『頤齋亂藁』를 중심으로-』, 서울: 혜안, 2006. 16~21쪽.

할 수 있다.

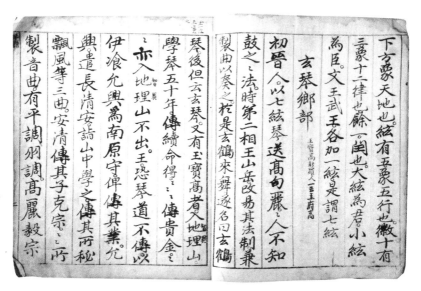

〈그림 3-4〉 '玄琴鄕部'의 註 1

〈그림 3-4〉에는 『양금신보』에 주를 단 첫 번째 주 부분이 제시되어 있다. 『양금신보』의 내용은 크게 두 부분으로 나눌 수 있다. 첫 번째 부분은 금아부琴雅部·현금향부玄琴鄕部·현금평조산형玄琴平調散形·우조산형羽調散形·집시법執是法·조현법調絃法·안현법按絃法·타량법打量法·합자법合字法으로 되어 있으며, 두 번째 부분은 만대엽慢大葉·북전北殿·중대엽中大葉 5곡·조음調音·감군은感君恩 이상 9곡과 발문跋文으로 되어 있다.

황윤석의 '현금향부'의 첫 번째 주는 다음과 같다.

> "옥보고는 신라인의 한사람으로 옥부고라 이른다.(玉寶高新羅人一
> 云玉府高)"

『삼국사기』에 나오는 '옥보고'를 황윤석은 '옥부고'라고 기록한 것을 위의 인용에서 알 수 있다. 홍만종(洪萬宗, 1643~1725)의 『해동이적海東異蹟』에는 아래와 같이 기록하였다.

> "東山 崔滋(고려후기 문신, 1188~1260)의 문집[補閑集]에서 다음과 같이 말하였다. "東都는 본래 신라인데 옛날 玉府僊人이라는 분이 있어 백곡의 가락을 창작하였다. 本朝의 僕射 閔可擧(고려전기 문신, ?~?)가 그 가락을 제법 잘 전수하고 있었다. 일찍이 어느 날 그가 혼자 앉아 거문고를 타고 있는데 쌍학이 날아와 맴도는 것이었다. 그로 인해 別調를 짓기를,
>
> | 월성의 신선 자취는 아득하고, | 月城僊跡遠 |
> | 옥부의 음악소리 희미해졌도다. | 玉府樂聲徵 |
> | 쌍학이 날아옴이 어찌 이리 늦는가? | 雙鶴來何晚 |
> | 나는 너와 더불어 돌아가려 하는 도다. | 吾將伴汝歸 |
>
> 고 하였다." 내가 생각하기로는 玉府僊人이란 바로 옥보고가 아닌가 싶다."[18]

위의 인용에서 홍만종은 '옥보고'를 '옥부선인'이라 하였고, 황윤석의 『증보해동이적增補海東異蹟』에도

> "玉은 王으로 쓰기도 하고, 옥부선인이라고도 한다.(玉或作王 亦曰 玉府仙人)"[19]

라고 하였다. 따라서 이 주는 황윤석이 홍만종의 『해동이적』을 전거로 한 주로 보인다.

---

18) 홍만종, 『海東異蹟』, 『을유문고』241, 서울: 을유문화사, 1982, 41~42쪽. 崔東山滋 集云 東部本新羅 古有玉府僊人 始制曲調百本 本朝閔僕射可擧傳得其妙 嘗一 日獨坐彈琴 有雙鶴來翔 人作別調曰 … 余以爲玉府僊人者 疑卽玉寶高也.
19) 황윤석, 『增補解凍異蹟』(역주 신해진·김석태, 서울: 경인문화사, 2011, 71쪽, 345쪽).

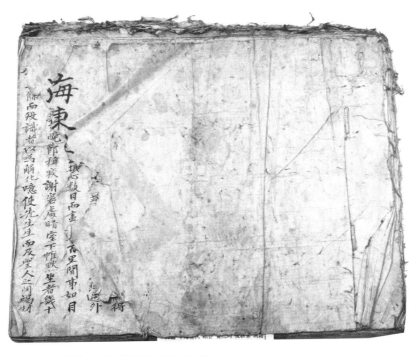

〈그림 3-5〉 황윤석이 필사한 『海東異蹟』의 표지(黃炳寬 소장)

〈그림 3-6〉 황윤석이 필사한 『海東異蹟』의 권수면(黃炳寬 소장)

황윤석은 '지리산地理山'을 '지리산智異山'으로 주를 달기도 했다. 지리산智異山에 대한 최초의 기록은 최치원(崔致遠, 857~915)이 쓴 '진감선사대공비탑眞鑑禪師大空塔碑'에 기록되어 있다.

> "마침내 보행으로 康州[진주]의 知異山에 이르렀다. 호랑이 몇 마리가 포효하면서 앞을 인도하여 위태로운 곳을 피해 평탄한 곳으로 가게하니 앞에서 이끄는 기병과 다름이 없었다. 따라가는 사람도 두려워하는 바가 없어 집에서 기르는 개와 같았다."[20]

이 비문에는 '지리산智異山'이 아닌 '지리산知異山'으로 되어 있다. '지智'는 '지知'와 같은 뜻으로 통용되어 사용되었으므로 황윤석이 '지리산智異山'이라 주를 단 것은 최치원의 '진감선사대공탑비'를 통해서 주를 단 것으로 보인다. 또한 『신증동국여지승람新增東國輿地勝覽』의 기록을 통해서 그 내용을 보면 다음과 같다.

> "智異山: 부의 동쪽 60리에 있다. 산세가 높고 웅대하여 수백 리에 웅거하였으니, 여진 백두산의 산맥이 뻗어내려 여기에 이른 것이다. 그리하여 頭流라고도 부른다. 혹은 백두산의 맥은 바다에 이르러 그치는데 이곳에서 잠시 停留하였다 하여 流자는 留자로 쓰는 것이 옳다고도 한다."[21]

원래의 『동국여지승람』은 세종대에 편찬된 지리지 이후에 변경된 사항을 바로잡기 위하여 세조대부터 시작하여 1477년에 양성지(梁誠之,

---

20) 許興植編著, 『韓國金石全文』, 서울: 亞細亞文化社, 1984, 「雙鷄寺 眞鑑禪師碑」, 207~208쪽. 逐步行至康州知異山 有數於莵 哮吼前導 避危從坦 不殊愈騎 從者無所怖畏爹犬如也.

21) 國譯 『新增東國輿地勝覽』 권39 全羅道 南原都護府. 智異山 在府東六十里 山勢高大雄據 數百里 女眞 白頭山之脉 流至于此 故又名頭流 或云 其脉至海而窮 停留于此 故流作留爲是.

1415~1482) 등이 완성한 「팔도지리지」에 우리나라 문사文士들의 시문詩文을 첨가하여 1481년(성종 12)에 50권으로 완성되었다. 『동국여지승람』의 내용을 기록한 후, 새로 증보된 내용은 각 항목의 끝에 '신증'이라 밝히고 첨기添記하였다. 따라서 『신증동국여지승람』은 조선 전기의 사회와 지역 사정을 종합적으로 정리한 조선 전기 지리지의 집성편이다.

황윤석은 우리의 역사와 민속, 국방 그리고 지역문제에도 많은 관심을 기울이고 있었다. 이 점은 『동국여지승람』의 내용 및 체제를 검토 보완하려는 그의 뜻에서 간단히 확인되는데,[22] 황윤석이 '지리산地理山'을 '지리

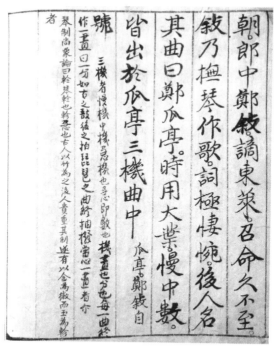

〈그림 3-7〉 '玄琴鄉部'의 註 2

22) 황윤석, 『이재전서』 I , 「擬增修東國輿地勝覽索引」, 276쪽.

산智異山'으로 주를 단 것은 최치원의 '진감선사대공탑비'와 『동국여지승
람』을 통하여 그 전거를 밝혀 주를 단 것이다. 이것은 『현학금보』에 음악
과 관련된 내용뿐만 아니라 지리적 고유명사에도 어원적 해석을 시도하
였음을 알 수 있다.

〈그림 3-7〉에는 '현금향부' 뒷부분에 기록되어 있는 주가 제시되어 있다.
두 가지 내용의 주를 달았는데, 첫 번째 주를 정리하면 다음과 같다.

> "三機는 慢機, 中機, 急機이다. 急은 곧 數이다. 機는 긋고 나누는
> 것이다. 매 한 곡이 끝나고 한번 긋는다는 말은 한번 나눠진다는 것이
> 다. 마치 옛날에 敧를 拍 다음에 치고, 琵琶곡이 끝나면 술대를 거두어
> 가슴에 대고 한번 긋는 것과 같은 것이다."[23]

위의 인용문은 '현금향부'의 '만·중·삭이 과정瓜亭의 삼기곡三機曲 중
에서 나왔다'는 원문에 주를 단 것이다. 삼기三機 중 급기急機에 대해 언급
하였는데, 특히 기機의 의미에 대해서 설명하였다. 기機의 뜻을 위의 인용
문을 통해서 보면, 한 곡이 끝나거나 한 단락이 끝나는 것을 의미함을
알 수 있다.

두 번째 주에 제시된 내용은 다음과 같다.

> "琴의 제도를 숭상하여 말하였다. 軫은 琴軫(금현을 조율하는 도구,
> 돌괘)이고 軫은 急이다. 古人이 대나무를 가지고 만들어 後人이 그
> 제도를 귀중하게 여겨서 마침내 金을 가지고 徽를 만들고, 玉을 가지
> 고 軫을 만든 것이 있다."[24]

---

23) 三機者慢機中機急機也 急卽數也 機畫也分也 每一曲終作一畫曰 一分 如古之
　　敧後之拍 琵琶之曲終抽撥當心一畫者尒.

24) 琴制尙象論曰 軫琴軫也 軫急也 古人以竹爲之後人貴重其制 遂有以金爲徽而玉
　　爲軫者.

중국 고금의 제도에서 처음에는 휘를 대나무로 만들었다가 후세에 와서는 금을 가지고 만들었다고 한다. 금진琴軫은 금의 밑판에 있어서 거문고의 돌괘처럼 금의 줄을 조율하는 것이다. 이 금진은 옥진玉軫·각진角軫·아진牙軫 등의 이름으로도 부르는데, 옥으로 만든 진軫에 모양이 있으면 움직이기가 쉽고 잘 더러워지지 않는다고 한다.25) 황윤석은 이 금진이 옥을 가지고 만들었다는 고금의 제도를 근거로 하여 주를 달았다. 위의 인용문은 어떤 기록을 참고해서 그 전거를 고증하였는지는 확인된 바는 없지만 고금에 대해서도 고구考究하는 황윤석의 모습을 볼 수 있다.

〈그림 3-8〉에는 황윤석이 『현학금보』에 두주頭註를 단 부분이 제시되어 있다. 먼저 '합자법合字法' 부분에 두주를 단 것으로, '방方은 간혹 扌를 쓴다.'[方或作扌]고 하였다. '방方'은 거문고 현 '유현遊絃'을 뜻한다. 유현의 합자법은 처음 악보를 접하는 이들이 대현大絃의 합자법(대현의 '大'로 표기함)보다 다소 어려울 수도 있다. 이런 연유로 황윤석은 유현에 관한 합자법 두주를 달아 놓았는데, 유현을 '방方'으로 표기하고 '扌'는 재방변의 '방'으로 읽는다고 하였다.

또 〈그림 3-8〉의 오른쪽 하단을 보면 '만대엽' 곡에 두주를 단 부분이 제시되어 있다. 두주의 내용은 '거문고곡의 5지旨는 노래의 5장과 같다.'[琴之五旨 猶歌之五章]이다. 이 두주에서 황윤석은 '오지五旨'가 노래의 5장을 뜻한다고 하였다. 이것은 황윤석이 만대엽 곡이 5장으로 구성되어 있다고 이해한 것을 반영한 것이다. 따라서 황윤석은 『현학금보』를 단순히 필사하여 소장한 것으로만 그치는 것이 아니라, 『현학금보』를 통해서 음악에 이미 입문하였음을 알 수 있다.

---

25) 도일, 『七絃琴經』, 서울: 티윌, 2011, 233~241쪽.

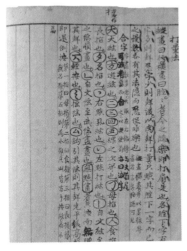

〈그림 3-8〉 合字法(오른쪽 상단)과 慢大葉(오른쪽 하단)의 頭註

두 번째, 악곡명과 그 용어를 순 우리말로 썼다는 점은 〈그림 3-9〉에서
찾아 볼 수 있다. 〈그림 3-9〉에는 '만대엽慢大葉' 곡명을 한글로 '느즌 한
닙', 한자로 '눈죽嫩竹 하림河臨'으로 표기하였고, '느즌 한입'을 한자로 '눈
죽 하림'으로 표기하였다. 또 '중대엽中大葉' 중 '중中'에는 표기가 없고 '대
엽'에만 한자 '하림河臨'과 한글 '한입'을 기록하였다. '북전北殿'은 한자 '후
전後轉'과 한글 '뒷젼'으로 표기하였다. 〈그림 3-9〉에서 알 수 있듯이, 악곡
명에 한자와 한글을 병행하여 표기한 것은 황윤석이 대중들의 속음俗音을
중국의 한자음[華音]으로 정리하고자 한 의지를 알 수 있다. 이렇게 정리
한 것에는 두 가지의 경우가 있는데, 하나는 문자와 발음은 서로 상이하
지만 의미가 비슷하거나 같은 유형의 한자인 경우와, 다른 하나는 발음은
동일하지만 문자가 상이한 한자인 경우가 있다.26) 이 중 '느즌 한입'과
'눈죽 하림'은 두 번째 경우에 속한다. 즉 발음은 동일하지만 문자가 상이

---

26) 최전승, 이재 황윤석의 「화음방언자의해」와 『이수신편』등에 반영된 어휘 연구의
성격」, 『이재 황윤석-영·정시대의 호남실학』, 서울: 민음사, 1999, 165쪽.

한 한자인 경우이다. 따라서 '느즌 한닙'은 만대엽 악곡명을 순수한 우리말로 표기한 것이고, '눈죽 하림'은 한자를 차자借字한 것으로 음차音借한 것이다. 즉 황윤석은 한자로만 표시된 악곡명을 한글로 표기하는 새로운 방식을 시도하였음을 알 수 있다.

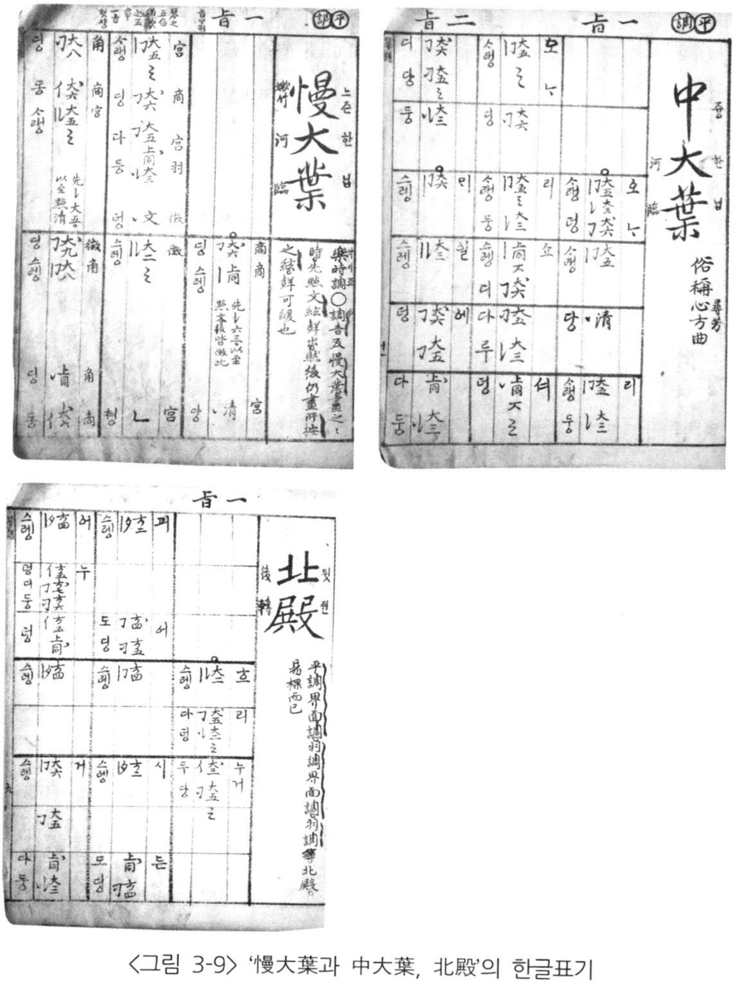

〈그림 3-9〉 '慢大葉과 中大葉, 北殿'의 한글표기

그리고 황윤석은 악곡명을 한글로 기록한 것 외에도 각 장의 용어도 한글로 기록하였는데, 이것은 〈표 3-2〉에 제시된 것과 같다.

〈표 3-2〉 '慢大葉'에 나타난 각 장의 한글표기

〈표 3-2〉에 제시되어 있듯이 만대엽의 각 장을 한글로 표기하였다. 황윤석은 '지ᄂᆞᆫ'를 '모ᄅᆞ' 즉 '마래'라 하였는데, 마래는 '마루'의 방언으로, 한 단계가 끝나는 것을 뜻하는 용어이며, 곡의 각 장을 뜻한다. 일지一ᄂᆞᆫ는 '첫쟝', 이지二ᄂᆞᆫ는 '둛재쟝', 삼지三ᄂᆞᆫ는 '셋재쟝', 사지四ᄂᆞᆫ는 '한쟝', 오지五ᄂᆞᆫ는 '긋쟝', 여음餘音은 '긋쟝지음'이라고 표기하였다. 이 중에서 특히 '사지四ᄂᆞᆫ'를 '한쟝'이라한 것은 황윤석의 「화음방언자의해華音方言字義解」에 "우리나라에서는 '대大'를 한漢·한汗·간干·한翰·찬餐·건建이라고 하는데, 혹은 초성初聲이 같고, 혹은 중성中聲이 같기도 하고 종성終聲이 같다. 비록 글자가 변하더라도 뜻은 통한다. '대大'를 '한'이라고 하는 것은 몽골, 여진어와 가장 가깝다. 예컨대 '조부祖父'를 '한아비'라고 하는 것은 '대부大父'라는 뜻이다"[27]라는 용례가 있는데, 이것은 '대大'의 의미가 우리말로 '한'으로

---

27) '大'와 '漢'에 관한 용례는 『이재난고』 5책 권27 368쪽. 東俗呼大爲漢 爲汗 爲干 爲翰 爲餐 爲建 或以初聲同 或以中聲同 或以終聲同 字雖變而義實通 此與蒙古 女眞 最相近者 如呼祖父曰 한아비者 大父也 呼祖母曰 한마本한어마 聲急而短 大母也 其於他人之老翁老婆 亦同此稱東韻中聲古卜 故洪鴻並音항 俱訓大則漢 汗 實洪鴻之轉音耳. 이 「華音方言字義解」는 『이재유고』 권25에도 수록되어있다. 「화음방언자의해」는 약 150단어의 어원을 밝혀놓았고, 논증 방법은 내외 史書에 기록되어 있는 지명이나 인명, 또는 고유어의 단어를 주로 한자음으로 밝히려고 하거나 漢語와 범어에서 그 어원 및 변천과정을 증명하려고 하였다. 강신항, 앞의

표기된다는 것을 보여준 예이다. 즉 '한'에는 크다는 의미가 포함되어 있다는 것이다.[28] 이러한 의미에서 황윤석은 '四旨'를 '한쟝'으로 표기하여 기록한 것이다. 즉 '첫쟝·둘재쟝·셋재쟝·넷재쟝·긋쟝'으로 표기해야 하지만 황윤석은 '오지五旨를 긋쟝'이라 하였기 때문에 '넷재쟝'이 만대엽에서는 제일 큰 쟝이 되는 것이다. 이러한 관점에서 황윤석은 '사지를 넷재쟝'이라 하지 않고 '한쟝'으로 기록하였던 것이다. 이처럼 황윤석은 용어의 각 쟝을 우리말로 전용하여 표기하고자 하였음을 알 수 있다.

세 번째, 감군은感君恩 평조 4편을 수록한 곡들과 구분지어 본 점이다.

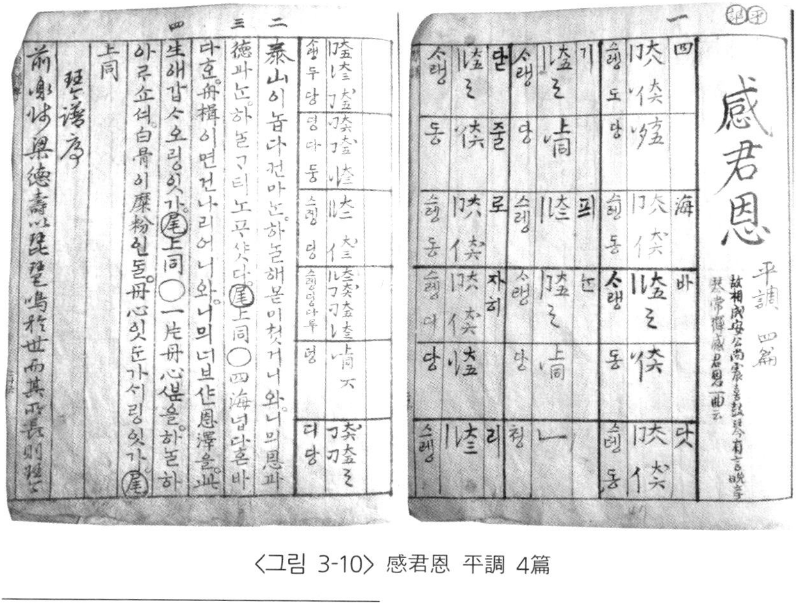

〈그림 3-10〉 感君恩 平調 4篇

논문, 26쪽, 43쪽.

28) 『古語辭典』에 '한'은 '크다', '많다'는 의미로 쓰인다. 이 사전에서 '크다'의 의미는 '황윤석의 『화음방언자의해』에 쓰이는 용례를 기록하였다. 따라서 황윤석이 '四旨'를 '넷재쟝'이라 해야 하지만 '크다'는 의미에 의해서 '한쟝'으로 표시한 것으로 볼 수 있겠다. 南廣祐, 『古語辭典』, 서울: 교학사, 1997, 1386쪽.

『양금신보』의 악곡은 만대엽·북전·중대엽 5곡·조음 그리고 감군
은 순으로 총 9곡이 수록되어 있다. 『현학금보』에는 〈그림 3-10〉과 같이
감군은 4편을 '一二三四'로 각 장에 번호를 매겨서 앞에 수록한 곡들과 구
분 지었다. 황윤석은 〈고가신번古歌新翻〉 제29장 중 26장에 〈감군은〉의
가사를 아래와 같이 수록하였다.

　　"四海 물 깊은 것은 닷과 닷줄을 가지고 헤아릴 만하나 임금의 은택
　　은 어찌 닷줄로 헤아릴 수 있겠는가? 청하옵건대, 福을 누리시고 끝없
　　이 만세를 누리소서. 복을 누리시고 끝없이 만세를 누리소서. 한줄기
　　明月 또한 임금의 恩惠라. 제 26장 「양덕수 현금보『양금신보』」에 나
　　온 感君恩 곡이다. 대개 임금의 壽命을 기도하고 태평을 즐기는 가사
　　이다.」[29]

　위의 인용문은 황윤석이 『양금신보』를 접하면서 〈감군은〉의 가사가
국한문으로 혼용되어 있는 것을 한문가사로 하여 〈감군은〉 1장만 수록하
였다. 이렇게 황윤석이 〈감군은〉가사를 기록한 것은 인멸의 위기에 처한
국문시가를 한문으로 번역하는 작업에 몰두하였기 때문이다. 또 『현학금
보』를 필사하였기 때문이기도 하다. 〈감군은〉은 '임금의 수명을 기원하
고 태평을 즐기는 가사'라고 황윤석은 한정하여 기록하였다. 『양금신보』
에 수록된 9곡 중에 〈감군은〉만 성격이 다르다.
　『현학금보』에서 〈감군은〉은 원래 세종 24년에 중국 사신 위로연에 연
주되었던 곡으로 조선의 창업과 더불어 왕실 음악용으로 새로이 만든 곡
이다. 나머지는 왕실 음악으로서보다 왕실 밖 민간의 사대부 지식인들이
즐겨 향유한 악곡들에 해당한다. 이러한 〈감군은〉은 16세기에 이르면 사

---

29) 『이재난고』 1책 권1 57쪽. 「古歌新翻 二十九章」 「並序」. 四海水之深 用矴纜猶
　　可量 主恩澤之深 更可用底纜量 請享福無疆万歲延 請享福無疆萬歲延 一竿明
　　月亦君恩 第二十六章. 「出梁德壽玄琴譜 感君恩曲 蓋祝君壽樂太平之詞也」.

대부들의 거문고나 연주에 얹어 불렀던 경우를 찾아 볼 수 있다.

예컨대 상진(尙震, 1493~1564)이 만년에 거문고를 배우면서 〈감군은〉을 연주하며 노래했고, 또 이 사실을 매우 중시하여 묘비에 남기라고 유언할 정도였다. 이러한 사실에서도 황윤석은 〈감군은〉에 의미 부여하여 이 노래에 대한 남다른 애정을 가지고 있음을 알 수 있는데 이러한 애정을 대변해 주는 글을 아래에서 볼 수 있다.

> "장張씨 어른은 처음에 활과 기마를 익혀 10여 년 동안 벼슬길에 있다가 늙어서는 벼슬하지 않고 집에서 기거하였다. 올해 나이는 75세였다. 검은 두건을 쓰고 학창의鶴氅衣를 입은 채 〈감군은〉 한 곡을 연주하였다."30)

위의 글에서 75세의 노인 장산음張山陰이 벼슬길에 물러나 향거鄕居할 때에 〈감군은〉을 연주하였다는 내용이다. 〈감군은〉을 연주했다는 사실은 18세기에 풍류로서 연주된 것임을 알려주는 중요한 음악사적 의미가 된다. 〈감군은〉은 18세기의 여타 금보에도 출현하지 않기 때문에 조선후기에 〈감군은〉은 이미 고악古樂이 되어 선비들의 풍류로 연주되지 않은 것으로 알려졌다.31) 그러나 〈감군은〉은 선비가 항상 연주해야 하는 곡으로 또는 지방에서는 빈번하게 연주된 곡이었음을 알 수 있다.

황윤석은 『현학금보』를 편찬했을 당시에 〈고가신번〉 29장을 지었고 또 장산음에게서 〈감군은〉 연주를 감상한 것을 보면 그는 『현학금보』에 수록된 곡들 중에 〈감군은〉을 제일 먼저 배우고 탔을 것으로 미루어 짐작할 수 있겠다. 그리고 황윤석은 〈감군은〉을 선비가 항상 연주해야 할 곡으로 인식하였기 때문에 가능했을 것이다.

---

30) 『이재난고』 1책 권3. 張老始事弓馬 宦遊十數年 老不仕家居 今年七十五 烏巾鶴氅 琴彈感君恩一曲 只有詞翰.
31) 임미선, 앞 논문 250쪽.

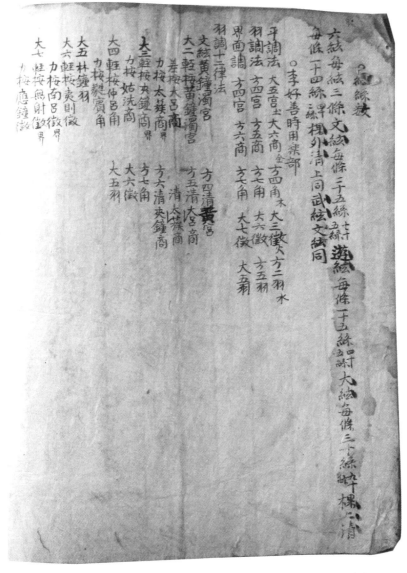

〈그림 3-11〉『玄鶴琴譜』표지 뒷면, 〈絃絲數〉와 〈李好善 時用樂府〉

네 번째, 〈그림 3-11〉에 제시되어 있듯이 현絃의 사수絲數와 〈이호선李
好善의 시용악부時用樂府〉의 인용이 있다는 점은 『현학금보』의 표지 뒷장
에 기록되어 있는데, 이 내용을 정서하면 〈표 3-3〉과 같다.

〈표 3-3〉 〈絃絲數〉와 〈李好善 時用樂府〉

○ 絃絲數 六絃每絃三條 文絃每絃二十五絲(七十五絲) 遊絃每條一十五絲(四十五絲) 大 絃每條三十絲(九十絲) 楺上淸 每條一十四絲(四十二絲)楺外淸上同 武絃文絃同.
○ 李好善 時用樂部 平調法 大五宮(土) 大六商(金) 方四角(木) 大三徵(火) 方二羽(水) 羽調法 方四宮 方五商 方七角 大六徵 方五羽 界面調 方四宮 方六商 方七角 大七徵 大五羽 羽調十二律法 　文絃黃鐘濁宮　　　　方四淸黃宮 　大二輕按黃鐘濁宮　　方五淸↓大呂商 　　　差按大呂商　　　　淸太簇商 　　　力按太簇商界　　方六淸夾鐘商 　大三輕按夾鐘商界　　方七角 　　　力按姑洗商　　　大六徵 　大四輕按仲呂角　　　大五羽 　　　力按蕤賓角 　大五林鐘羽 　大六輕按夷則徵 　　　力按南呂徵界 　大七輕按無射徵界 　　　力按應鐘徵

먼저, 〈현사수絃絲數〉를 정리하면 다음과 같다.

"六絃은 매 현 三條이다. 文絃은 매 현 25사(75사), 遊絃은 매 條

15사(45사), 大絃은 매 條 30사(90사), 棵上淸은 매 條 14사(42사)로
棵外淸은 위와 같고 武絃은 문현과 같다."

　거문고는 6현으로, 이 거문고 여섯 줄은 무명실로 만드는데, 각 줄의
굵기는 서로 다르다. 가장 굵은 순으로 적어보면 대현→문현→무현→유
현→괘상청·괘외청 순으로 되어 있다. 각 줄은 크게 세 가닥으로 되어
있고 그 세 가닥 중에 한 가닥의 수가 사수絲數, 즉 실의 수가 된다. 대현
줄은 한 가닥이 30사이며 이 한 가닥 30사가 세 개 모여서 90사가 된다.
이에 여섯 현의 실의 수를 정리해 보면 〈표 3-4〉에 제시된 내용과 같다.

〈표 3-4〉 거문고 여섯 현의 실의 수

	거문고 絃名	1條 당 실의 수	총 실의 수	중국 고금의 총 실의 수
1	文絃	25	75	77
2	遊絃	15	45	64
3	大絃	30	90	81
4	棵上淸	14	42	54
5	棵外淸	14	42	48
6	武絃	25	75	72

　〈표 3-4〉에는 거문고 여섯 현의 실의 수가 제시되어 있는데, 이것은
영·정조 당시에 사용하고 있던 현의 실의 수를 황윤석이 기록한 결과이
다. 『양금신보』를 필사한 금보는 보통 중국 칠현금의 실수를 그대로 따르
는 경우가 많다.[32] 이 경우는 고금의 현을 거문고와 동일시 여기는 당시
의 음악적 경향과 관련이 있을 것이다. 그러나 황윤석은 『현학금보』에

---

32) 『南薰遺譜』(강전섭 소장도서), 『琴譜』(국립국악원 자료실 소장), 박기환 소장의
　　『琴譜單』, 경북 달성군 화원면 남평 문씨 종가택 소장의 『仁壽琴譜』, 경북대학교
　　중앙도서관 소장의 『금보』, 송씨이수삼산재본 『금보』에서 칠현금의 사수와 조현
　　법이 나타난다.

조선의 거문고 여섯 현의 실의 수를 기록하였다. 이런 사실을 볼 때, 조선 중기의 문인이면서 음악애호가인 유몽인(柳夢寅, 1559~1623)이 양덕수의 거문고 연주를 듣고, 고금과 같은 중국의 악기를 숭상하면서 거문고에 대해 관념적으로 배격하였던 생각을 바꿨다고 하였다. 이 견해는 중국의 것을 가장 가치 있는 것으로 인식했던 당시의 관념이 극복되어 가는 모습과 점차 조선의 것에도 긍정적인 가치를 부여하는 모습을 동시에 보여주는 것이다.[33] 황윤석은 조선 중기의 관념적 사고들을 이미 극복한 시대에 살았기 때문에 그는 조선 중화주의 사상이라는 그 당시의 시대정신에 입각하여 『현학금보』에 기록한 것이다.

〈표 3-3〉에 제시된 내용 중 두 번째는 〈이호선 시용학부〉를 정서한 것이다. 이 〈이호선 시용학부〉를 정서한 부분을 살펴보면, 『양금신보』와 『현학금보』가 다음 두 가지의 차이점이 보인다. 첫째는 영조 때 평조계면조와 우조계면조가 계면조로 되는 시용악부時用樂部의 인용이 있는 점이고, 둘째는 거문고 조현법按絃法에 경안법輕按法과 역안법力按法뿐만 아니라 차안법差按法이라는 주법이 새롭게 보인다는 점이다.

먼저, 〈이호선 시용악부〉의 조현법을 경안법으로 정리하면 〈표 3-5〉과 같다.

〈표 3-5〉 〈李好善 時用樂部〉의 調絃法

	宮(土)	商(金)	角(木)	徵(火)	羽(水)
平調法	大五宮	大六商	方四角	大三徵	方二羽
	林(B♭)	南(c)	黃(e♭)	太(F)	姑(E)
羽調法	方四宮	方五商	方七角	大六徵	方五羽
	黃(e♭)	太(f)	仲(a♭)	南(c)	太(f)
界面調	方四宮	方六商	方七角	大七徵	大五羽
	黃(e♭)	夾(g♭)	仲(a♭)	無(d♭)	林((B♭)

---

33) 전지영, 앞의 논문, 69~73쪽.

3장 황윤석의 거문고 음악의 수용과 당대當代 음악에 대한 인식 • 153

첫째, 『양금신보』 4조에는 우조, 평조, 우조계면조, 평조계면조의 4가지 악곡을 수록하고 있다. '『양금신보』 이후 4종류의 조가 그대로 유지되고 있다. 우조와 평조는 『양금신보』 이래 변화가 없기 때문에 다르게 해석할 여지가 없으나, 우조계면조와 평조계면조는 음계의 변화가 있어 두 가지 해석이 가능하다. 하나는 『양금신보』와 같이 5음의 계면조로 해석하는 것이고, 다른 하나는 『유예지遊藝志』(1806~1813)[34] 이후와 같이 3음 또는 4음의 계면조로 해석하는 것이다.'[35]라는 의견이 기존의 해석이다. 기존의 해석에서 계면조가 『유예지』 시기에 변화되었다는 것인데 〈이호선 시용악부〉의 조현법을 보면 영조 당시에 이미 계면조가 변화된 것으로 보인다.

〈표 3-5〉를 보면, 평조와 우조계면조가 계면조 하나로 통일되는 점을 알 수 있고, 〈표 3-3〉에 제시되어 있듯이 계면조의 5음계는 평조계면조가 아닌 우조계면조이며, 평조계면조는 영조 당시에 없어지고 우조계면조만 유지되어 사용된 것으로 사료된다. 이 조현법은 '시용時用'이란 용어를 쓰기 때문이다. 즉 '시용時用'은 그 당시 실제 사용하고 있다는 것으로 해석해도 될 것이다. 따라서 『양금신보』에서는 4조 중심이었던 선법이 『현학금보』에서는 우조와 평조, 계면조 등 3조 중심으로 나타나는 시도가 보인다.

둘째, 거문고 안현법에 대한 새로운 주법에 대한 논의이다. '『악학궤범樂學軌範』 시절의 거문고 주법은 역안법을 쓰기는 하였지만 경안법이 주主가 되었고, 또 『금합자보琴合字譜』에 역안법이 있는 것을 보면 『악학궤범』 시절에 경안법이 역안법으로 바뀌었다.'[36]고 하였다. 그러나 〈이호

---

34) 『유예지』의 연대는 『어은보』, 『금학절요』, 『유예지』, 『동대금보』에 수록된 악곡을 비교하여 추정한 것이다. 임미선의 논문 참조. (「『유예지』에 나타난 19세기초 음악의 향유 양상」, 『18세기 조선지식인의 문화의식』, 한국학연구소, 서울: 한양대출판부, 2001, 389쪽.

35) 김우진, 『虛舟琴譜解題』, 『한국음악학자료총서』 39집, 서울: 국립국악원, 2004, 76쪽.

선 시용악부〉에는 경안법과 역안법 뿐만 아니라 차안법差按法이란 새로운 주법이 보인다. 〈표 3-6〉은 우조 12율법에 대한 산형을 표로 그린 것이다. 〈표 3-6〉에서 보면, 대현 2괘에서 태주음을 내는 것을 보면 〈표 3-6〉의 산형은 우조이며, 대현 3괘에서 태주음을 내지 않는 것을 보면 〈표 3-6〉의 산형은 우조의 조현법인 것이다. 참고적으로 계면조일 경우 2괘법은 잘 쓰지 않는다.

〈표 3-6〉 〈羽調 十二律法〉

	一	二	三	四	五	六	七	八	九	十	十一	十二	十三	十四	十五	十六
武絃																
棵下淸																
棵上淸																
大絃	㐲宮	㑖輕宮 / 大差 / 太力	夾輕 / 姑力	仲輕 / 蕤力	林	夷輕 / 南力	無輕 / 應力									
遊絃			潢		淸↓大 淸太	淸夾										
文絃																

또한 〈표 3-6〉에 제시되어 있는 차안법은 경안법과 역안법의 중간 정도의 강도로 줄을 미는 거문고 주법인 것으로 보인다. 이는 대현 2괘에서 경안법은 황종탁궁[㑖]이고, 역안법은 태주상계[仲]의 사이음인 대려음을 차안법이라 하기 때문이다. 따라서 거문고 줄을 미는 세기의 차이는 경안법→차안법→역안법의 순서로 되고 차안법은 경안법보다 더 밀고 역안법보다는 조금 덜 미는 주법임을 알 수 있다. 이와 같이 차안법이 존재한

---

36) 장사훈, 『한국전통음악의 연구』, 서울 : 보진재, 1975, 145쪽. 『增補韓國音樂史』, 서울: 세광출판사, 1994, 369쪽.

다는 사실은 『악학궤범』 시절 경안법이 역안법으로 바뀐 것이 아니라, 『악학궤범』 시절이나 『금합자보』 때에도 경안법과 역안법은 동시에 존재하며 사용된 것으로 볼 수 있겠다. 그리고 차안법에 의하면 『현학금보』에 수록된 악곡은 연주가 불가능한 것으로 미루어 짐작할 수 있다. 그러나 황윤석이 조선의 거문고 음악이론을 고구하는 모습은 『현학금보』에서 찾아볼 수 있다.

2. 만고심萬古心이 내재된 정인심正人心과 양성정養性情의 금도

금도琴道에 대한 용어 정의를 다음과 같이 살펴볼 수 있겠다. 먼저 금도는 중국의 금이나 한국의 거문고에 나타나 있는 수리적 비율이고, 이것은 선도仙道와 관련이 있다.[37] 또 금도는 거문고 음악문화의 정신세계로 규정하여 중국의 금의 정신이 거문고 음악의 기본정신과 서로 통하는 것이며, 금의 정신은 정치적이고 도덕이며 자기 수양적인 요소를 갖는다.[38] 또 금도는 정신적인 가치뿐 만 아니라 음악의 전수를 위한 악기의 연주법 등도 무시할 수 없다.[39]라고 하였다. 그러나 결국 금도는 거문고 연주로써 무형의 정신적 가치를 추구하고 어떤 경지에 이르고자 하는 실천적 개념이라 할 수 있다. 이러한 깊은 철학적 의미가 내포되어 있는 거문고 정신을 '금도琴道'라고 한다. 따라서 '금도'는 조선시대 거문고 음악을 연주하기 위한 도구의 차원을 넘어 '도'의 경지를 구축했을 뿐만 아니라 음악담론의 주제에 자주 포함되기도 하였다.[40]

---

37) 권오성, 「옥보고의 금도와 선도」, 『한국음악연구』 32집, 서울: 한국국악학회, 2002.
38) 한흥섭, 「고구려 문화전통과 거문고」, 『인문연구』 48집, 경산: 영남대학교 인문과학연구소, 2005.
39) 조유미, 「금도의 전통적 개념과 현대적 해석」, 『음악과 문화』 제21호, 대구: 세계음악학회, 2009.
40) 조유미, 「금도의 전통적 개념과 현대적 해석」, 『음악과 문화』 제21호, 대구: 세계음

　이러한 중요성을 갖는 거문고[41]는 황윤석에게도 예외는 아니었다. 거문고는 조선시대 선비들의 교양 필수 악기였으며, 백악지장百樂之丈이라는 별칭으로 최고의 악기로 대접받았다. 거문고가 주는 악기의 특성상 '예능藝能'으로서 의미보다는 '인문학적' 측면이 더 많이 포함하고 있다. 즉 음악의 궁극적인 목적이 오락이나 미적美的 표현이 아니라 심신 수양이었다.[42] 예컨대 유가儒家의 음악의 경우는 인仁이나 양지良知를 실현하는 것이 최종 목표[43]이므로 예능으로서 음악적 기능은 그리 중요한 것이 아니었다. 오히려 기교적으로 완벽한 음악을 경계하였다. 그래서 유가 음악에서는 가장 절제된 음악인 유음遺音을 최고 경지의 음악으로 보았으며, 도가道家 음악에서는 한 걸음 나아가 희성希聲을 최고 경지의 음악으로 보았던 것이다. 따라서 거문고는 단순히 하나의 악기가 아니라 한마디로 문・사・철이 음악이라는 형태로 집약된 가장 인문학적인 도구로서의 악기인 것이다.

　이상에서 거문고가 가지는 중요성을 염두 해두면서 이 항에서는 황윤석의 최대의 관심사인 거문고에 대한 금도는 무엇인지 살펴보고자 한다. 그리고 황윤석이 나아가고 싶어 하는 금도는 『이재난고』가 일기라는 특성상 황윤석의 금도를 벼슬에 진출하기 전과 후, 즉 두 시기로 나누어 살펴볼 것이다. 황윤석이 벼슬하여 서울로 진출함으로서 많은 서적과 문물들을 접하여 그의 학문적 경향이 풍부해졌을 것으로 사료되기 때문에 황윤석의 금도에도 영향이 미쳤을 것이다. 따라서 황윤석의 금도는 벼슬하기 전과 후로 나누어 서술코자 한다. 아울러 홍대용과 서명응의 금도도

악학회, 2009, 28-29쪽.
41) '거문고 정신'에 관련된 연구 외 '연구동향'에 대한 연구는 신대철의 「거문고와 그 음악에 관련된 연구동향」(국악원논문집』 제10집, 서울: 국립국악원, 1998, 239~268쪽)을 참조할 것.
42) 임수철, 「거문고의 악도」, 『인문과학연구』 32집, 강원: 인문과학연구소, 2012, 339쪽.
43) 『論語』, 「爲政」편 참조.

함께 검토할 것이다.

황윤석은『양금신보』를 필사하여『현학금보』라고 하였으며,「양금신
보사본발梁琴新譜寫本拔」을『현학금보』에 '금보후서琴譜後序'라 하여 실었
다. 황윤석은 이 발문에『양금신보』를 접하면서 금도에 입문한 경위를
기록하였다.44) 이때 황윤석은 19세 어린 나이로 금도에 입문하였고, 홍대
용도 황윤석과 비슷한 시기에 금도에 입문한 사실을 아래에서 볼 수 있다.

> "제가 16-17세 시절부터 다소 東國의 거문고를 알기 시작하여, 오래
> 배워오는 사이에 자못 그 묘리를 해득하였습니다. 대체로 塵世의 생
> 각을 씻어내고 憂鬱한 기분을 풀어 버리는 데는 그 효과가 詩와 酒보
> 다도 나은 점이 있었습니다.(중략)…"45)

위 인용문에서 홍대용이 금도에 입문한 시기가 16살에서 17살 사이이
다. 황윤석과 홍대용은 2살 터울로 대략 계산해 보면 거의 같은 시기이
다. 즉 1747년쯤 서로 금도에 입문하였다. 이는 경이로운 일로서 두 사람
의 인연이 남달랐다는 사실이 학문적으로나 혹은 음악적으로나 연관성이
있음을 알 수 있다. 또 홍대용은 서울 저전동苧廛同일대46)에 살았는데,
이때 서울은 경화사족京華世族에게만 유상遊賞과 문화 활동 공간이었을
뿐 만 아니라 여항문인들과 일반 중간층에게도 유상과 문화 활동의 공간
이었다. 황윤석은 서울보다는 정보력이 떨어지는 지방에 거주하였으나
그의 금도에 대한 세계가 어릴 때부터 남달랐음을 알 수 있다.

44) 임미선, 앞의 논문 200쪽.
45) 홍대용,『湛軒書』外集 卷1 杭傳尺牘「與篠飮書」. 弟自十六七時 粗解東國之琴
學之旣久 頗得其妙 凡滌散塵想 宣撥拂欝 其功或有賢於詩酒. 번역은 고전국역
총서 74,『국역 담헌서Ⅱ』참조 및 인용 18쪽.
46) 永禧殿의 북쪽 담장 밖. 洪元燮,『太湖集』卷3「題湛軒留春塢」.

또 홍대용의 금도는 티끌 같은 세상의 생각과 우울한 마음을 없애기
위해서 거문고를 연주하는 것으로 이것은 바로 정인심의 도구이다. 그는
오랫동안 거문고를 배워 익힌 결과 거문고의 묘한 이치를 터득하여 시와
술보다 진세의 시름과 우울한 마음을 씻어주고 풀어주는 대상으로 거문
고가 최고라고 하였다. 그리고 거문고를 아끼는 마음과 연주가 경지에
도달하였음을 알 수 있다.

> "내 집에 있는 거문고 묘한 소리 터질 땐 마음이 편안하노라. 普洱
> 의 이름난 차[茶] 瓦罐에 따르고, 龍涎의 옛 香을 金爐에 태우노라.
> 뜬세상의 영욕을 모두 잊노라니, 이 즐거움을 뉘와 함께 할거나."[47]

위의 글은 친구 이국옹李麹翁이 죽었을 때 지은 시이다. 평소에 홍대용
에게서 거문고 소리는 마음이 편안해지고 또 덧없는 세상의 영화榮華와
치욕들을 잊게 해 주는 악기이다. 마음이 울적할 때나 가끔씩 거문고 연
주를 하는 것이 아닌 거문고를 타는 것은 그에게는 하나의 일상자체이다.
이렇게 홍대용에게서 거문고란 진세의 생각과 우울한 마음, 그리고 세상
의 영욕을 모두 없앨 수 있는 악기이다. 그에게서 거문고는 거문고 음악
을 연주하기 위한 도구의 차원을 넘어 '정인심'의 경지에 이르고자 하였
다. 그래서 자신에게 거문고의 비법을 가르쳐 주고 예술의 경지로 나아가
게 이끌어 준 벗을 위해 가을 단풍을 보며 연주하고 싶었으나 할 수 없는
안타까운 마음을 전하였다.[48] 따라서 홍대용의 금도는 정인심의 도구뿐

47) 홍대용, 『湛軒書』 內集 권3 詩 「次友人韻却寄李麹翁」. …我有一張琴 妙音動冲
融 普洱名茶瓦罐淨 龍涎古香金爐烘 浮世榮枯都兩忘 此間此樂與誰同…. 번역
은 고전국역총서 73, 『국역 담헌서 I』 참조 및 인용 396쪽.
48) 홍대용, 『湛軒書』 內集 권4 祭文 「祭羅石塘文」. …托契如舊 發篋秘傳 不吝付授
勖以遊藝 開示無斁 匪予足尙 公實盛德 勿染秋溪 楓壁如繡 携琴共賞 事已大
謬…. 번역은 고전국역총서 73, 『국역 담헌서 I』 참조 및 인용 421쪽.

만 아니라 거문고를 통해서 백아伯牙와 종자기鍾子期처럼 지음知音을 나누
어 즐기는 차원도 포함하고 있었다.

한편 황윤석은 「양금신보사본발」에서 거문고와 관련된 자신의 음악적
이상을 술회하였고, 또 『양금신보』를 소장하게 된 뒤의 감회를 고찰하기
에 앞서 거문고 제작과 관련된 기록을 먼저 살펴보고자 한다.

> "내가 나이 들면, 장차 책을 들고 仙雲浦에 들어가려 하였는데 이곳
> 은 우리 집안의 별장이다. 별장 앞에는 嶧陽山 오동나무와 같은 종
> 한 그루가 맑은 돌 웅덩이에서 빼어난 경치에 둘러싸여 있다. 그것을
> 처음 심은 것을 헤아려 보니 지금 이미 5-6년이 되어, 내가 산에 돌아
> 올 날을 기다린 듯하였다. 그 줄을 깎아서 琴을 만들고 줄을 당겨서
> 연주할 수 있게 되었다."[49]

윗글에서 황윤석은 『양금신보』를 접하기 전에 자신의 별장에 오동나
무를 심었는데 이 오동나무로 거문고를 제작하였다. 이때 오동나무의 종
류는 역양산嶧陽山[50)지역에서 나는 것과 동일한 종이다. '역양'은 중국 칠
현금과 명금名琴인 경우에 대명사처럼 쓰는 용어로 황윤석은 자신의 거문
고가 명금이 되길 은근히 기대하는 것을 알 수 있다. 황윤석이 처가댁의
오동나무로 또 한 번의 거문고 제작을 할 기회가 있었으나 여의치 않아서
제작하지는 못했다.(도 3-13 번역문 참조) 즉 황윤석은 『양금신보』를 소
장한 것과 동시에 거문고 악기 제작도 함께하였고, 또 악기 연주까지 시
도하는 모습은 황윤석의 끊임없이 시도하고 탐구하는 박학과 실학實學

---

49) 황윤석, 『이재난고』 1책 권1 「梁琴新譜寫本跋」 58쪽. 年紀垂老 書入仙雲浦上
是則吾之家別庄也 庄之前 有一株嶧陽種 亭亭秀峙于石之窪 計其初植 今已五
六年所 若逮余歸山之日 則鄿其絲 可以琴 拖以絲 可以彈 於是時也.

50) 嶧陽은 문인들이 금을 표현할 때 대명사처럼 쓰는 지역으로 嶧陽桐, 嶧陽友, 嶧桐,
孤桐 등으로 쓰기도 한다. 書經의 禹貢篇에 '역양의 외로운 오동나무'(嶧陽孤桐)
라는 표현이 있다. 도일, 『七絃琴經』, 서울: 티웰, 2011, 270~271쪽.

정신에서 나왔다고 볼 수 있다. 황윤석은 2장 2절 1항에서 채원정이 율려와 수리만 탐구하여 악기 연주는 못한 것을 꼬집어 지적하였고 이 또한 조선후기 유자들의 공통적인 나타나는 병폐라고 하였다. 황윤석은 악률 이론도 중요하지만 실기의 중요성도 함께 주장하여 자신에게 거문고를 제작하고 연주하는 행위들은 단순히 관심을 갖는 차원이 아니라 함께 실천하고자 하는 실학적 차원인 것이다. 황윤석의 거문고 악기 제작은 1장 1절 1항에서 언급하였듯이 서기西器에 대한 관심사의 연장선상이라 할 수 있다. 황윤석에게서 거문고는 단순한 완물이 아니라 이수理藪와 관계되는 완물이기 때문에 가능하였다.

〈그림 3-12〉 황윤석의 5대손 黃鍾允의 초상화
(유물번호-황2171, 國立全州博物館 소장)

「이 거문고는 황윤석의 5대손 황종윤黃鍾允에 의해 1873년에 제작
되었다. 황윤석은 『현학금보』를 소장해서 거문고를 처음 만들었고
또 황윤석의 처가댁에서 구해온 오동나무를 가지고 만들려고 시도하
였으나 여의치 않아 미처 만들지 못하였다. 전주에 사는 김명칠金明
七에 의해서 아래의 거문고가 한양에서 만들어졌는데, 황오익黃五翼
이 아래의 거문고를 가지고 배워서 연주하였다. 아래 글은 황종윤이
지었고 글씨는 황욱黃旭의 필체이다. 금명 아래에, '예가 지나치면
소원해지고, 악이 지나치면 방탕하게 흐른다.'는 말을 새겨서 후손들
에게 경계하도록 전하는 것이 이 거문고의 특징이다.」

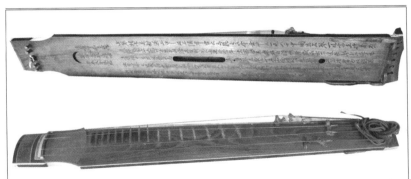

〈그림 3-13〉 黃胤錫이 처가댁에서 구해온 나무로 제작한 거문고, 앞판(下)과
뒤판(上)(유물번호-황2170, 國立全州博物館 소장)

養君中和之正性,
禁爾忿欲之邪心
右朱夫子琴銘[紫陽琴銘]
너는 중화中和의 바른 성性을 기르고,
분노와 정욕의 사심邪心을 금하라.
오른쪽은 주자朱子선생의 금명琴銘이다.[자양금명]

"이 거문고의 재료는 본래 지리산智異山 속의 돌 위에 있는 폭포에
서 번개불을 세 번 맞아서 잘린 것을 모아서 만든 것이다.[오동나무,

거문고 앞판) 하나는 중국中國에 들어가 명금名琴을 만들었고, 또 하나는 남원南原 월곡月谷의 정씨댁丁氏宅[丁遠爀]에 머물고 있었다. 정씨의 댁은 나의 선자先子 이재頤齋[황윤석]의 회선생의 처가댁이고, 나의 선재[황윤석]는 이 해에 필요해서 얻어왔다. 밤나무판[거문고 뒤판]은 제주도의 한라산에서 난 것인데, 미쳐 거문고를 만들지 못하고 불초에 이르러 오히려 유감遺憾의 가운데에 있었다.

막내아이 황오익(黃五翼, 1890~1977)의 뜻이 거문고 배우기를 싫어하지 않은데 있어서, 마침 완산完山, 전주 완주군에 사는 김명칠金明七이 거문고를 제작하는 양공良工으로 당세에 이름이 있었다. 그래서 (김명칠을) 맞이해 와서 막내아이로 하여금 (거문고를) 조성하도록 명하니, 천년에 만나지 못한 기회라 이를 만하였다. 그러나 물物이 사람으로 인해 기器를 이루고, 사람 또한 물로 인해서 모두 내세에 이름이 전해지니, 사람과 물이 서로 뜻이 맞은 것이고, 나 또한 외람되게 후손이 되어서 선재[황윤석]가 미뤄뒀던 일을 이은 것이다.

옛 성인의 가르침에 '예가 지나치면 소원해지고, 악이 지나치면 방탕하게 흐른다.'라는 말이 있으니, 너희들은 오직 이것을 경계하고 경계하여 범범하여 소홀함이 없도록 하라.

계유년(1873년, 고종 10) 5월 5일. 5대손 황종윤(黃鍾允, 1858~1911)이 대략 글을 짓고, 손자 황욱(黃旭, 1898~1993)을 시켜 삼가 쓰도록 함."51)

---

51) 此琴材本是智異山中石上瀑布, 雷火三絶之所會者也, 而一片入于中國爲名琴, 一片留在於南原月谷丁氏宅, 而丁氏宅則吾先子頤齋先生聘宅, 而吾先子當年要求得來, 栗板自濟州漢嶽所出, 不遑造琴, 至于不肖, 尙在遺憾中矣. 末兒五翼志在學琴不厭, 而適完山金明七, 以製琴良工, 名於當世, 故邀來, 使季兒命之造成, 可謂千載不偶之期會, 而物有以人成器, 人亦以物 幷名於來世, 人與物相得, 我亦忝在后裔, 庶可述先子未遑之事歟. 古聖有訓, 禮勝則離, 樂勝則流, 汝輩戒之戒之, 無或泛忽焉. 癸酉端陽, 五代孫鍾允略識, 使孫旭謹書.

앞서 살펴보았듯이 황윤석과 홍대용은 거의 동일한 나이와 시기에 거문고를 배웠고 금도에 입문하였다. 황윤석은 거문고를 제작까지 하였던 이 사실은 황윤석 자신이 어릴 때부터 이수학에 몰두하였기 때문에 가능했고 또 서기에 대한 관심을 일찍부터 가졌기 때문에 가능하였다. 홍대용에게서 거문고는 거문고 음악을 연주하기 위한 도구의 차원을 넘어 '정인심'의 경지에 이르고자 하였다. 그렇다면 황윤석에게서 거문고는 어떤 존재였는지를 다음 글에서 알 수 있다.

> "나는 琴을 알지 못하고 琴을 좋아하지 않았다. 또 琴을 가지고 있지도 않았다. 대개 모르기 때문에 좋아하지 않았고, 좋아하지 않았기 때문에 또 가지고 있지도 않았던 것이다. 하지만 옛 것을 좋아하는 君子는 많은 사람들이 琴을 당겨서 연주하여 답답함을 풀고 따라서 노래하여 情懷를 펼친다면 알지 못하였다는 것이 진실로 적절하지 못하다. 알지 못하였다는 것이 진실로 적절하지 못했다면 좋아하지 않았다는 것 역시 진실로 적절하지 못하다."[52]

위의 인용문에서 '금'이란 당연히 거문고를 뜻하지만 거문고 악기뿐만 아니라 거문고에 대한 정신성까지 포함하고 있다는 사실을 앞서 언급하였다. 그래서 여기서의 '금'이란 거문고 악기 자체 보다는 '금도'를 뜻하는 것이 더 가까울 것이다. 황윤석은 금도를 알지 못하고 또 좋아하지 않는 것 그 자체가 부적절하다는 것인데, 즉 군자는 당연히 금도를 알고 좋아해야 하며 또 거문고 악기도 소장해서 연주하며 금도의 세계로 나아가야 한다는 이면의 당위성을 포함하고 있다.

---

52) 황윤석, 『이재난고』 1책 권1 「梁琴新譜寫本跋」 58쪽. 余不知琴 不喜琴 又不蓄琴 蓋不知也 故不喜 不喜也 故又從而不蓄也 然好古君子 縶多援而鼓之 以宣其壹 欝 倚而歌之 以暢其情懷 則不知也固不宜 不知也固不宜 則不喜也亦非所宜矣.

황윤석은 『현학금보』를 소장하면서 이때, 즉 19세 때에 〈몽청현금가夢聽玄琴歌〉와 〈현학금玄鶴琴〉이란 두 편의 시를 지었다. 이 두 시에서 황윤석의 금도에 대한 한 단면을 볼 수 있는데, 먼저 〈몽청현금가〉부터 고찰해보고자 한다.

> "지난날의 밤 꿈에 어떤 곳에 이르니 청산과 녹수가 거의 연화[속세]의 세계가 아니었다. 어떤 한 사람이 나를 초당으로 영접하여 현금을 끌어당겨서 타니 그 소리가 시원시원했다. 자못 林下에서 사는 風氣가 있어서 이미 나에게 按棵와 點絃하는 방법을 가르쳤다. 나 또한 간략하게 대강을 물었으나 말이 마치기 전에 깼다. 마음으로 생각하니 (그 꿈이) 이상하여 노래를 지어서 여기에 기록한다."[53]

若有人兮湖之南	호남에 사람이 있는 듯하구나.
詠陽春兮吟白雪	陽春도 노래하고 白雪도 읊조린다.
平生不學新翻曲	평소에는 새로이 번곡한 것을 배우지 아니했으며
早得南溟玉寶訣	일찍이 남쪽 깊은 바다에서 「玉寶訣」을 입수하였네.
絃高指澁不成聲	줄은 높고 손가락은 매끄럽게 안 움직이고 소리를 이루지 못하는데
强挑龍鬚絃斷絶	억지로 용수를 돋우니 줄이 끊어지고 말았네.
山自高水自流	산은 스스로 높고 물은 스스로 흐르네.
未許天機絃上勢泄	天機가 줄 위에서 누설되는 것을 허가하지 않았네.
千秋一何遠	千秋가 어찌나 한결같이 머냐?
悵望閒愁結	서글피 바라보니 한가로운 시름이 맺어지네.
東風吹夢到何處	東風이 꿈을 부르면 어디를 가겠느냐?
昨夜仙蹤飛電掣	간밤에 神仙 발자취가 전철로 날았네.
靑雲夾腋輕	靑雲은 겨드랑이에 끼어서 가볍고
白月當天潔	흰 달은 하늘을 당하여서 깨끗하네.

---

53) 황윤석, 『이재난고』1책 권1 〈夢聽玄琴歌〉 71쪽. 疇昔之夜夢至一處 靑山綠水 殆非煙火世界 有一人延我草堂 援玄琴鼓之 厥聲泠泠 殊有林下風氣 旣敎余以按棵點絃之方 余亦略問梗槩 言未了而覺 心竊異之 作歌而記之.

芳林極悄蒨	꽃다운 숲은 지극히 초청한데
玉澗更淸澈	玉같은 간수는 더욱이 맑고 맑더라.
彼何人斯綠其髮	저 사람 어떤 사람인고? 그 머리가 푸르냐?
山裏三花手攀折	산 속에 있는 세 개의 꽃을 내 손으로 휘어잡고 꺾었더라.
淡淡玉洞引余去	깊고 깊은 玉洞에서 나를 이끌고 가서
石室先啓靑銅鎖	石室에서 먼저 청동인 열쇠로 잠겨 있던 것을 열어주었더라.
相攜坐石榻	서로 끌고 자리에 앉으니
不道人間說	인간의 말을 하지 않았네.
玄琴三尺抽玉匣	석자三尺되는 玄琴을 玉匣에서 빼내어
爪甲鏗然聲已別	손톱으로 치니 소리가 이미 갈렸더라.
調絃按棵爲客彈	줄을 고르고 괘를 살펴서 손님을 위해서 탔으니
緩撥徐揮不促節	느리게 튕기고 천천히 두르니 절조를 재촉하지 않았더라.… (중략)54)

위 글은 어느 날 꿈에서 어떤 이가 황윤석 자신을 속세가 아닌 초당으로 불러 거문고의 안괘법按棵法와 점현법點絃法을 전수해 주었다. 이때 연주된 거문고 음악에 매료되어 황윤석은 위의 〈몽청현금가〉라는 장가長歌를 지었다. 먼저 '호남에 사람이 있다'는 글은 황윤석 자신을 가리킨다. 호남사람 즉 황윤석 자신은 신곡이 아닌 양춘과 백설곡을 선호하고 지향한다. 양춘과 백설곡은 고아한 곡의 대명사로 황윤석 자신이 앞으로 지향하는 바의 금도의 곡인 것이다. '옥보결玉寶訣을 입수하였다'라는 글에서 '옥보결'은 옥보고의 금도에 대한 비결이 담긴 책이란 뜻인데 이것은 바로 황윤석에게서 『현학금보』 즉 『양금신보』를 뜻한다. 〈몽청현금가〉는 황윤석이 『양금신보』의 '현금향부'에 나오는 왕산악과 옥보고를 연상하여 지은 장가이다. 황윤석은 이들을 스승으로 삼고 싶었다. 그래서 꿈속에서

54) 황윤석, 『이재난고』 1책 권1 〈夢聽玄琴歌〉 71쪽.

자신을 초당으로 부르고 거문고 연주를 들려 준 이는 바로 옥보고인 것이다. 옥보고가 금곡을 만들어 금도의 전수가 단절되지 않게 했듯이, 이러한 일을 황윤석 자신이 하길 원하는 금도의 자세이다.

또 왕산악은 중국 진晉나라의 칠현금을 새롭게 개조하여 현금 즉 거문고를 만들었다. 이 거문고로 왕산악이 연주하니 검은 학이 하늘에서 내려와 춤을 추었다하여 '현학금'이라 하였다. 황윤석의 『현학금보』 금보명에 나타나듯이 왕산악의 '현학금'을 근거로 하여 이름을 지었다. 그래서 옥보고의 금도를 전수받으려는 강한 의지를 보인다. 〈몽청현금가〉에서는 거문고의 연주법을 뜻하는 금도가 있고 또 거문고 연주법을 터득하여 옥보고처럼 선인仙人이 되고자 하는 금도도 같이 있다. 황윤석 자신에게서 거문고 음악은 연주하기 위한 도구의 차원을 넘어 '도'의 경지에 나아갈 수 있다는 것이다. 이러한 사실을 덧붙여 말해주듯이 황윤석의 〈현학금玄鶴琴〉이란 시를 살펴보겠다.

南溟玄鶴六絃琴	남쪽 깊은 바다 검은 학 六絃琴은
三尺中藏萬古心	석자[三尺] 가운데에 萬古心55)을 담고 있네.
共爾相將堪自重	너와 함께 서로 좋은 거문고라 할 수 있으나
未逢鍾子莫成音	鍾子期를 만나지 못하니 소리를 낼 수가 없구나.56)

거문고의 실제 크기는 몇 자 되지 않는다. 그러나 위에 인용한 시에

---

55) 萬古心 : 1184년 朱熹는 '武夷櫂歌' 十首를 지었는데 이것은 후에 '武夷九曲歌'로 불렀다. 이 櫂歌는 서두를 제외하고는 '무이구곡'의 실경을 묘사하고 있다. '만고심'은 다섯째 구비부분에 나온다.(五曲山高雲氣深 長時煙雨暗平林 林間有客無人 識 欸乃聲中萬古心. 다섯째 구비의 산은 높고 구름 깊은데, 오랫동안 안개와 비에 평평한 숲은 어둡네, 숲 속에 나그네 있어도 알아보지 못하고, 어기여차 노 젓는 소리에는 만고에 변하지 않는 마음이 어렸네.) 민주식, 「조선시대 지식인의 미적 유토피아-'武夷九曲'의 예술적 표현을 중심으로-」, 『미학』 제26권, 서울: 한국미학회, 1999, 30~32쪽.

56) 황윤석, 『이재난고』 1책 권1 〈玄鶴琴〉「上同」 77쪽.

의하면 황윤석이 추구하는 거문고는 깊고 심오한 마음을 담을 수 있는 악기였다. 황윤석이 추구하는 거문고의 규모는 세상의 어떤 것도 담을 수 있고 포용할 수 있는 '만고심'의 거문고이다. '만고심'은 주희의 「무이도가武夷櫂歌」 구곡九曲 중에 오곡五曲에 나오는 구절로, 『서경書經』의 「홍범구주弘範九疇」에서 말하는 황극皇極과 같은 맥락이다. 즉 「홍범구주」는 중국 하夏나라 우왕禹王이 남겼다는 정치이념을 말하고, 오행五行·오사五事·팔정八政·오기五紀·황극皇極·삼덕三德·계의稽疑·서징庶徵·오복五福과 육극六極으로 구성되어 있다. 황극은 아홉 조목 중에 가장 중요하여 중앙에 두었다. 황윤석은 이러한 뜻에서 주희의 「무이도가」 9곡 중에 5곡을 중심이 되는 중앙에 배치하여 심心의 의미를 강조하였다.

앞서 1장 1절에서 황윤석의 심설心說을 논한 바 있다. 황윤석의 심心은 성즉리性卽理로서 조선초기의 심자心字와 다른 성性과 선악善惡, 이기理氣, 정情으로 해석하였다. 이것은 18세기 조선의 성리학이 심학화心學化되는 경향을 반영한 것으로, 양란兩亂 후 유교 윤리의 재건을 통해 사회의 기강을 유지하고자 하는 과정에서 인간의 도덕성 회복이 강조되면서 심心의 존재도 부각된 것이다. 이러한 만고심을 황윤석은 거문고 음악에 비유하였다. 따라서 황윤석은 심心의 중요성을 인식하여 주희의 「무이도가」 9곡 중에 5곡으로 만고심을 중앙에 놓았다. 황윤석의 이러한 의도에 전제된 뜻은 기울어지거나 치우침이 없으며 위배되고 편벽되지 않는 것을 추구하고 마음을 표현한 것으로, 중용中庸의 의미를 담고 있다고 볼 수 있겠다.

조선시대 지식인들에게서 '무이구곡武夷九曲'의 자연은 도학道學의 고원한 세계와 동일시되었으며, 이것은 무한한 즐거움을 가져다주는 경계였다. 또한 '무이구곡'의 미적 경지는 조선시대 지식인에게는 영원한 이상의 세계였다. '무릉도원武陵桃源'이 도가적道家的 색채를 띤 이상향이라고 한다면, '무이구곡'은 유가적 교양과 합리주의가 낳은 현실적인 미적 이상향인 것이다.[57] 이러한 유가의 이상향을 구현하기 위한 금도를 황윤석은 마음에 두었다.

한편 서명응의 금도에 대해서는 고금 즉 중국의 칠현금에 대한 유래를 상세히 기록하였고, 당금과 생황을 중국에서 수입하는 폐단을 비판하여 그 대안으로 '현금의 괘棵를 휘徽로 바꾸어 대금과 중금, 소금을 만들어 악사로 하여금 학습시키게 하자'58)고 주장하였다. 이 말은 굳이 중국의 금을 수입할 필요가 없이 금을 한국화로 수용하자는 주체적 사고에서 발상되었던 것으로, 중국의 악기가 정도正道가 아니라 조선에서도 충분히 당금에 대해 고증하여 법제대로 학습을 시킨다면 충분히 만들 수 있다는 것이다.

그리고 서명응은 『고사십이집攷事十二集』을 저술하였는데, 이 『고사십이집』은 사대부가 어느 곳의 관리로 나가더라도 실무에 참고할 수 있도록 저술한 서적이다. 『고사십이집』 「다능多能」부분에 다음과 같은 기록이 보인다.

> 「금슬을 두는 법」
> 금과 슬은 벽에 기대어 놓으면 안 되는데 이것은 흙 기운의 습기가 있기 때문이니, 오직 板壁이나 혹은 牀위에 올려놓아야 얻을 수 있다. 『詩經』에, "자리에 있는 琴瑟도 고요하고 아름답지 않음이 없도다."라고 하였다.59)

---

57) 민주식, 앞의 논문 24쪽.
58) 서명응, 『元音鑰』卷2 器府鑰 제3. 今之玄琴 卽句麗相王山岳 得晉人所遺之琴 不知彈法 改徽易棵 別創曲譜 故其制與古琴無異 今但改棵易徽 造成三琴 使樂人如法學習 瑟亦倣此 每祭享 登歌用三琴三瑟 竝歌者六人 以象十二月之數 則庶可以因今之樂 復古之樂 孟子曰 道在邇 而求諸遠 事在易 而求諸難 此類是也. 김종수, 역주 『시악화성』 195쪽.
59) 保晩齋叢書 考四十二集 卷10 『보만재총서』10 제29책 권55 고사12집 권10 酉集 多能 412~413쪽. 「琴瑟安法」琴瑟不可倚壁 以有土氣濕潤也 惟安于板壁 或牀上爲得 詩云琴瑟在御莫不靜好.

위는 금과 슬을 바르게 두는 법을 기록한 글이다. 금과 슬은 현악기로서 재질이 나무이다. 습기가 있는 벽에 기대어 세워서는 안 되고 판벽이나 상위에 올려놓아서 보관해야 된다. 또 금슬의 줄은 무명실로 되어 있어서 습기가 있는 벽에 기대어 놓으면 줄이 늘어나거나 혹은 줄어들거나 하여 악기의 줄이 맞지 않기 때문에 보관이 중요시되는 악기이다. 이러한 금슬을 두는 법은 사대부가 관리가 되어서 당연히 알고 있어야 하는 덕목 중에 하나다. 따라서 서명응이 악기를 실제 연주하고 금도에 대한 기록은 보이지 않는다. 그러나 그가 국가편찬사업에 실무자로서 참여한 사실을 볼 때 충분히 거문고를 연주하였거나 관심을 갖고 있었을 것으로 보인다. 또 금슬에 대해 『시경』의 말로 서명응은 대신하는데, '금슬은 안정적이고 화평하여 사이가 좋아지게 하는 악기의 덕을 가지고 있다'라고 말하였다.

이상에서는 황윤석이 벼슬하기 전의 금도를 살펴보았다. 다음은 벼슬에 진출 한 뒤의 자료를 통하여 황윤석의 금도를 검토해보고자 한다.

황윤석은 김용겸이 이시방(李時昉, 1594~1660)의 집안에서 가보家寶로 내려오는 고금古琴[60]을 보고 다음과 같이 술회하여 기록하였다.

> "어제 지팡이를 짚은 樂正 金用謙어른이 古琴을 빌려서 나에게 보여주면서 樂師 安彭壽로 하여금 몇 곡조를 짓도록 하였는데, 그 거문고 소리가 깊고 넓고 유원하여 가히 들을 만 했다. 듣자니 延城 李時昉의 집에 오래된 家寶로서 현재 後孫 號가 薰庵이라는 자가 소장하고 있다고 한다. 고금의 아래 刻字,
> "깨끗하기로는 영영하고 조용하기는 소리가   淸兮泠泠靜兮憎憎
>   음음하게 난다.
> 내가 이 문예를 맛보고 마음에 합치가   我味斯藝而契其心
>   되어서
> 너의 사악한 생각을 禁하고 너의 충정한   禁而邪思養而沖襟

---

60) 여기서 古琴은 중국의 칠현금이 아니라 오래된 거문고를 뜻한다.

마음을 양성한다.
산같이 높고 물같이 깊어서 옛날도 없고　　山高水深無古無今
지금도 없다.”
라고 기록되어 있다. 만력 병진(1616년)에 德水 張維 持國(장유의 字)
甫.”[61]

위의 인용문에서 고금古琴은 장유(張維, 1587∼1638)가 타던 거문고로,
연성군延城君 이시방 집안의 가보家寶로 내려오던 고금이다. 이 고금에서
“금琴은 금禁의 뜻인데 사특한 마음을 막아서 인심을 바르게 하는 것이다.
금琴은 음악을 통솔하는 것이므로 군자는 마땅히 제어할 수 있어야 한
다.”(琴者禁也 禁止於邪 以正人心也 琴者樂之統也 故君子所當御也.)라는 조선전
기 문인들 사이에 일반화된 금도琴道를 볼 수 있다. 즉 조선전기의 음악은
‘사람의 마음을 바르게 하고 세도를 바로 잡는다.(正人心 扶世道)’라는 말에
서 민심을 바로잡고 정치적 안정을 이루려는 치세적 의식이 담겨져 있다.
음악 중에 이목을 기쁘게 하고, 심지心志를 즐겁게 하는 감정적 욕구가
노출된 음악은 금해야 한다. 또 ‘사람의 성정을 길러서 간사하고 더러운
것을 씻고 찌꺼기는 말끔히 사라질 것이다.(可以養人之性情, 蕩滌邪穢,
消融渣滓)’라는 말을 음악에 적용하였다. 거문고 소리를 들으면 천리와
인욕人欲을 분별하여 마음이 깨끗이 맑아지고 사특하고 더러운 생각이
없어져 사람의 마음이 화평해진다. 즉 거문고 연주를 통해 음악의 실제적
효과를 논하면서, 음악으로서 마음속의 인욕을 제거하여 천리를 회복하
면 천하가 화평해질 것이라는 음악의 효용성을 전제한 말이다.[62] 따라서
조선전기의 문인들에게 ‘정인심正人心’과 ‘양성정養性情’의 도구라는 일반

---

61) 황윤석, 『이재난고』 2책 권12 402쪽. 〈古琴〉「幷小序」. 昨日金樂正用謙丈 借古琴
示余 因令樂師安彭壽作數曲 其聲洪深悠遠 可聽也已 聞是李延城時昉家舊寶
而後孫今號薰庵者守之 腹有刻字曰 萬曆丙辰 德水張維持國甫.

62) 길진숙, 『조선전기 시가예술론의 형성과 전개』, 소명출판사, 2002.

화된 금도에서 벗어나지 않는다는 사실을 확인할 수 있다. 또 이 문구를 새긴 이유는 조선시대 문인들이 중국의 고금古琴과 조선의 거문고가 악기 형태는 다르나 금도는 같이 보기 때문에 가능한 일이다.[63] 이런 면에서 황윤석의 금도도 이 틀을 크게 벗어나지 않는 것으로 해석된다.

한편 '정인심正人心'과 '양성정養性情'에 대한 황윤석의 구체적인 해석과 거문고에 얽힌 이야기를 아래 글에서 알 수 있다.

> "「반인금명泮人琴銘」과 함께 싣다. 주인 李陽培가【즉 壽得】 일 찍이 거문고 한 張을 가지고 있었는데, 참판 魚錫定(1731~1793)이 팔 았던 것이다. 이따금 朱永昌을 불러 연주하게 하고 들었다. 금년 2월 에, 내가 太僕으로 성균관에 들르면서 거문고의 안부를 자주 물었는 데, 이미 사기꾼에게 현혹되어 잃어버린 지가 오래되었다고 한다. 그 때문에 크게 한숨을 쉬었다. 다만 그 자의 뒤를 밟게 하여 그 단서를 얻었으므로, 장차 東部에서 소송할 것이라고 한다. 나는 마침 휴가를 얻어 남쪽으로 가게 되었으므로, 한때 東部 都事로 있던 邊燎에게 편지를 보내 부탁하였다. 거문고 때문에 송사가 일어났다니, 또한 운 치 있는 일이 아닌가? 내가 어버이를 뵙고 돌아와 보니 거문고도 과연 돌아와 있었다. 그러나 영창의 指法은 쇠하고 무디어져 들을 만하지 못했다. 우선 주인에게 부탁하여 잘 간직하고 기다렸다가, 내가 훗날 다른 경로로 구입하여 연주하는 것이 좋겠다. 우선 거문고의 배 부분 에 몇 자를 새겨서 증표로 삼고자 한다.

> 땅 속에 있으면 復卦요. 在地則復
> 땅에 나오면 豫卦라. 出地豫兮
> 山下를 본받았으니 宜山下
> 이에 은미함과 드러남이 함축되었네. 是有闇微著兮

---

63) 신현남, 「『양금신보』의 사료적 가치」, 『국악과 교육』 제29집, 서울: 한국국악교육 학회, 2010, 109쪽.)은 『양금신보』의 서두에 있는 琴雅部에 등장하는 중국의 금에 대한 소개를 『양금신보』와는 아무런 관계가 없다고 하였다. 이것은 중국의 고금과 조선의 거문고의 금도가 같다는 것을 염두 해 두지 않고 말한 것이다.

【옛 사람이 '名琴에는 크고 작은 우레가 홀연히 일어난다.'고 하였
다. 대개 우레가 땅속에 있으면 琴의 소리가 은미하고, 우레가 땅
속을 나와 울리면 琴의 소리가 드러난다. 頤卦의 象은 산 아래에 우레
가 있는 것이니, 그 은미함과 드러남을 모두 함축하고 있다.】"[64]

위의 인용문에 등장한 거문고는 어석정(魚錫定, 1731~1793)이 소유한
거문고로, 성균관 주인 이양배李陽培가 구입한 것이다. 그런데 이양배가
이 거문고를 사기꾼의 꾐에 빠져 잃어버리게 되어서 황윤석이 거문고의
행방을 수소문하여 결국 되찾게 되었다. 이 송사訟事를 황윤석은 운치
있는 일이라 여겼고 또한 이 거문고를 자신이 다음에 구입할 것으로 여
겨, 우선 거문고의 앞면에 금명琴銘을 새겼다.

황윤석이 금명에 이괘頤卦를 적어서 증표를 삼고자 한 뜻은 황윤석의
호號 중에 '이재頤齋와 산뢰주인山雷主人'이 있는데, '이재'는 부친인 황전이
『주역』의 산뢰이괘의 대상大象을 인용하여 서실에 '이頤'자를 크게 써 붙
여 놓고 '언어를 삼가고 음식을 절제하라'[65]라는 뜻을 명심하게 하였다.
즉 황윤석 자신의 호가 이재이고 산뢰주인이므로 이 거문고의 주인이 자
신이라는 뜻에서 위의 금명을 새긴 첫 번째 이유가 되겠다.

그리고 두 번째 이유는 황윤석은 금명에 『주역』 64괘 중 복괘復卦와

---

64) 황윤석, 『이재난고』, 5책, 권27, 322쪽. 「泮人琴銘」幷. 主人李陽培「卽壽」嘗蓄玄
琴一張 卽參判魚錫定所賣者 有時招朱永昌 度曲以聽 今年二月 余以太僕至 亟
問琴安否 則已爲奸騙所誘失久矣 則爲之太息 第令跟偵 旣得其端緒 將訟于東
部 而余適乞暇而南 托邊僚以書曰 琴而有訟 不亦韻事哉 及余觀還 琴亦果還 而
永昌之指法 老且廢不足聽 姑屬主人善藏以待 余他日轉購以行可矣 輒銘若干字
于腹中 庶當質卩劑云 戊戌十一月庚寅日 南至 頤齋旅人. 在地則復 出地豫兮
宜山下 是有函微著兮. 「古人有名琴 大小忽雷者 盖雷在地中 則琴聲之微也 雷
出之奮 則琴聲之著也 而頤之象山下有雷 則擧其微著而函之矣」.

65) 『이재난고』 1책, 권7. 昔我先子引易山雷頤之大象 使不肯大書頤字于書室 命之
曰頤齋 有以出入 觀省於愼言語節飮食之義 不肯念念於此 京中土友 往往聞而
知之 書札詩文見稱者 非一 故不肯 亦或自命山雷於後生 則稱以山雷老人耳.

예괘豫卦, 두 괘로 거문고의 음악을 설명하였다. 복괘(▤)는 땅 아래에 우레가 있는 상으로, 땅 속의 양의 기운 하나가 밖으로 나온다는 뜻이다. 예괘(▤)는 위가 우레 이고 아래가 땅인 상으로, '예豫'는 '즐거워함의 의미'이자 '음악'의 뜻이다. 이 말은 거문고의 악기모양이 주역의 괘상의 모양처럼 생겨서 비유하여 설명한 것이다.

그리고 황윤석은 금명의 해설에서 복괘와 예괘를 다 포함하는 이괘頤卦(▤)를 부각시켜 놓았다. 이괘는 산뢰이괘山雷頤卦로 산 아래에 우레가 있는 상으로 거문고의 형상이 주역 64괘중에 '이괘'의 상이 가장 잘 부합된다는 것이다. 이괘에서 '초구初九'가 거문고의 아래가 되고, '상구上九'가 거문고의 위가 되며, 이괘의 가운데가 텅 비어 있는 것과 같이 거문고의 가운데도 허虛의 상태로 울림통이 비어 있다. 거문고 악기 위판의 모양이 약간 산처럼 둥글게 올라 와 있어서 이괘의 상구를 뜻하고, 아래 판은 땅 속에 양의 기운 하나가 있는 모양처럼 생겨서 이괘의 초구를 뜻한다. 그래서 소리가 작으면 울림통 안에 은미하게 들리고, 소리가 크면 울림통 밖으로 나와 드러남을 말한 것이다. 은미하고 드러남을 모두 포함하는 것이 산뢰이괘의 상으로 거문고 악기를 가장 알맞게 표현된 것이다.

황윤석은 단순한 금명으로 이괘를 새겨서 증표로 삼으려고 한 것 아닐 것이다. 이괘는 「서괘전序卦傳」에서 "이頤라는 것은 기르는 것이다.(頤者養也)"고 하였으며, 「잡괘전雜卦傳」에서는 "이頤는 올바른 것을 기르는 것이다.(頤養正也)"고 하였다. '대축大畜'이 크게 기르고, 삼라만상을 기르는 것을 뜻한다면, 이頤는 양정養正을 뜻한다. 특히 인사人事에 대한 모든 것을 기르는 것이 이괘라 할 수 있다.

사람을 기르는 데는 여러 가지가 있다. 즉 양기養己・양어인養於人・양인養人・양친養親・양덕養德・양지養志・양구체養口體 등이 있다. 이 중에서 양덕이 가장 중요하다. 여기서 '이頤'는 '양기와 양인, 양어인'일 것이다. 양기는 자기 자신을 기르는 것이며, 양인은 사람을 기르는 것이며,

양어인은 남이 나를 길러준다는 뜻을 다 가지고 있다.[66] 또 이괘는 『맹자』
에서 증자는 아버지 증석曾晳에 대하여 양지養志하였으며, 아들 증원曾元
은 증자에 대하여 양구체養口體하였다.[67]라는 이 말은 증자와 증원이 부
모에게 행한 양養에는 질적인 차이가 있음을 말한 것인데, 입과 몸을 봉양
하는 것도 중요하지만 뜻을 봉양함이 더 중요하게 여긴다는 말이다. 따라
서 황윤석이 거문고를 연주하는데 기교만을 일삼는 것이 아니라 자기 자
신을 바르게 기른다는 뜻도 내포되어 있다. 또 양養이란 공부한다는 뜻도
포함되어 있다. 통달하였다고 하더라도 이것을 유지하기 위해서는 많은
노력이 필요하다는 말이다. 이 노력이 바로 공부인 것이다. 또 이괘의
괘상을 보면 위는 산이다. 산의 괘덕은 지止로서 황윤석의 공부는 즉 지
어지선止於至善에 머물고자 노력하는 뜻도 포함된다.

그리고 산뢰이괘는 땅 속에 우레가 있는 것으로 우레가 산 밑에서 울릴
때 초목이 싹트며, 식물은 뿌리가 땅 속으로 먼저 내린다. 즉 우레가 움직
여서 만물이 생生하는 것이므로 거문고의 소리로 인해서 만물을 살릴 수
있다는 것이다. 이괘는 의미 있는 많은 것들이 함축하고 있으며 황윤석
자신이 금명으로서 증표로 삼고 싶을 만큼의 괘상인 것이다.

황윤석은 산뢰이괘의 상을 거문고에 비유했듯이 이를 잘 대변해 주는
고금에 대한 일화를 아래와 같이 소개하고자 한다.

"무명씨의 詩에 이르기를,
'오동나무의 몸은 成謹甫[成三問의 字]　　　　　桐身成謹甫
밤나무의 아래는 朴監司[朴彭年의 관직명]　　　栗腹朴監司
물건이 사람과 더불어 귀중해졌네.　　　　　物與人俱重
正氣는 乾坤에 있고　　　　　　　　　　　正氣乾坤在

---

66) 김병호 강의·김진규 구성, 『亞山의 周易講義』上, 부산: 소강출판사, 1999, 493-
　　494쪽.
67) 『맹자』「離婁」上 참조.

希音은 律呂를 따랐네.'"   希音律呂隨

　…(중략)… 가령 (고금)을 내가 살 수만 있다면 千金이라도 아끼지
않으리. 하지만 살 수가 없네. 잠시 한 수의 절구를 지어 기록한다."[68]

　위의 인용문에서 고금은 성삼문이 뜰 앞에 오동나무를 직접 심었고,
박팽년이 손수 밤나무를 정원에 심어 놓았다고 한다. 이 오동나무와 밤나
무를 가지고 거문고를 만든 것이 바로 이 고금이다. 거문고는 대개 오동
나무와 밤나무로 만들어진다. 거문고의 앞판은 오동나무로, 뒤판은 밤나
무로 만들어진다. 앞판에 오동나무를 사용한 이유는 앞판에 있는 울림통
이 잘 울리게 하기 위함이고, 뒤판은 거문고가 잘 부숴 지지 않게 하려고
단단한 밤나무를 사용한다.[69] 이 고금의 앞판은 이괘의 상구로 오동나무
인 성삼문(成三問, 1418~1456)을, 뒤판은 산뢰이괘의 초구로 밤나무인 박
팽년(朴彭年, 1417~1456)으로 묘사하였다. 거문고 위와 아래 판을 성삼문
과 박팽년으로 사람을 사물에 비유하여 묘사하였다. 1장 2절 1항에서 언
급하였듯이 황윤석은 사람과 사물의 차이를 지적 영명성靈明性에서 찾았
고 또 인물성동론을 주장하였다. 그래서 사물에 동물과 같은 생물체만을
포함시킨 것이 아닌 무생물체도 포함한다는 측면에서 사물을 보았다. 황
윤석이 거문고의 오동나무와 밤나무를 나무자체의 성질만을 갖고 이 고

---

68) 황윤석,『이재난고』2책 권12 402쪽. 無名氏詩曰 桐身成謹甫 栗腹朴監司 物與人
　　俱重 □□□暗持 正氣乾坤在 希音律呂隨 …使余可買雖千金不惜 而不可得 姑
　　以一絶記之.
69) 성삼문과 박팽년의 나무로 만든 거문고에 대한 일화는 成海應의「雙節琴記」에도
　　보인다. 여기서는 성해응의 부친인 成大中이 성삼문의 집과 박팽년의 집에 있는
　　소나무를 베어서 손수 거문고를 만들었다는 기록이 보인다. 하지만 황윤석은 성대
　　중보다 3년 앞선 학자로서 김용겸이 소개한 거문고는 성해응의「쌍절금기」에 나오
　　는 거문고는 아니다. 황윤석이 본 거문고는 조선전기에 있었던 거문고이고, 성해응
　　이 소장한 거문고는 조선후기의 거문고다.

금을 설명한 것은 아니다. 이 오동나무와 밤나무에는 성삼문과 박팽년의 꿋꿋한 정기가 이면에 내포되어 있기 때문에 이 고금의 울림이 다른 고금의 울림과는 차원이 다른 것이다.

황윤석은 성삼문과 박팽년의 정기가 서린 이 고금을 유독 좋아하였다. 그래서 이 고금을 들고 성삼문의 집터와 신주神主가 보관되었다가 발견된 장소를 가늠해 보면서 두 선비를 기리는 만시輓詩를 다음과 같이 지었다.

朴栗成桐幷美難　박팽년의 밤나무와 성삼문의 오동나무는[古琴] 아름다움을 나란히 갖추기가 어렵다네.
炎天霜雪尙餘寒　여름철인데도 서리 발 같은 기상이 오히려 추위가 남아 있네.
誰能爲我千金購　누가 능히 내황윤석를 위해서 千金을 주고 거문고를 사 주겠는가?
歸向逍遙月下彈　돌아가서 소요하며 달 아래에서 (거문고를)타 볼 꼬.70)

황윤석은 성삼문과 박팽년의 거문고를 보고 감정을 주체할 수가 없었는데, 두 선비의 절개는 막상막하莫上莫下하여 누가 더 굳은지 평가할 수가 없었다. 즉 '정인심'과 '양성정', '성삼문'과 '박팽년' 모두를 어느 하나라도 소홀히 할 수 없었던 대대관계待對關係로 자신의 정신 내면에 유지되어야 할 금도의 세계였다. '정인심과 양성정'이 하나의 대대관계이고, '성삼문과 박팽년'이 또 하나의 대대관계가 성립되므로 두 부류 다 중요하여 어느 것 하나도 소홀히 할 수 없는 존재들인 것이다. 그는 이 넷의 세계를 거문고와 그 음악에서 찾으려 하였다. 따라서 여기서도 그의 금도의 한 단면을 읽을 수 있었다.

70) 황윤석, 『이재난고』 2책 권12 404쪽.

3. 황윤석의 풍류생활상

풍류風流란 속되지 않으며 운치 있는 일 또는 음악을 일컫는 것으로, 많은 뜻을 내포하는 용어이다. 풍류는 역대로 그 의미를 달리한다. 고대 사회에서는 국중대회國中大會를 통한 제의성祭儀性과 유희성遊戲性으로, 신라에서는 고대의 제의성을 유지하면서 화랑의 사상적 회통성會通性으로 인식하였다. 고려시대에서는 전대의 풍류를 계승하면서도 이를 시문 창작과 밀착시켰다. 조선조에서는 고려조의 시문학에 나타나는 방탕한 유희성을 극복하는 측면에서 새로운 성리학적 미의식이 등장하였다.[71] 특히 조선시대는 선비들이 좋은 자연경관 속에서 시詩·서書·금琴·주酒로 노니는 것을 소위 풍류라 하여 생활의 주요 영역으로 삼았다. 문인들이 남긴 시문詩文에는 생활 속에서 시詩·서書·금琴·주酒를 즐겼다는 내용이 많고 또한 좋은 경치를 찾아다니며 자연을 즐기는 것을 매우 중시하여 시문[72]이나 기행문을 짓기도 하였다.

그리고 이들은 예禮와 더불어 악樂을 수신修身의 학문으로 여기고 거문고를 즐겨 연주하였다는 사실은 조선후기에 전하는 고악보古樂譜와 시詩·서書·화畵 등을 통해서 알 수 있다.[73] 이 풍류는 시나 문장의 형태로 전달되면서 문학적인 축적이 가능하게 하였고, 풍류생활의 주 내용 중의 하나인 음악은 나름대로의 뚜렷한 음악문화를 형성할 수 있게 하였다. 예컨대 거문고는 조선후기에 궁중음악과 선비들의 풍류방 음악의 대표적인 악기로 자리매김 되었고, 또한 김홍도(金弘道, 1745~1805), 이경윤(李慶胤, 1545~1611) 등의 풍속화[74]에도 거문고는 빠지지 않을 정도로 선비

---

71) 정우락, 「조선시대 선비들의 풍류방식과 문화공간 만들기」, 『퇴계학논집』 제15호, 서울: 퇴계학연구원, 2014.
72) 한국국학진흥원, 「조선시대 선비들의 풍류」(http://story.ugyo.net)참조.
73) 송혜진, 앞의 논문, 221~242쪽.
74) 김홍도의 「觀山圖」·「竹籬彈琴圖」·「松下閑居圖」·「松下壽老圖」·「東籬採菊」

들에게 거문고는 풍류생활 도구 중 하나였다. 현재 전승되는 조선후기 고악보古樂譜의 대부분이 거문고 악보인 사실에서 볼 때, 당시 선비들이 가장 즐겨 연주했던 악기는 거문고였음을 쉽게 알 수 있다. 그리고 음악과 관련된 것뿐만 아니라 개인의 생활에서 집안에 정원을 가꾸어 자연을 가까이 하는 것, 벽에 산수화를 걸어두고 자연을 완상하는 것, 거문고나 가야금 같은 악기를 서재에 걸어두고 글 읽는 시간 외에 어루만지는 것 등도 풍류의 한 모습이 되기도 한다. 생활에서 나타나는 다양한 모습들도 풍류에 포함시켜서 황윤석의 풍류모습을 다루고자 한다.

황윤석이 풍류를 처음 시작한 계기는 『현학금보』를 통해서이다. 이 『현학금보』를 계기로 연주하면서 자신의 마음을 바로 잡고자 하였다. 예컨대 3장 1절 2항의 금도 부분에서 황윤석이 〈몽청현금가〉와 〈현학금〉 등의 시를 짓는 행위도 일종의 홀로 즐기는 풍류에 속하는 풍류방식인 것이다. 그리고 황윤석은 『현학금보』를 통해서 거문고를 만들었다. 거문고는 선비들의 수양의 도구로서 이것을 만든 행위와 『현학금보』를 만든 그 자체도 독락獨樂하는 풍류75)방식이라 할 수 있다. 혼자서 마음을 바로 잡으면 마음이 무념 무상하여 연주 또한 경지에 이룰 수 있는 것이다.
　　먼저 황윤석이 필사한 『현학금보』의 표지를 살펴보면, 아래와 같이 주희의 〈이빈로[賓老는 이려李呂의 자, 1122~1198]의 옥간시를 읽고 우연히 지음〉와 조가祖可76)의 〈무현금〉 두 편을 볼 수 있다.

등의 대표작. 이경윤의 작품인 「月下彈琴圖」, 이 圖는 한 선비가 둥그렇게 뜬 달을 마주하여 바위산 아래에 자리를 잡고 앉아 줄 없는 거문고를 타고, 동자는 그 뒤에서 차를 달이고 있는 장면이다.

75) 정우락은 앞의 논문에서 선비들의 풍류방식을 독락하는 풍류와 함께하는 풍류로 구분 짓고 있는데, 독락하는 풍류는 緊酬酌을, 함께하는 풍류는 閒酬酌을 함을 강조하였다.

76) 송나라의 승려, 호는 癩可, 조가는 시를 잘하였는데 惡疾에 걸려서 '나가'라고 불렀

〈그림 3-14〉『玄鶴琴譜』표지에 있는 朱熹와 祖可의 詩

"「이빈로[李賓老, 李呂]의 옥간시를 읽고 우연히 지음.(讀李賓老玉澗
詩偶成)」

獨抱瑤琴過玉溪	홀로 瑤琴을 안고 옥계를 지나가니,
朗然淸夜月明時	낭연히 밤은 맑고 달은 밝았네.
只今已是無心久	지금껏 무심히 살아 온 지 오래인데,
却怕山前荷蕢知	산 앞에 삼태기 메고 가는 사람 알가 두렵구나."77)

다고 함.
77) 朱熹, 『朱子大全』 卷7, 「讀李賓老玉澗詩偶成」.

"「무현금無絃琴」
琴到無絃聽者稀   거문고에 줄이 없어 듣는 이 적으리니
古今惟有一鍾期   알아듣는 사람은 고금에 오직 종자기만 있었도다.
幾回擬鼓陽春曲   陽春曲을 몇 번이나 흉내 내었던가.
月滿虛堂下指遲   달빛만 가득한 텅 빈 집에 (거문고 뜯는)손길이
                  더디네."[78]

　주희와 조가의 시 두 편의 내용은 위와 같다. 옛날 문인들이 자신은
직접 금을 탈 수는 없었지만, 금의 운치를 사랑한 정신, 그리고 무현금無
絃琴에 마음을 의탁한 선비정신을 가지고 있었다. 이 두 편의 시는 금의
기예技藝에 의한 소리에 집착하기보다는 금을 타려는 본래의 취지가 무엇
인가를 인식하는 것이 더 중요하다는 의미를 담고 있다. 황윤석 또한 주
희와 조가의 시를 통해서 거문고 음악의 기술적인 솜씨보다 그 정신세계
를 보다 중시했기 때문에『현학금보』를 편찬한 것으로 해석된다. 그리고
이 두 편의 시는 문인들이 풍류세계를 대변해 주는 대표적인 시이다. 즉
도연명의 무현금세계를 향하고 있으며, 백아와 종자기와 같은 벗을 구하
는 정도로 독락하는 풍류의 세계를 표현하는 대표적인 시인 것이다. 또
요금瑤琴을 언급하였다는 사실은 주희의 자취를 밝아서 자신의 삶을 영위
해 간다는 뜻에서 주희의 시를 실은 것이다. 즉 황윤석은 자신의 독락하
는 풍류방식을 주희와 조가와 같은 부류로 놓고 싶었던 것이다.
　그리고 황윤석은 주희와 조가뿐만 아니라 거문고를 직접 연주할 수
있기를 바라는 맘에서 또 한 사람을 아래와 같이 언급하였다.

　　나는 이 때문에 항상 六一居士(歐陽修, 1007~1072)가 琴을 즐긴
　것처럼 琴을 하나 가지고 싶어 하였다. 하지만 이미 갖게 되었어도
　그것을 연주하거나 노래에 맞추는 방법을 알지 못하니 그저 소장하는

---

78) 祖可,『禪宗雜毒海』卷6,「無絃琴」.

것일 뿐인데, 그저 바라보는 것일 뿐이니, 어찌 옳겠는가?79)

앞서 언급하였듯이 황윤석은 주희와 조가뿐만 아니라 궁극에는 구양
수의 풍류방식을 지향하고 싶었다. 구양수는 자기가 애호하는 것, 즉 장
서藏書와 고대의 금석문金石文, 고금, 바둑판, 술병 등 다섯 가지 사물에다
자신을 포함시켜 스스로 육일거사六一居士라는 호를 붙였다. 황윤석은 구
양수가 금을 가지고 풍류 한 것처럼 자신도 금을 간직하며 즐기고 싶었
다. 구양수는 자신의 작품에서 음악에 대한 조예가 상당히 깊은 것을 알
수 있다.80) 따라서 황윤석은 구양수의 시문詩文의 세계와 악樂을 즐기는
유유자적함을 이상으로 한 풍류를 지향하고자 하였다.

이러한 풍류는 오직 거문고 연주를 통해서 가능하다는 사실을 황윤석
은 아래와 같이 설명하였다.

"이때 이 악보를 살펴보건대, 그 法을 상고해서 16棵와 6絃 위에서
연주한다면 장차 太古의 소리를 듣게 될 것이고, 손가락을 움직일
때마다 나의 답답함이 풀어지고 나의 정회가 펼쳐질 것이니 훌륭하고
넉넉하구나! 오직 琴과 더불어 짝해 있다면 어찌 즐겁기 않겠는가?
여기에 이것을 기록해서 이 악보와 더불어 대조하게 하였다. 때는
丁卯年(1747) 9月이다."81)

위 인용문에서 황윤석 자신을 위로해 줄 것은 오직 거문고의 넉넉한
소리이며 이 거문고와 한 몸이 된다면 즐겁지 않을 이유가 없다는 것이

---

79) 황윤석, 『이재난고』1책 권1「梁琴新譜寫本跋」58쪽. 余是以常欲蓄一張如六一
之一 而然念既蓄 而又未知援鼓倚歌之節 則是徒蓄之而己 目之而己 其可乎哉.
80) 구양수의 秋聲賦와 醉翁亭記 참조.
81) 황윤석, 『이재난고』1책 권1「梁琴新譜寫本跋」58쪽. 按是譜 攷其法 以移於十九
棵六絃之上 則將見太古之聲 一一應指 而吾之壹鬱 或以此宣之 吾之情懷 亦以
此暢 優哉遊哉 惟與琴相伴 豈不樂歟 姑書此 與是譜相約 時丁卯高秋也.

다. 즉 황윤석은 거문고와 친구가 되어서 함께 즐기고자 한 것이다. 황윤석은 『현학금보』를 소장하면서 혼자서 풍류를 즐겼는데, 혼자 즐기는 풍류의 세계는 자연과 하나 되고, 소리 즉 거문고와 하나가 되는 것이 주된 목적인 것이다.

앞에서 언급했듯이 풍류에는 다양한 행위가 있었다. 그 다양한 행위 중에는 크게 독락하는 풍류와 함께하는 풍류로 나누어 질 수 있다. 이때까지 황윤석의 독락하는 풍류를 살펴보았다면 다음은 함께하는 풍류를 살펴볼 것이다.

함께하는 풍류는 『맹자』 「양혜왕·하」에서 맹자와 제나라 선왕이 음악에 대하여 나눈 대화가 나온다. 여기서 맹자가 "혼자 음악을 연주하여 즐기는 것과, 다른 사람들과 더불어 음악을 연주하여 즐기는 것 가운데 어느 것이 더 즐겁습니까?"(曰獨樂樂 與人樂樂 孰樂)라고 묻자, 선왕은 "남과 함께 하는 것만 못합니다."(曰不若與人)라고 하였다. 여기서 우리는 다른 사람들과 함께 즐기는 여락與樂 내지 동락同樂의 풍류가 선비사회에 오랜 전통으로 내려오고 있었던 사정을 알게 된다. 함께 즐기는 풍류로는 시회詩會와 선유船遊, 그리고 산수유람山水遊覽 등이 있을 것이다.[82] 그러나 여기서는 선유와 산수유람은 포함시키지 않고 시회와 일상생활에서 나타나는 풍류만을 대상하여 함께하는 풍류를 살펴볼 것이다. 즉 선유와 산수유람은 일상생활에 포함하기에는 많은 시간과 준비가 필요하고 또 황윤석의 풍류생활상에는 초점이 맞지 않다고 생각되기 때문이다. 따라서 함께하는 풍류에는 시회나 일상생활과 관련된 내용들만을 포함시키고자 한다.

먼저 가까운 벗이나 지음들과 나누는 정에서 함께하는 풍류를 볼 수 있겠다. 황윤석은 야회에서 거문고 음악과 함께 정든 친구와 이별의 정을 아래와 같이 나누기도 하였다.

---

82) 장우락, 앞의 논문 참조.

"장차 돌아가려 함에 鄭弼良(字는 德徽)이 전송하여 냇가까지 이르
러 거문고을 타며 이별의 정을 나타내니 선생[황윤석]이 〈功名歌〉와
〈泰山歌〉를 불렀다."[83]

위의 인용문에 의하면 황윤석은 정필량(鄭弼良, ?~?)과 이별의 정을 나
누기에 앞서, 백아伯牙와 종자기鍾子期처럼 지음知音을 나누고자 하였다.
정필량은 거문고를 연주하고 황윤석 자신은 〈공명가功名歌〉와 〈태산가泰
山歌〉로 화답하였는데, 〈태산가〉는 양사언(楊士彦, 1517~1584)의 시조
로 추정되고, 〈공명가〉는 양반 가문에서 태어나 공부를 많이 하고도 벼슬
한 번 못하고 늙어버린 인생의 허망함을 노래한 내용일 것으로 추정된다.
이 두 곡은 황윤석이 야외에서 불렀고 또 정필량을 배웅해 주는 상황에서
석정의 아쉬움을 기리는 뜻에서 불렀던 곡이라 장가일 가능성은 희박하
다. 그리고 〈태산가〉가 시조인 만큼 〈공명가〉도 시조일 가능이 클 것이
다. 왜냐하면 3장 2절 2항에서 황윤석은 송순의 시조뿐만 아니라 다양한
시조를 기록한 사실이 있기 때문에 시조일 것으로 추정된다. 여기서 황윤
석의 풍류는 거문고 반주에 시조를 얹어 부르며 벗과 함께 소박하게 지음
을 나누고 이별의 정을 나누려는 애틋한 맘이 오롯이 전해지는 풍류를
하였다.

황윤석뿐만 아니라 홍대용도 벗과 지음을 나누고자 하였는데 그 내용
은 아래와 같다.

"작년 여름 내가 홍덕보의 '담헌'에 갔을 때 마침 담헌이 琴師 延某
[延益成, 장악원 전악]와 거문고를 논하고 있었다. 이때 금방이라도
비가 쏟아질 것처럼 동쪽 하늘가에 먹구름이 잔뜩 끼어 있었는데 뇌성

---

83) 황윤석, 『(國譯) 이재유고』I (박순철·노평규·김영 譯, 전북대학교 이재연구소,
서울: 신성출판사, 2011), 將歸 丁公(弼良) 送至川上 鼓琴舒別 先生爲唱功名歌
泰山歌. 184쪽.

벽력이라도 쳐버리면 금방이라도 용이 살아 꿈틀거릴 것 같았다. 잠시 뒤 뇌성이 꽈르릉! 하고 지나간다. 그때 담헌이 금사 연익성에게 저 소리는 어느 음에 속할까? 하고 거문고를 들어 그 소리를 맞춘다. 나는 이 곡조를 마침내 '天雷操'라고 이름 지었다."[84]

위의 인용에서 홍대용은 거문고를 좋아하는 차원을 넘어서 즐긴 모습을 볼 수가 있다. 홍대용의 거문고 연주가 탁월하다는 사실은 익히 알고는 있으나, 작곡까지 한 사실은 모를 수도 있을 것이다. 홍대용은 한 여름에 뇌성벽력이 치는 그 순간을 포착하여 곡조로 담아 두고자 연익성(延益成, 1724~1776)과 함께 '천뢰조天雷操'라는 곡을 만들었다. 홍대용이 이 거문고 곡조를 만들 정도면 그의 예술세계는 경지에 이르렀다고 말할 수 있을 것이다. 따라서 황윤석은 벗의 거문고 반주에 시조를 부른 풍류라면 홍대용은 벗과 뇌성벽력에 맞춰 거문고 곡을 만든 풍류라는 것을 알 수 있다. 하나는 성악과 하나는 작곡이라는 풍류로 나누어지지만 결국에는 이 둘은 벗들과 지음을 나눈 것만은 사실이다. 따라서 황윤석과 홍대용은 백아와 종자기와 같은 벗을 구하고 또 벗으로 인정하여 서로 지음을 나누는 풍류인 것이다. 즉 홀로인 것도 아니고 여럿이 어울리는 것도 아닌 오직 두 사람만을 통해서 나누는 풍류방식인 것이다.

황윤석과 홍대용이 거문고를 통해서 친구와 둘 만의 지음을 나누었다면, 다음 글에서 황윤석은 여럿 친구들과 함께 거문고뿐 만 아니라 투호를 즐긴 모습을 아래 글들에서 볼 수 있다.

"(27일 무인)이미 豆毛浦에 이르러서 趙永柔의 집안에 들어갔으나 永柔는 서울에 들어가서 맏아들 仁叔「鎭宅」이 정성껏 대접하여 영유

84) 박지원,『燕巖集』卷3「夏夜讌記」. 去年夏 余甞至湛軒 湛軒方與師延論琴 時天欲雨 東方天際雲色如墨 一雷則可以龍矣 旣而長雷去天 湛軒謂延曰 此屬何聲 遂援琴而諧之 余遂作天雷操.

께서 돌아오실 때까지 기다리시라고 하였다. 반나절을 인숙과 더불어 南大軒에 함께 들어가서 유숙하였는데, 점심 뒤에 투호하고 거문고 비껴 안고도 참으로 즐거웠다."85)

"(27일 정미)저녁에 수령과 더불어 거문고 연주하고 노래 부르며 이야기꽃을 피웠다. 이 날 밤 3경에 나가서 돌아와 담소를 나누고 延安 李永芳을 만나서 서로 대화를 나눴다."86)

"(이 달 18일) 종일 東軒에서 담소 나누고 토론하며 투호하고 거문고 연주하여서 자못 술과 음악이 없는 것조차도 저녁 사이에 서늘한 기운이 생겼다. 수령에게 말하여 잠시 李上舍를 방문하고 집에 돌아왔다."87)

황윤석은 독락하는 풍류와 둘만의 지음을 나누는 함께하는 풍류방식을 살펴보았는데, 위의 인용에서는 황윤석은 거문고와 노래뿐만 아니라 투호를 즐기는 모습을 볼 수 있다. 이제 황윤석의 풍류방식은 거문고와 노래에서 오락성이 추가된 투호를 즐기는 모습도 볼 수 있었다. 투호는 명절이나 혹은 궁중 기로연耆老宴에서 자주하던 놀이로 황윤석은 명절에 투호를 한 것은 아닌 듯하다. 동헌에서 투호하고 거문고 연주하였다는 사실은 지방 관아의 연향인 외교사신 영접과 관련되었거나, 혹은 신임관료를 환영하기 위해서 혹은 향중의 노인들을 위한 양로연88)등 중 하나일 것으로 추정된다. 여기서 황윤석은 지음을 나누기 보다는 뭇사람들과 담

85) 황윤석,『이재난고』1책 권4 159쪽. (二十七日戊寅) 旣至豆毛浦 入趙永柔家 則永柔入京矣 其胤仁叔「鎭宅」款接 爲待永柔歸 留半日 與仁叔並入南大軒 午飯後投壺橫琴亦足樂也.
86) 황윤석,『이재난고』1책 권2 105쪽. (二十七日丁未) 夜與主倅琴歌談穩 是夜三更出來 逢延安李君永芳相話.
87) 황윤석,『이재난고』1책 권3 108쪽. (是月十八日) 終日談討于東軒 投壺鼓琴 頗從無酒樂也 夕間涼生 辭主倅 暫訪李上舍 歸家.
88) 임미선,「조선후기 지방의 연향」, 한국음악연구 제46집, 한국국악학회, 2009, 245쪽.

소 나누거나 혹은 거문고와 투호로서 사교를 나누며 유대관계를 형성하기 위한 풍류방식인 것이다.

　조선후기에 이르면 중국 문화 예술에 대한 관심이 높아지면서 금에 대한 인식도 새롭게 초래되었다. 이러한 금에 관해 새롭게 인식시킨 장본인이 홍대용이다. 홍대용은 34세(1765)에 9살 연상의 숙부 홍억(洪檍, 1722~1809)을 따라서 북경을 방문했다. 이때 악기상점을 운영하던 유씨를 만나 금을 배우려 시도한 일을 기록한 「금포유생琴鋪劉生」을 살펴보면 다음과 같다.

　　금(唐琴)을 잘 타는 분을 만났는데 성은 劉氏이고, 太常寺의 伶官입니다. 현재 그는 유리창에서 점포를 열어 두고 완상용 器物을 판매하고 있습니다.…그 중에 또 하나는 '바위 위의 맑은 샘, 향기로운 소리 더욱 높구나' 라고 제목 하여 놓은 것이 있었다. 이익을 시켜 그것을 사려고 하였더니, 유생이 말하기를, "이것은 어느 宰相家의 물건으로, 줄을 갈기 위해서 가져다 놓은 것이니 팔수가 없습니다."하였다.…유생만이 들어왔는데 絃琴을 보더니 나에게 한 번 연주해 보라고 하였다. 나는 먼저 몇 곡을 연주한 뒤에 유생에게 評을 하라고 청하니, 유생은 두 번 세 번 좋다고 칭찬하다가, 나중에 가서 말하기를, "중국의 琴는 성인의 大樂입니다." 하였다. 내가 또 유생에게 금을 연주해 달라고 권하니 그가 먼저 한 결을 연주하였는데, 곧 「平沙落雁」 12장이었다. 또 청하였더니 그는 「思賢操」 두어 장을 연주하다가 그만두었다.…(중략)악사가 마침 와서 「평사낙안」 두어 장을 배우고 있었다.…(중략)다만 악사와 더불어 그가 배운 것을 밤마다 따라 익히어 「평사낙안」 7~8마디를 대강 터득했다.[89]

89) 홍대용, 『湛軒書』 外集 卷7 燕記 琴鋪劉生. 瀁因言訪得解琴者 姓劉 是太常伶官 方在琉璃廠 開舖賣器玩…(중략)又有一張 題石上淸泉香韻尤高 余使李瀁淸買 劉云是宰相家物 要張新絃而來 不可買…(중략)獨劉生入來 見玄琴 要余一彈 余先彈數闋 請劉生評品 劉只再三稱好而已 終曰中國之琴 乃聖人大樂 余又勸劉生皷琴 先皷一闋 乃平沙落鴈十二章 再請 皷思賢操數章而止…樂師

위의 인용에서 흥미로운 일은 홍대용의 현금 즉 거문고 연주일 것이다. 홍대용의 거문고 연주 실력은 조선에서뿐만 아니라 중국 악공인 전문가조차도 실력을 인정하였으니 가히 조선의 명인이라 할 만 하였다. 또 흥미로운 일은 유씨에게서 〈평사낙안平沙落雁〉 12장과 〈사현조思賢操〉 2장을 연주를 듣고 다음 날 〈평사낙안〉 2장을 배웠다는 사실이다. 그리고 숙소에 돌아와 〈평사낙안〉을 연습한 결과 〈평사낙안〉의 7장과 8장까지도 연주할 수 있게 되었다는 것이다. 이는 홍대용이 조선의 금뿐만 아니라 중국의 금까지도 사랑하는 즉 국경을 초월한 금에 대한 사랑이라 할 수 있겠다. 이 또한 하나의 풍류방식으로서 한 사물에 대한 애호보다 더 이상의 것이라 할 수 있겠다.

한편 홍대용이 배운 〈평사낙안〉은 「소상팔경瀟湘八景」 중의 하나로 말 그대로 '모래밭에 내려앉는 기러기'를 뜻한다. 〈평사낙안〉은 보통 두 가지 해석이 가능한데, 경물景物 그 자체를 노래한 작품 세계와 경물을 통하여 인간의 삶을 노래한 작품 세계로서 말이다. 이것은 인간과 거리를 두고 있는 자연물일지라도 인간과 별개의 독립된 공간의 자연이 아닌 인간의 삶과 늘 유기적 관계에 놓여 있다는 사고방식, 나아가 인간조차 우주와 자연의 일부라고 생각했던 사유체계 등에서 마련된 상징체계인 것이다.90) 이런 점을 감안해 보면, 〈평사낙안〉은 홍대용의 '인물균人物均'과도 무관하지 않을 것으로 추측해 본다. 홍대용의 '인물균'의 사상은 '사람과 생명체는 균등하다는 생각'에서 나온 것으로, 사람과 자연이 근본적으로 다를 게 없다는 관점이다. 이 관점을 홍대용이 무생물체인 거문고에 의미 부여한 것인지 모른다. 즉 무생물체인 거문고도 '인물균'에서 '물'에 속하

適至 學平沙落鴈數章…惟與樂師傳其所學 夜輒習之 粗得平沙落鴈七八段而已. 번역은 고전국역총서 76, 『국역 담헌서Ⅳ』 참조 및 인용 39쪽.
90) 전경원, 「「소상팔경」 한시의 함의와 정서적 기여-평사낙안을 대상으로-」, 『겨레어문학』 27집, 서울: 겨레어문학회, 2001, 86~87쪽.

므로 홍대용 자신과 거문고가 서로 균등하다는 것이다. 거문고가 홍대용
이요 홍대용이 거문고가 될 수 있다는 사고체제가 이루어진다. 따라서
홍대용은 조선에서도 벗들과 함께 어울려 거문고 연주하고 작곡하며 풍
류방식을 영 위어 갔고 또 중국에서도 조선에서와 같이 서로 음악에 대해
뜻이 맞으면 함께 하는 풍류방식을 한 사실을 알 수 있다.

한편 황윤석은 김용겸이 낭선군朗善君 이우(李俁, 1637~1693)[91]의 고
금을 빌려와서 연주한 사실이 있는데, 이 사실을 다음과 같이 서술하였다.

> "김어르신[김용겸]이 가서 죽은 朗善君【이름이 俁, 자는 碩卿】의
> 고금을 빌려 왔다. 고금은 매우 아름다웠고 낭선군이 손수 쓴 篆字와
> 楷字의 글씨가 있다. 김어르신[김용겸]이 『양금신보』 및 다른 악보를
> 상고해서 慢大葉 한 곡조를 탔다. 또 술을 내와서 나에게 억지로 먹였
> 는데, 나는 어르신께서 하사한 것이라 감히 사양할 수가 없었다."[92]

위의 인용문에서 황윤석은 김용겸이 빌려온 이우李俁의 고금을 함께
완상하였다. 완상하고 난 뒤 김용겸이 『양금신보』와 다른 악보를 참고하
여 황윤석을 위하여 만대엽[93]을 연주하였다. 김용겸은 장악원掌樂院 제조
提調로서 악률에 대해 조예가 깊어 황윤석에게 많은 음악에 대한 조언과

---

91) 이우는 宣祖의 열두째 아들인 仁興君 李瑛의 큰아들로 조선 중기의 종실출신
　　서화가이다.
92) 황윤석,『이재난고』2책 권12 408쪽. 金丈適借故朗善君「名俁字碩卿」古琴 琴品
　　甚佳 有朗善手書篆楷字 金丈按梁譜及他譜 旣自彈慢大葉一曲 又出酒强余 余
　　以長者賜也 牢辭不敢.
93) 한국음악학계에서 만대엽과 중대엽이 언제까지 연주되었는지 구체적으로 알 수
　　없었다. 이익의『성호사설』에 만대엽은 단절된 지 이미 오래되었고, 중대엽도 좋아
　　하는 이가 없어 거의 연주되지 않는다고 한 기록으로 대략적으로만 추정해 왔다.
　　『이재난고』에서 삼대엽(慢大葉·中大葉·數大葉)이 연주된 것을 보면 불완전하게나
　　마 이 시기에도 연주되었을 가능성을 시사하고 있다. 따라서 황윤석 당시 만대엽이
　　연주된 것을 보면, 18세기에도 만대엽은 완전히 사라지지 않았다는 사실을 확인시
　　켜 준다.

가르침 그리고 많은 서적들을 빌려주고 구해주었다. 황윤석은 이때 김용
겸의 권하는 술을 마셨는데, 함께 즐기는 풍류에서 한수작閒酬酌은 빼놓
을 수 가 없다. 따라서 윗글에서는 고금을 함께 완상하고 한 사람이 만대
엽을 연주하면 또 한 사람은 그 음악을 감상하고 또 한수작까지 곁들인
모습을 알 수 있다. 이것은 조선시대 선비들의 기본적인 풍류방식으로
시·서·금·주에 부합된다. 여기서 시와 서는 빠지게 되더라도 황윤석
과 김용겸은 조선시대 선비들의 기본적인 풍류방식을 선택해서 함께 즐
겼다는 것을 알 수 있다.

황윤석은 노래뿐만 아니라 시회詩會나 일상생활 중에도 거문고, 노래,
투호 등의 풍류방식으로 즐겼다. 특히 그는 거문고와 투호 모임을 통해
벗들과 교유하였는데, 이러한 모습은 다음에 제시한 시회詩會를 그린 내
용에 잘 담겨 있다.

> "7월 23일 효효재선생[효효재는 김용겸의 회]을 모시고 석사碩士 이
> 만운, 송정랑宋正郎「익중」, 홍정자洪正字 광일, 신정자愼正字「성진」,
> 장박사張博士「한철」, 남문의南文義「명학」 및 반인 김희중「禮를 아는
> 자」·주영창「詩에 능한 자」와 벽송정에서 노닐었다. 공경하게 唐詩
> 일률을 지어 보인 것을 덧붙여 드림."[94]

위의 인용문에 의하면 황윤석은 한 여름 김용겸을 모시고 여러 문인들
및 성균관 주인 등과 함께 벽송정碧松亭에서 시회詩會를 열었다. 시회에
모인 문인들은 조선후기의 문신들로 모두 관직에 몸담고 있었다. 특히
이 시회에서 이만운의 참석인데, 이만운은 전고典故에 밝은 인물로 선발
되어 홍봉한과 함께 『증보동국문헌비고』를 완성하였고, 특히 고금의 전

---

94) 황윤석, 『이재난고』 5책 권30 576쪽. 七月二十三日 奉陪嘐嘐先生 游碧松亭 與李
碩士萬運 宋正郎「益中」 洪正字光一 愼正字「性眞」 張博士「漢喆」 南文義「溟學」
及泮人金喜重「知禮者」 朱永昌「能詩者」 敬步所拈示唐詩韻一律追呈.

고를 훤히 꿰뚫어 아는 인물이다.[95] 그래서 김용겸과 이만운 그리고 관직에 재직 중인 인물들이 함께하는 시회이니 만큼 정기적으로 모임을 갖고 교유하였을 것으로 보인다. 그리고 주영창은 앞서 3장 1절 1항에 나왔던 인물로, 거문고 연주가 가능하여 황윤석이 때때로 거문고 연주를 감상하던 인물이다. 이 주영창이 시회에도 초대된 것을 보면, 시문 짓고 나서 벽송정에서 악회도 가능했을 것으로 추정된다. 김용겸과 황윤석은 이미 거문고 연주가 가능하고 주영창 또한 연주가 가능하기 때문이다. 따라서 황윤석은 벽송정에서 자연과 흥취를 읊조리는 시를 짓고 또 거문고에 얹어 노래 부르며 여러 사람들과 함께 즐기는 풍류방식을 선택한 것을 알 수 있다.

한편 악회라 하면 홍대용의 '기유춘오악회記留春塢樂會'가 유명한데, 이 모임의 정경이 한 폭의 그림처럼 묘사되어 성대중의 문집에 있다. 성대중이 홍원섭(洪元燮, 1744~?)에게 이야기를 전해 듣고 기록한 글로, 한 살 위인 홍대용이 세상을 떠난 것을 기리며 쓴 글이다. 유춘오 즉 '봄이 머무는 언덕'이란 이 집은 남산 아래(지금의 서울 중부경찰서 밑)에 있던 홍대용 가옥의 별채였다.

"담헌 홍대용은 가야금을 앞에 놓고 聖景 洪景性은 거문고를 잡고 京山 李漢鎭은 소매에서 퉁소를 꺼내 들고 金檍은 양금을 끌어 놓고, 樂院工 普安 역시 국수로 생황을 연주하며 담헌의 유춘오에 모였다. 聖習 兪學中은 노래로 거들고, 嘐嘐齋 金用謙은 나이 덕으로 높은 자리에 앉았다. 맛있는 술로 취기가 돌자 모든 악기가 함께 어우러진다. 정원이 깊어 대낮인데 고요하고 떨어진 꽃잎은 섬돌 위에 가득하다. 궁조와 우조가 번갈아 연주되니 곡조가 그윽하고 요원한 경지로 들어간다. 김용겸이 갑자기 자리에서 내려와 절을 하니, 모든 사람들이 놀라 일어나 피하였다. 김공이 말하였다. "그대들은 이상하게 여기지 말 것이다. 우임금은 옳은 말을 들으면 절을 했었다. 이것이 곧 천상의 음악인데, 늙은이가 어찌 절 한번 하는 것을 아까워 하리오?' 太湖 洪元爕도 그 모임에 참여했는데, 나를 위해 이와 같이 들려주었 다. 담헌이 세상을 떠난 다음해에 쓰다."96)

이 악회에서는 가야금・거문고・퉁소・양금・생황 등의 악기가 나오 고 노래가 곁들어 진 것이 특징이다. 음악 전문가인 금사琴師 김억(金檍, 1746~?)과 장악원의 악공 보안(普安, ?~?)도 함께 자리 한 것을 보면 줄풍 류 연주를 위한 모임인 것 같다. 유춘오악회는 명칭 그대로 풍악을 동반 한 모임으로, 악률에 밝은 김용겸은 당시 이 악회의 존장으로 초빙된 인 물이고, 앞서 언급한 황윤석의 시회에도 존장격으로 참석하였다. 이 모임 에서 세속의 예법이나 격식은 전혀 찾아볼 수 없고 상하의 신분이나 나이 를 잊고 격의 없이 어울린 도시민의 서민적 정취를 느끼게 한다. 이러한 유춘오악회의 음악풍경에는 18세기 문인들이 추구하고자97) 하는 함께하 는 풍류방식의 극대화라고 할 수 있겠다.

황윤석과 홍대용은 각각 시회와 악회라는 용어적 차이는 있지만 그래 도 그들 둘은 김용겸을 존장으로 두고 각각 시회와 악회로서 풍류를 하고 자 하였으며 그리고 그들은 함께 즐기는 풍류방식을 선호한 것을 알 수 있다.

앞서 홍대용은 벗과 둘이서 지음을 나누며 작곡을 하는 풍류방식이

---

96) 성대중, 『靑城集』卷6「記留春塢樂會」. 洪湛軒大容置伽倻琴 洪聖景景性操玄 琴 李京山漢鎭袖洞簫 金檍挈西洋琴 樂院工普安亦國手也 奏笙簧 會于湛軒之 留春塢 兪聖習學中 侑之以歌 嘐嘐齋金公用謙 以年德臨高坐 芳酒微醺 衆樂交 作 園深晝靜 落花盈階 宮羽迭進 調入幽眇 金公忽下席而拜 衆皆驚起避之 公曰 諸君勿怪 禹拜昌言 此勻天廣樂也 老夫何惜一拜 洪太和元爕亦與其會 爲余道 之如此 湛軒捨世之翌年記.

97) 송지원, 「성대중이 묘사한 18세기 음악사회의 몇 가지 풍경」, 『문헌과 해석』 봄 통권22호, 2003, 183쪽.

있었다. 또 악회에서는 가야금을 연주한 사실도 윗글에서 알 수 있다.
홍대용은 음률의 방면에 일가견을 지녔던 바, 그의 거문고 연주는 이한진
의 '퉁소'와 서로 짝을 이루어 당시의 지식인들 사이에 널리 이름이 알려
질 정도였다.[98]고 한다. 홍대용의 이러한 사실을 대변해 주는 글이 아래
에서 볼 수 있다.

> "…대개 出行할 때면 반드시 거문고를 상자에 넣어가지고 다니다가
> 매번 風月이 아름다운 樓臺나 경치 좋은 水石을 만나게 되면 언제고
> 기꺼이 곡조를 골라 타며 즐거워 돌아갈 줄 모르며, 혹은 노래하는
> 계집이나 춤추는 여인들과 어울려, 질탕하고 강개하게 즐기면서 그 잘못
> 인 것은 알지 못하였습니다. 나를 잘 아는 사람들은 절제가 없다고
> 책망하고, 나를 알지 못하는 사람들은 광대로 지목하였으니, 대체 남
> 들의 말이 많은 것이 비록 두렵기는 하였으나 이것은 진실로 하잘
> 것 없는 것이었습니다. 오직 浮浪한 사람들은 그 거칠고 방탕함을
> 좋아하였고, 근신하는 사람들은 그 意志喪失을 냉소하였습니다. 그러
> 므로 방탕아는 날로 친근해지고 씩씩한 선비는 날로 멀어지게 되어
> 어느덧 儒門의 버린 물건이 되고 말았었습니다."[99]

홍대용은 외출하거나 연행 갈 때도 거문고를 보자기에 싸들고 갔을
정도로 '거문고 광'이었다. 거문고는 홍대용에게서 분신이기 때문에 가능
했을 것이다. 또 홍대용은 양금과 슬, 가야금 등의 악기를 연주할 수 있었
으며, 이러한 사실은 이덕무가 '서벽書癖'이듯이 그는 '악벽樂癖'[100]인 것을

---

98) 성대중, 『靑城集』 卷5 「送李仲雲盡室入洞陰序」. 仲雲(이한진의 字) 故多藝 篆學
冠世 旁通音律 簫與湛軒琴 耦而又有阮千里之達.

99) 홍대용, 『湛軒書』 外集 卷1 杭傳尺牘 「與篠飮書」. …凡有所往 必匣而自隨 每遇
風軒月樓一水一石可坐可賞者 必欣然度曲 樂而忘歸 或與歌姬舞女 雜坐爲歡
狂蕩慷慨 不知其不可也 知我者責以無撿 不知我者目以伶人 夫人之多言 雖亦
可畏 此固不足道也 惟浮浪者愛其疎放 謹粬者笑其喪志 是以蕩子日親 莊士日
遠 駭駭乎儒門之棄物矣. 번역은 고전국역총서 74, 『국역 담헌서Ⅱ』 참조 및 인용
65쪽.

알 수 있다. 그리고 그는 자연 경관을 보고 풍류 하였고 또 음악인과 기생들을 대동하고 함께 즐기는 풍류를 하여 '광대'로 오인되기도 하였다. 광대는 소리하는 창자를 보통 지칭하는 말로, 홍대용의 경우는 음악인과 기생들의 연주를 감상하는 입장이 아닌 그들과 함께 연주하는 차원이 되다 보니 광대로 오인된 것으로 보인다. 그래서 여기서는 조선시대의 전형적인 풍류방식에서 시·서가 빠진 금·주가 강조된 풍류와 전문음악인들을 대동하여 함께 즐기는 풍류방식을 볼 수가 있었다.

홍대용은 '악벽'으로 정의내릴 정도의 삶을 살았다. 이 '악벽'으로 살았던 그 이유는 홍대용이 연행 갔을 때의 기록을 보면 알 수 있는데 그 글은 아래와 같다.

"벽 위에 琴와 絃子[胡琴]가 걸려 있기에 '한 번 탄주해서 들려 달라'고 하였더니 탄주할 줄 모른다고 사양하였다. 동쪽으로 문이 있고 발 틈으로 활짝 핀 화분의 꽃이 보였다. 들어가 구경하기를 청하였더니, 즉시 허락하고 같이 들어갔다. 그의 침실이었다. 방위에는 그림을 수놓은 전단이 깔려 있고, 이불과 베개가 매우 화사하였다. 방아래 매화 두 분을 놓아두었는데, 왼쪽은 붉은 것이고 오른 쪽은 흰 것으로, 향기가 방에 가득하였다. 화분은 나무통이었는데, 크기가 아름드리나 되었고, 위아래에 鐵片으로 묶어, 만든 것이 매우 튼튼하였다. 한참 동안 이야기를 하다가 하직하고 나왔다. 아마도 實學을 힘쓰지 않고, 宮室과 기구의 완호품을 꾸미어 남에게 자랑하는 것을 좋아하는 취미인 듯하였다."[101]

---

100) 연구자가 홍대용을 '樂癖'이라 칭한 것은, 조선시대에 글 읽기를 좋아하고 즐기는 버릇, 책 모으기를 즐기는 버릇, 글씨를 쓰는 버릇 등을 가진 이를 '書癖'이라 한다. 또 시 짓기를 지나치게 좋아하는 性癖, 시를 짓는 데 드러나는 그 사람 특유의 괴벽 등을 '詩癖'이라 한다. 이러한 사실에 근거하여 연구자는 음악과 악기 타기를 지나치게 좋아하는 성벽을 '樂癖'이라 부르고자 함. 정민, 「18세기 조선 지식인의 '癖과 癡' 추구 경향」, 『18세기 연구』 제5, 6호, 2002 참조.
101) 『담헌서』 外集 권7 燕記 撫寧縣. 壁上掛琴及絃子 請一聽 徐生辭以未解 東有

윗글은 홍대용이 연행을 가서 무녕현撫寧縣에 사는 서진사徐進士의 집
을 방문하고 나서 기록한 글이다. 서진사집 벽에 금琴과 현자絃子가 걸려
있어서 홍대용은 서진사에게 연주해 줄 것을 부탁하였다. 그러나 서진사
는 연주할 줄 모른다고 사양하였다. 홍대용은 서진사가 금과 현자를 직접
연주할 줄 모르면서 완상만 하기 위해 걸어 둔 것에 대해 비판하였다.
즉 악기는 연주해야 하는 물건이지 가만히 완상만 하는 물건이 아니라는
것이다. 직접 악기를 연주하는 실학實學을 하지 않고 단지 완상으로만
금과 현자를 두는 것을 비판하였다. 따라서 홍대용이 '악벽'으로서 음악에
힘쓴 것은 단지 완상과 풍류를 위해서 한 것이 아니라 실학을 실천하기
위한 방편인 것이다. 몇몇 사람들은 홍대용을 '광대'라고 부르기도 하지만
그는 이것도 실학을 하기 위한 하나의 실천적 방법이었던 것이다.

서명응의 풍류생활은 조선시대 기본적인 풍류인 시·서·금·주에 대
한 뚜렷한 기록은 없다. 단지 그가 1763년에 이 시기부터 본격적인 저술
활동을 시작하여 국가적 편찬사업에 참여했고, 왕세자 입학의入學儀나 국
왕의 친경의親耕儀와 같은 국가 전례典禮를 정리했다.[102] 또 1764년 1월
에 그는 적전籍田에서의 친경親耕을 앞두고 『국조오례의』에 수록된 친경
의가 당唐의 개원례開元禮를 답습하여 복식과 의식 절차가 삼대三代의 것
이 아님을 지적하여 의식 절차를 재정비하고 도설을 붙여 올렸으며[103]
3월의 대보단 제향에서는 '천天'과 '천자天子에 대한 제사'라는 기준을 따
라 제사 일자와 연주할 음악을 제시함으로써 영조의 칭찬을 받았다.[104]

門 從簾隙隱映 見盆花盛開 余請入見 徐生卽許同入 盖其寢室也 炕上舖畫氈
衾枕甚華侈 炕下置梅二盆 左紅右白 香氣滿室 盆以木桶 大可盈抱 上下以鐵片
束之 制甚堅牢也 打話良久辭出 盖其俗不務實學 專尙宮室器玩 以誇悅人也.
번역은 고전국역총서 76, 『국역 담헌서Ⅳ』 참조 및 인용 148쪽.
102) 김문식, 앞 논문 154쪽.
103) 『保晚齋年譜』 卷2 「甲申(1764) 49세」.
104)『保晚齋年譜』 卷2 「甲申(1764) 49세」.

이후 서명응의 국가 전례에 대한 관심은 전례음악으로 넓혀져 1765년 에는 조선의 역대 악장을 모은『국조시악國朝樂章』을 편찬하라는 명을 받 고 음악정비사업에 참여하였다.『동국문헌비고』의 「악고」를 1770년에 전담 집필했으며, 같은 해에 장악원제조를 겸하면서 세종대와 세조대의 악보를 집성한『대악전후보大樂前後譜』를 편찬했다.

정조대 서명응의 음악저술은 1772년 세손世孫 빈객賓客으로 인연을 맺 은 이후 생애의 말년까지 정조를 측근에서 보좌했는데 특히 규장각奎章閣 과 관련한 사업에서 핵심인물로 활동했다. 또한 서명응은 여러 악서들을 집중적으로 검토하여 1780년에『아악도서雅樂圖書』를 편찬하였다.[105] 서 명응은『국조시악』과 함께『시악화성』을 올렸다. 이상과 같이 서명응의 풍류생활상은 보이지 않지만 그의 삶이란 "시에서 흥이 일어나고, 예에서 서며, 음악에서 완성한다."(『論語』 泰伯 8. 子曰興於詩 立於禮 成於樂.) 는 공자의 정신에 입각한 실천하는 음악적 삶의 모습이라 할 수 있을 것이다.

2절 고악古樂과 금악今樂에 대한 인식認識과 태도

조선후기에 보인 고악古樂과 금악今樂에 대한 논쟁은, 항상 같은 주장 이 되풀이 되는 구도로 이루어졌다. 즉 금악은 사특하고 무질서한데 반 해, 고악은 바르고 절도가 있다는 식의 '고악옹호론古樂擁護論'을 펴서 항 상 고악옹호론의 승리로 끝났다. 반면에 일부 문인과 학자들은 현재 민간 에서 유행되고 있는 음악을 그대로 긍정하는 '금악옹호론今樂擁護論'을 제 기하였다.[106] 이러한 논쟁은 특히 18세기에 고악과 금악의 갈등으로 더

---

105)『保晩齋年譜』 卷5 「庚子(1780) 65세」.
106) 이지양, 「18세기의 古樂論과 今樂論」,『한예종논문집』 2, 서울: 한국예술종합학 교, 1999, 92쪽.

표면화되었는데, 이러한 맥락에서 본 절에서는 황윤석의 고악과 금악에
대한 인식과 태도를 살펴보고자 한다.

1. 고악과 금악의 개념

고악과 금악에 대한 논의는 과거나 현재에도 계속해서 일어나고 있는
현재진행형의 논쟁거리이다. '고古'가 없다면 '금今'도 없다는 이분법적 구
도로 이루어져 왔는데, 그 단적인 예로 『예기禮記』 「악기樂記」에 제시된
고악과 금악에 대한 논의를 들 수 있다.

> "魏文侯가 子夏에게 묻기를, "내가 端冕을 갖추고 古樂을 들으면
> 눕게 될까 두렵지만 鄭·衛의 음을 들으면 권태로운 줄 모르니, 감히
> 묻건대, 古樂이 저같은 것은 어째서이며, 新樂이 이같은 것은 어째서
> 인가?"라 하니, 자하가 대답했다. "古樂은 정연하게 무리지어 진퇴하
> 고, 화평정대하게 펼쳐나가며, 금슬과 생황이 부와 북이 울리길 기다
> 리며, 文으로 연주를 시작하고, 武로 마무리 지으며, 相으로 혼란을
> 다스리고, 雅로 빨라짐을 경계합니다. 이에 군자가 古樂의 바름을 말
> 하고 옛 일을 말하여, 몸을 닦아 집안을 가지런하게 하며 천하를 고르
> 게 다스렸습니다. 이것이 바로 고악이 발현된 것입니다. "新樂은 들쭉
> 날쭉 춤추는 무리들이 구부린 채 진퇴하며, 姦聲이 넘쳐 淫泆에 빠져
> 도 그치지 않으며, 배우의 잡희에서 난쟁이가 원숭이 형상을 하고
> 남자와 부인들 사이에 섞여 부자의 도를 알지 못하니, 악이 끝나더라
> 도 말할 수 없고 옛 일을 말할 수 없으며, 이것은 新樂이 발현된 것입니
> 다."[107]"

---

[107] 조남권·김종수 공역, 『禮記』 「樂記」, 서울: 민속원, 2005, 147~151쪽. 魏文侯問
於子夏曰 吾端冕而聽古樂 則唯恐臥 聽鄭衛之音則不知倦 敢問古樂之如彼何
也 新樂之如此何也 子夏對曰 今夫古樂 進旅退旅 和正以廣 弦匏笙簧會守拊鼓
始奏以文 復亂以武 治亂以相 訊疾以雅 君子於是語 於是道古 脩身及家 平均
天下 此古樂之發也 今夫新樂 進俯退俯 姦聲以濫 溺而不止 及優侏儒 獿雜子

위의 인용문은 고악과 금악에 대한 정의를 잘 구분해 주고 있다. 여기서 고악은 바르고 절도節度가 있는 음악을 말하고, 신악新樂, 금악今樂은 정鄭나라와 위衛나라의 음악으로 사특하고 무질서한 음악을 말한다. 이러한 고악과 금악에 대해서 조선전기의 훈구파 관료들은 고려시대부터 물려받은 향악鄕樂을 일시에 청산하기 어렵다는 현실론을 폈으며, 사림파들은 향악도 유교이념에 알맞은 신악으로 제정할 것을 주장하면서 사직社稷과 문묘文廟의 제례 음악인 아악雅樂도 선진先秦시대의 음악, 즉 고악으로 회복해야 한다고 주장하였다. 조선후기에 들어서 악공樂工과 악기의 수도 현격히 줄어들었고 악기의 파손 및 손실도 많고 악곡 상의 변화 또한 많아 조선전기와는 매우 다른 상황이 전개되었다.108) 이때 국왕을 비롯한 관료들은 현재의 아악은 원래의 아악과 차이가 있다고 하면서 '고악 회복'을 주장한 반면, 홍대용과 황윤석 같은 일부 문인과 학자들은 현재 민간에서 유행되고 있는 음악을 긍정하는 입장을 대변하였다.

황윤석은 51세(1779) 때 목천 현감으로 첫 발령을 받았는데, 서경署經109)을 거쳐야 했다. 황윤석은 9월 1일 고향 흥덕興德을 떠나 서울로 출발하였는데, 태인현泰仁縣에서 당시 태인 현감 홍대용을 만났다. 이때 홍대용은 황윤석에게 수령의 선배로서 목천현에 대한 정보와 목천현을 다스릴 때 유의할 사항 등을 자세히 일러주었으며,110) 고악과 금악에 관한 얘기도 함께 나누었다.

"洪侯[홍대용]가 또 말하기를, 掌樂院의 여러 공들이 그릇되게 추천

女 不知父子 樂終 不可以語 不可以道古 此新樂之發也.

108) 송방송, 「Ⅲ. 문학과 예술의 새 경향」, 『한국사』35권, 국사편찬위원회, 1997, 548~590쪽.

109) 고려 · 조선 시대 관리의 임명이나 법령의 제정 등에 있어 臺諫의 서명을 거치는 제도. 『민족문화대백과사전』 CD, 성남: 한국학중앙연구원, 1991.

110) 노혜경, 앞의 논문 101~109쪽.

하고자 하는 뜻을 지난번 서울에서 온 서찰을 통해 대략 들었을 뿐,
자세한 내용은 듣지 못했습니다. … (중략)백성들은 평소에도 鄕俗의
琴歌를 익힐 따름입니다. 古樂의 경우는 눈곱만큼도 이해한 적이 없
습니다. 孟子의 '오늘날 음악이 옛 음악과 같다'는 논의는 다만 한
때에 어떤 일을 하기 위하여 언급한 것일 뿐이니, 어찌 한두 곡의
鄕俗의 今樂을 대략 엿보고 古樂에 대해 해박하다고 말할 수가 있겠습
니까? 백성들이 진실로 古樂에 대해 안다면, 장악원 典樂보다 훨씬
뛰어난 것이니, 다행히 그러한 사람을 만나게 되면 안으로 장악원
主簿나 僉正으로 천거하여 樂律을 수정하게 할 것입니다. 그리고 그
일을 마친 뒤에는 그의 노고를 보고하여 좋은 지역의 수령으로 이임되
는 영광을 입을 수도 있을 것입니다."111)

위의 인용문에서 황윤석은 홍대용을 '홍후洪侯'라고 칭했는데, 이것은
홍대용이 태인현에 수령으로 재직하고 있기 때문이다. 이들의 대화는 태
인현에서 이틀 동안 진행되었으며, 이러한 내용은 『이재난고』에 상세하
게 기록되어 있다. 여기서 금악은 백성들이 평소에 즐기는 향속鄕俗의
금가琴歌이다. 즉 일상생활에서 백성들이 평소에 즐기던 음악을 거문고
에 맞춰 노래하는 것을 금악이라 하였다.

고악의 '고古'에 대한 지향성志向性은『주례周禮』의 정신을 계승하자는
의미로 해석한 것이다. 즉 삼대三代(하河 · 은殷 · 주周)의 정치를 회복
하고자 한다면『주례』에서 시작해야한다, 왜냐하면 가장 이상적인 사회
가 주대周代이며, 이 주대의 문화와 음악정신을 계승한 경전이『주례』이
기 때문에 주대를 신봉한다. 따라서 고악은 '삼대三代의 음악'이나 '선왕先
王의 음악'을 의미하는 것이다.112) 하지만 여기서 고악은 거창하게 삼대의

111) 황윤석,『이재난고』6책 권31 80쪽. ○ 洪侯又言 樂院諸公 誤欲薦引之意 頃因京
書略聞 而未得其詳 …(중략) 民平日亦嘗習於鄕俗琴歌而已 若古樂 則未有得其
一也 孟子 今樂猶古樂之論 特一時有所爲而及耳 安可以鄕俗今樂 略窺一二
而遂謂之幷明於古樂乎 民若眞知古樂 遠勝於樂陛典樂 而因緣幸會 內遷爲本
院主簿 或僉正得 而修改樂律 則竣事之後 微勞所記 或可得善地 守令趁遷之榮.

음악이나 선왕의 음악을 지칭하여 논한 것이 아니라, 장악원에서 아악이 나 연향악 등을 연주하는 음악들을 지칭하는 것이니 일반 백성들은 굳이 할 필요가 없고 단지 금악만 즐기면 된다는 주장을 홍대용은 하였다. 여기 에 대해서 황윤석은 특별한 답변을 하지 않았지만 평소에도 금가를 즐기 고 애호했으며, 금보까지도 필사한 것으로 미루어볼 때, 황윤석이 생각하 는 금악 또한 홍대용의 의견과 별반 다르지 않음을 짐작할 수 있다.

또한 고악과 금악에 대한 개념이 홍대용과 같을 것이라는 사실을 뒷받 침해 주는 글을 소개하면 다음과 같다.

> "당진이씨인 이창원은【죽천 덕형의 아들이다.】거문고를 잘 연주 하고 古調를 좋아했다. 그는 서곽의 채동복과 더불어 거문고를 논하 며 친해졌다. 채동복은 강학년【강학년의 자는 자구이고 호는 복천이 다】에게 古調를 배웠고, 강학년은 덕신공의 아들에게 배웠으며, 덕 신공의 아들은 정희문에게 배웠는데 古音을 잘 전수하였다. 이창원이 늙었을 때 그 아들 선경으로 하여금 音과 曲을 살피게 하고는 거문고 악보를 펼쳤는데 모두 平調와 羽調였다. 그가 위치를 조절하고 현을 누르자 이치와 소리가 모두 지극히 갖추어졌으니 장악원의 古譜인 梁琴新譜와 막상막하였다고 한다. 이창원은 강백년과 교유하였는데 五行의 운행에 정통하여 陰陽과 消息을 예측하고 사람의 길흉화복과 수명을 점치면 증험하지 않는 바가 없었다."[113]

위의 인용문에서 고조古調를 잘 말해 주고 있다. 여기서 고조는 조선후

---

112) 권태욱, 「다산 정약용의 음악사상 연구『악서고존』을 중심으로-」, 경산: 영남대학 교 박사학위논문, 2000, 173쪽.

113) 황윤석, 『이재난고』 2책 권10 10쪽. 李唐津昌源「竹泉德泂子」喜鼓琴好古調 與西郭蔡同福論琴相得 蔡得古調於姜鶴年「姜字子久號復泉」 鶴年得於德信 公子 公子得於鄭希文 頗傳古音 李旣老 使其子先慶 審音察曲 列爲琴譜 擧平 調羽調 其調位按絃 理畜俱盡 與掌樂古譜梁琴譜 相上下云 李與姜遊 精於五行 之運 推陰陽消息 占人吉凶脩短 無不驗.

기에 고악이란 용어와 같은 개념으로 사용된다. 이형상(李衡祥, 1653~ 1733)의 『병와가곡집瓶窩歌曲集』에, "본조本朝의 양덕수가 지은 금보는 『양금신보』라 칭하는데 그것을 고조古調라 하고, 본조本朝의 김성기(金聖 基, ?~?)가 지은 금보는 『어은유보漁隱遺譜』라 칭하는데 그것을 시조時調 라 한다."114) 즉 고악古樂은 고조古調, 금악今樂은 신조新調·신악新樂·금 조今調·시조時調라 하여 같은 뜻의 개념으로 사용되기도 한다.115) 또 위 의 글에서 보면, 거문고를 배운 계보를 간략하게 설명하였다. 이창원(李 昌源, 1588~1654)은 채동복과 함께 거문고에 대해 논하였는데, 그들은 고조를 좋아하였다. 채동복은 강학년(姜鶴年, 1585년~1647)에게 고조를 배웠고, 강학년은 덕신공의 아들에게 배웠으며, 덕신공의 아들은 정희문 (1561~?)에게 배웠다. 이들은 모두 고조를 좋아하여 고조를 배웠다고 한 다. 여기서 고조는 꼭 악곡만을 국한해서 말하는 것이 아니라 연주방법이 나 연주 속도, 혹은 악기 음색의 변화 등이 포괄된다.116) 왜냐하면 여기서 말하는 고조는 장악원의 고보古譜인 『양금신보』보다 앞선 시대의 금보로, 평조와 우조로 구성되었다고 말하기 때문이다. 위의 인물들의 생몰년대 를 추정해 봤을 때, 1572년에 안상(安瑺, 1511~1579 이후)이 편찬한 『금 합자보』일 가능성이 많은 것으로 보인다.

이상에서 살펴보았듯이, 황윤석이 말하는 고악은 당시 보다 이전의 음 악을 뜻하고 즉 장악원에서 연주하는 음악이 바로 고악인 것이다. 금악은 일상생활에서 백성들이 즐기는 거문고 연주 혹은 거문고를 연주하며 노

---

114) 李衡祥, 『瓶窩歌曲集』, 「音節圖」. 本朝梁德壽作琴譜 稱梁琴新譜 謂之古調 本 朝金聖基作琴譜 稱漁隱遺譜 謂之時調.(이형상저·김동준 편저, 『樂學拾零』, 서울 : 東大韓國學硏究所, 1978, 4~5쪽).

115) 宋慶雲은 고조와 금조를 사용하였고,(최정선·이광우, 「송경운전」, 『민족음악학 보』 2, 부산: 한국민족음악회, 1988.) 『禮記』 「樂記」는 금악을 신악이라 함.

116) 이우성·임형택 역편, 「金聖基傳」, 「柳愚春傳」, 『이조한문단편집』, 서울: 일조 각, 1978, 209쪽, 212쪽.

래하는 음악을 뜻한다. 이제 이러한 고악과 금악의 개념을 바탕으로, 황윤석이 생각하는 고악과 금악이 구체적으로 무엇이며 어떻게 추구하였는지를 살펴보고자 한다.

2. 고악에 대한 탐구

『이재난고頤齋亂藁』에는 궁중宮中의 의례儀禮·연향宴享·악대樂隊·일무佾舞 등에 관한 내용의 자료가 많이 있다. 황윤석은 1771년부터 봉조관捧俎官으로 수차례 종묘제향에 참여하기도 하였다. 이러한 근간을 중심으로 황윤석의 궁중음악宮中音樂에 대한 관심이 제례악祭禮樂과 연향악宴享樂으로 나타난다. 따라서 여기서는 황윤석이 제례악과 연향악을 중심으로 한 고악을 어떠한 형태로 받아들이고 사고하였는지 살펴보고자 한다.

1) 제례악祭禮樂에 대한 인식

황윤석은 38세 때 처음 관직에 나아갔으며, 1771년에는 봉조관捧俎官으로 종묘제향에 참여하였다. 이때 참여한 기록들이 『이재난고』에 남아 있다. 이 자료들은 황윤석이 실질적인 경험에 근간을 둔 결과라는 의미에서 중요한 기록이라 생각된다. 왜냐하면 황윤석은 서명응처럼 국가 관료의 위치에서 국가적 편찬사업에는 참여하지 못하였다. 하지만 그는 끊임없이 기록하고 관찰하며 고구考究한 흔적들을 남겼다. 이 흔적들을 찾아서 황윤석이 사고했던 고악古樂에 대한 탐구는 무엇이었는지를 살펴보고자 한다.

악樂을 구성하는 '白'은 북鼓의 상형이고, 양 옆의 '幺'는 작은 북의 상형이며, 아래의 '木'은 세 개의 북을 지탱하는 목제다리[117]로서, 종교적 제사활동에 행하던 음악연주나 무용과 관련이 있다.

---

117) 『中文大辭典』 제5권(中華學術院, 1973), 429쪽.

황윤석은 종묘제향에 참여하기 전, 능陵 제사祭祀에 참여하여 〈표 3-7〉
와 같이 제관祭官으로 차출된 바가 있었다.

〈표 3-7〉 黃胤錫이 참여한 陵祭

	연도	참여한 신분
1	1770년(영조 46) 3월	思陵祭官
2	1770년(영조 46) 8월	崇陵祭官
3	1770년(영조 46) 11월	獻陵祭官
4	1771년(영조 47) 1월	翼陵祭官

〈표 3-7〉에 의하면, 황윤석은 1770년과 1771년, 2년 동안 능제사의 제
관으로 4회에 걸쳐 능제陵祭에 참여하였다. 이렇게 참여한 사례는 조선후
기 국가의례가 국왕의 통치권을 의례적儀禮的으로 안정화시키는 과정과
동시에 효孝를 행하는 국왕 개인의 모습을 국가의례의 수준으로 상승시
킨 결과에서 온 것이라 하겠다.118) 이미 그는 제례의식에 대한 절차를
몸소 체험하고 있었기 때문에 재랑과 봉조관의 임무를 자연스럽게 수행
할 수 있었다.

황윤석은 사직과 종묘제향에도 〈표 3-8〉과 같이 참여하였다.

〈표 3-8〉 黃胤錫이 참여한 社稷 및 宗廟祭享

	관직 및 연도	참여한 신분	참여한 祭享
1	義盈庫奉事, 1768년(영조 44) 7월	齋郎	社稷祭享
2	宗簿寺直長, 1771년(영조 47) 4월 5일	捧俎官	宗廟祭享
3	司僕寺主簿, 1778년(정조 2) 4월 10일	齋郎	〃
4	司僕寺主簿, 1778년(정조 2) 7월 8일	捧俎官	〃

---

118) 이왕무, 「조선후기 국왕의 능행연구」, 성남: 한국학중앙연구원 한국학대학원 박
    사학위논문, 2008, 4쪽.

〈표 3-8〉에 의하면, 황윤석은 능 제사의 제관뿐만 아니라 1768년부터 1778년까지 재랑과 봉조관을 역임하였음을 알 수 있다. 재랑齋郎은 제향 때 향로를 받드는 제관, 봉조관은 희생을 받드는 제관이다. 그가 제향의 행사에 재랑과 봉조관의 신분으로 참여한 기록은 제례악과 관련된 기록으로 남아있는데, 이 기록들은 그의 경험에서 나온 결과를 엮은 것이라고 할 수 있다. 따라서 사직과 종묘제향을 보고 기록한 자료는 그의 실질적 경험을 통하여 나온 결과로서 신빙성이 있다고 할 수 있을 것이다.[119]

제례악과 관련된 황윤석의 자료들은 주로 그가 종부시직장宗簿寺直長으로 있을 때, 즉 황윤석이 41세에서 43세 사이에 작성한 글들이다. 특히 봉조관으로 차출되면서 제례의 절차와 악에 대해 기술하였다. 황윤석은 1770년에 종부시직장으로 재직하고 있으면서 많은 서적들을 대출하고 열람하였다. 열람한 서적들을 열거해보면, 『십삼경주소十三經註疏』・『자치통감강목전서資治通鑑綱目全書』・『고려사세가高麗史世家』・『삼국사기三國史記』・『주례주소책익周禮註疏冊翼』・『국조명신록國朝名臣錄』・『동사보유東史補遺』・『대명회전大明會典』・『농정전서農政全書』・『경국대전經國大典』・『문헌비고文獻備考』등이다.

열람한 서적 중에 고악 즉 제례악과 연향악에 관련된 서적은 『문헌비고』이다. 이미 2장 2절 2항에서 『문헌비고』에 대해 언급하였다. 그러나 여기서 황윤석은 『문헌비고』를 그냥 열람한 것이 아니라 제조 정존겸과 종부시 황정간(黃正幹, ?~?)에게서 교정을 봐 달라는 요청을 받았다. 요청한 날짜와 횟수는 〈표 3-9〉[120]와 같다.

---

119) 관직과 제관 선발의 관계는 『국조오례의서례』를 보면 자세히 나와 있다. 보통 재랑은 5품관의 신분에 해당하는 자를 선발하고, 봉조관은 參議의 신분에서 선발한다. 『국조오례의』, 한국역사정보시스템 왕실도서관 장서각 디지털 아카이브 (http://yoksa.aks.ac.kr) 참조.

120) 이지양, 「황윤석의 서적 필사 및 구입으로 본 京郷 간의 지식 동향-1768년~1771년 까지의 한양 생활을 중심으로」, 『한국한문학연구』, 제53집, 한국한문학회, 2014,

〈표 3-9〉 황윤석이 『문헌비고文獻備考』를 교정한 날짜와 횟수

횟수	날짜	내용	비고
1	4월 10~13일 鄭存謙	『文獻備考』中草 3冊	교정
2	4월 15일 鄭存謙	『文獻備考』中草 5冊	교정
3	4월 17일 鄭存謙	『文獻備考』中草 1冊	교정
4	4월 17일 종부시 黃正幹	『文獻備考』中草 刑制 제1권	體裁를 잡아 회송
5	4월 20일 黃正幹	『文獻備考』中草 刑制 제2권	교정
6	4월 21일 鄭存謙	『文獻備考』中草「樂考」數三軸	교정
7	5월 5일 鄭存謙	『文獻備考』「選擧考」中草 1冊	교정
8	5월 6일 鄭存謙	『文獻備考』「選擧考」中草 1冊	교정
9	5월 7일 鄭存謙	『文獻備考』「選擧考」中草 1冊	교정
10	5월 8일 鄭存謙	『文獻備考』「選擧考」中草 1冊	교정
11	7월 4일 徐浩修가 『문헌비고』 참여함	『文獻備考』의 제1~4, 象緯考 中草	열람. 9일에 黃赤宮界가 크게 잘못된 것을 발견하고 改正함.

　　황윤석은 약 3개월에 걸쳐 『문헌비고』를 정존겸과 황정간의 요청에 의해 교정하여 회송하였다. 『문헌비고』는 우리나라 상고 때부터 대한 제국 말기에 이르기까지의 문물과 제도를 총망라하여 분류하고 정리한 책으로 1770년에 완성되었다. 황윤석은 『문헌비고』에서 형고刑考와 악고樂考, 선거고選擧考와 상위고象緯考 등을 교정할 수 있다는 것은 기본적인 학식뿐만 아니라 전문가적 소양을 가지고 있어야만 이 서적을 교정할 수 있고 맡길 수 있는 것이다. 그리고 『문헌비고』의 악고 부분은 율려제

115~118쪽.

조·후기·도량형뿐만 아니라 역대악제·악기·악현·악가·악무 등
이 기록되어 있다. 이러한 국가음악에 관련된 내용을 교정하도록 요청했
다는 사실은 음악에 대하여 상당한 지식뿐만 아니라 전문가적 식견을 가
지고 있었기 때문에 가능하였다. 그래서 황윤석이 장악원 주부로 제수받
기도 한 것이다. 황윤석은 단지 거문고만을 연주하는 즉 금악만을 논할
수 있는 것이 아니라 고악도 함께 논할 수 있는 그러한 차원인 것이다.

황윤석이 처음 제향에 참여한 경우는 사직제향이다. 그는 40세(1768)
때 의영고봉사義盈庫奉事의 벼슬에 있으면서 재랑으로서 사직제향에 참여
하였다. 그는 사직제향에 참여하는 과정에서 제례악과 관련된 제반 사항
에 특별한 관심을 갖고 사직제향과 관련된 등가登歌, 헌가軒架의 진설陳設
위치 및 일무에 대해 다음과 같이 살피기도 하였다.

"17일 신미 3경 4점에 社稷大享을 설행하였다. 나는 齋郎으로서
直長 金致誠과 함께 禮畢을 하였다. 西門으로 나왔다. 대개 사직에는
2개의 단이 있는데 神位는 모두 동향이기 때문에 서문은 곧 남방이다.
장악원의 악기를 대략 살펴보았다. 등가악은 사직단의 中門 안에
있는데 편종과 편경이 각각 하나였고, 琴과 瑟은 각각 두 개였으며
또한 생황 하나가 있었다. 【琴은 7현이다】 모두 『國朝五禮儀』의 제
도와 일치하였다. 그 밖에 바로 헌가에 진설된 祝과 敔가 있었고,
文舞와 武舞의 반열이 있었다."[121]

위의 인용문은 1768년 12월 17일 3경 4점에 사직에 대향을 행한 재랑인
황윤석과 직장直長 김치성(金致誠, ?~?)이 더불어 예를 올린 후, 서문으로

나오면서 사직 때 사용한 악기를 대략 본 것을 기록한 것이다. 사직은 사단社壇과 직단稷壇이라는 두 개의 단으로 구성되며, 사단에는 국토의 신인 국사國社의 신주들, 직단에는 오곡의 신인 국직의 신주를 모신 다.[122] 여기서 사단과 직단 2개의 신위는 동쪽으로 향하기 때문에 서문은 남쪽 방향이 된다. 사직단은 임진란에 불타 없어진 적이 있었는데, 다시 선조 때 재건하여 국권상실시 까지 계속 유지되었다. 사직제는 길례吉禮 중 대사大祀에 속한다. 등가는 단 위 중문 안에 존재하고, 악기에는 편종·편경 각 1대, 금과 슬은 각각 2대, 그리고 생황 1대가 동원되는데, 국조오례의國朝五禮儀의 제도制度와 같다고 하였다. 그러나 황윤석이 위에서 인용한 국조오례의는 성종 5년(1474)에 편찬된 『국조오례의서례』의 제도와 다르다. 『국조오례의서례國朝五禮儀序例』의 사직의 등가 악현도樂懸圖를 살펴보면 다음에 제시한 〈표 3-10〉과 같다.

〈표 3-10〉에 제시되어 있는 사직의 등가를 보면, 등가는 단壇 위 북쪽 가까이에 있는데, 가운데에 어도御道를 트고 좌우로 나누어 설치되었다. 특종特鐘은 서쪽에, 특경特磬은 동쪽에 있고, 절고節鼓는 2개로서 하나는 특종 남쪽에 있고, 하나는 특경 남쪽에 있다. 강㭌과 갈楬은 종경鐘磬 사이에 설치하는 강은 서쪽에 있고, 갈은 동쪽에서 한 줄로 되어 있다. 다음, 금琴은 6개가 한 줄이 되고, 슬瑟은 6개가 한 줄이 된다. 가歌는 24인이 두 줄로 나뉘어 있고, 편종編鐘 1개는 가歌의 서쪽에 있고, 편경編磬 1개는 가歌의 동쪽에 있다. 그리고 관管·약籥·화和·우竽·생笙 각각 2개가 동쪽과 서쪽으로 나누어 한 줄이 되고, 소簫·훈塤·지篪·적篴 각각 2개가 동쪽과 서쪽으로 나누어 한 줄이 되는데, 모두 남쪽을 향하게 되어 있다. 황윤석이 기록한 사직의 등가를 〈표 3-10〉과 비교해 보면, 편종과 편경이 각 1대이고, 금과 슬은 『국조오례의서례』에는 6대로, 황윤석의

---

122) 김문석[외저], 「국가제례의 변천과 복원」, 『서울 20세기 생활·문화변천사』, 서울 시립대학교 서울학연구소[공편]서울시정개발연구원, 2001, 696쪽.

기록에는 2대로, 끝으로 생황이 1대 있는 것으로 기록되어 있다. 『국조오례의서례』의 등가 악현에 비해, 황윤석이 기록한 사직대향의 등가 악현은 많이 축소 편성되어 있음을 알 수 있다.

〈표 3-10〉『國朝五禮儀序例』社稷의 登歌

또한 황윤석은 사직대향에 참석했을 뿐만 아니라 종묘대제宗廟大祭에도 참여하였다. 그 내용은 다음에 제시되어 있다.

> "여름 4월 을해일(5일)에 宗廟大祭의 예행연습에 참여하였다. 해 뜰 무렵에 왕이 崇政殿 동쪽 月臺에 나오고 동궁이 侍坐하니 예향연습을 명하였다. 황윤석은 종묘 제3실, 제8실의 같은 무리의 제관들인 봉조관 洪復漢, 洪紹海와 더불어 무리를 따라 궁전 뜰에 들어가 예를 행하였다."123)

위의 인용문은 1771년(영조 47) 4월 5일 황윤석이 종부시직장으로 재

---

123) 황윤석, 『(국역) 이재유고』Ⅰ(박순철·노평규·김영 譯, 전북대학교 이재연구소, 서울: 신성출판사, 2011), 100쪽.

임하고 있을 때, 봉조관의 지위로 종묘대제 예행연습에 참여한 내용을 담은 글이다. 이 날 종묘대제는 왕과 동궁이 친림親臨하는 국가적 행사로, 종묘 제3실과 제8실에서 예행하였는데, 현재 3실은 세종과 소헌왕후昭憲王后, 8실은 원종(元宗, 인조의 父 追尊)과 인헌왕후仁獻王后이다. 이때 황윤석이 세종의 실의 봉조관의 신분으로 종묘대제에 참여한 기록은, 그에게 남다른 감회가 있었던 것으로 보인다. 그는 종묘대제에 참여한 뒤, 자신의 감회를 「차제종묘지감差祭宗廟志感」[124]이라는 제목으로 시 3수를 지었다. 3수 중 두 번째 시를 소개하면 다음과 같다.

> "「差祭宗廟志感」
> 鍾磬徒然並四淸　　鍾磬은 한갓 四淸을 아우르고 있을 뿐인데
> 何時特奏永觀成　　언제나 특별히 永觀을 연주하여 마쳤네.
> 與民一樂洋洋好　　여민락은 우렁차서 좋지만
> 直願移調大業聲　　단지 정대업 곡조를 바뀌길 원하네.
>
> 【古樂에는 특종과 특경이 있다. 지금은 16개의 종경을 매단 편종과 편경을 써서 4청성을 12율에 아울러 쓴다. 제악명은 定大業이고 그 음절이 여민락과 같지 않으며, 이 두 가지는 영조 때 정한 것이다. 다만 정대업은 輕淸하고 促急하여 혹은 본 제도를 잃은 것일 것이다.】
> 【古樂有特鐘特磬 今只用編縣十六 以四淸 並于十二月 祭樂名曰定大業 其音節不如與民樂 二者俱英廟所定 但定大業輕淸促急 或失本制歟】"[125]

위의 인용문은 황윤석이 종묘대제에 참여하고 난 뒤, 종묘제례악을 듣고 느낀 감정을 시로써 표현한 내용이다. 종묘제례악은 세종대에 아악을

---

124) 『영조실록』 권116 영조 47년 4월 5일(乙亥).
125) 황윤석, 『이재난고』 2책 권12 380쪽.

정비하면서 신악으로 사용된 음악이 1464년(세종 10)에 세조가 종묘제례
에 사용하게 한 보태평保太平과 정대업定大業이다. 보태평과 정대업은 원
래 세종이 연회에 사용하기 위해 만든 속악俗樂이었는데, 세조는 그 음악
이 종묘에서 사용되지 않는 것을 애석하게 여겨 종묘제례악으로 정했다.
종묘제례악은 초헌初獻에는 보태평을 연주하고, 아헌亞獻과 종헌終獻에는
정대업을 연주한다. 정대업은 11성成으로 구성되어 있는데, 종헌에 정대
업 곡이 끝나니 이에 정대업의 끝 곡인 영관永觀이 된다. 황윤석은 위의
인용문에서 여민락과 정대업을 비교 설명하였다. 여민락은 「용비어천가
龍飛御天歌」의 일부를 노래로 부른 것으로, 「용비어천가」의 1·2·3
·4·125장의 가사를 가락에 얹어 부른 음악으로, 황윤석은 사신의 연향
이나 임금의 거동 때 연주하는 여민락은 그 소리가 우렁찼고, 정대업은
여민락에 비해 소리가 미치지 못한다는 사실에 안타까워했다. 황윤석은
당시의 정대업이 소리가 가볍고 촉급하여 본래의 제도를 잃었기 때문에
여민락보다 못하다고 보았다. 그는 이렇게 정대업의 변한 모습까지도 간
파한 선비였다.

황윤석이 4월 5일 종묘대제를 예행 연습했을 때, 서명응은 이 종묘대제
를 보고 기록하였는데 그 내용이 실록에 전한다. 그 내용은 아래와 같다.

> "임금이 崇政殿 동쪽 月臺에 나아가 夏享大祭의 肄儀[예행 연습]를
> 친히 살펴보았으며, 이내 주강을 행하였다. 知中樞府事 서명응이 말하
> 기를, "오늘 이의에 親臨하시고 廟樂이 모두 연주되었는데도 欽歎스러
> 움을 깨닫지 못하였습니다. 그런데 世宗朝 때에는 雅樂을 사용하였으
> 며, 그 뒤에는 俗樂을 참작해서 사용하였었는데, 지금은 속악만 남아
> 있으니, 3백 년 동안 미처 틈을 내지 못했던 일을 오늘날 變通할 수
> 있는 바가 아니므로 개탄스럽고 애석함을 견디지 못하겠습니다."하니,
> 임금이 참으로 옛날이야기라고 하면서 웃었다."[126]

---

126) 『영조실록』 권116 영조 47년 4월 5일(乙亥).

위 인용문에서 서명응은 세종이 잘 만들었던 종묘악, 즉 아악을 세조대부터 속악으로 교체하여 사용하여 지금 영조대에도 계속 사용하고 있다는 사실을 유감스럽게 생각하였다. 이 말은 앞서 황윤석이 정대업 음악이 바뀌어 본래의 제도를 잃어서 여민락보다 못하다고 평가한 사실과 같은 맥락에서 서명응이 종묘악의 애석함을 말한 것이다.

홍대용의 제례악에 대한 자료가 『담헌서』의 「계방일기桂坊日記」에 기록되어 있다. 「계방일기」는 홍대용이 44세에 추천되어 세손[正祖]을 호위하는 익위사翊衛司의 시직侍直으로 선발되었을 때의 입직한 기록이다.

> "이어서 祀典을 논했는데, 동궁이 이르기를, "太廟 享祀에 내가 일찍이 攝行으로 참석한 일이 있는데, 九成 등 악곡[樂]이 지극히 온당치 못한 점이 많았소. 樂章이란 으레 장단이 있는 법인데, 시종 잔 드리는 속도에 따라 했소. 또 제1실 악장을 다른 室에도 두루 사용한 것은 더욱 온당치 못하오. 또 武舞를 보니, 太平簫 등 軍樂이 또한 雅樂이 아니었는데, 이런 것은 모두 釐正되어야 하오."하였다. 또 이르기를, "옛 부터 이르기를, '樂官을 밝히는 것은 마땅하고 樂音을 밝히는 것은 부당하다.' 하였으나, 이것은 진실로 지엽말단에 불과한 말이오.(중략)…"[127]

위 글은 종묘제례악에 관한 내용을 기록하였다. 종묘제례악은 정조가 섭행하였을 때의 음악이 맞지 않은 부분을 기록해 두었는데, 정조가 세손일 때라 영조 당시의 음악이 제대로 갖추지 못하다는 것을 말한 것이다. 종묘제례 악곡은 보태평과 정대업이다. 이 두 가지의 곡 연주가 제대로

---

127) 홍대용, 『湛軒書』 內集, 卷2 [日記] 〈桂坊日記〉. …(중략)祀典 令曰 太廟享祀 余嘗攝行矣 九成等樂 極多未安 樂章宜有長短 而始終隨酌獻之遲速 且第一室 樂章 或遍用於他室 尤似未安 又見武舞有太平簫等軍樂 亦非雅器 此等合當釐 正 又曰 古云明樂官 不當明樂音 此固末也.(중략)…. 번역은 고전국역총서 73, 『국역 담헌서 I』 참조 및 인용 255쪽.

되지 못했으며 또 악장과 연주가 맞지 않아서 각 실마다 악장이 있지만 악장을 제대로 부를 수가 없었다. 이것은 헌작獻爵할 때와 연주가 맞게 되지 않기 때문이다.

이 문제는 실록[128])에서 확인되는데, 세종조에 악을 제작할 당시, 초헌初獻 악장에서 헌관이 인입引入할 때 연주되는 희문熙文과 헌관이 인출引出할 때 연주되는 역성繹成 외에는 꼭 9장이었다. 대개 음악은 9변變으로 완성을 삼으므로, 이것을 각 실에 공통으로 음악을 연주하는 것이지, 각 실에 각각 1장을 연주하는 것이 아닌 것이다.

그런데 뒤에 악사들이 악장을 제정한 본뜻을 알지 못하고 망령되게도 각 실에 나누어 연주하고, 인조조仁祖朝의 신하들은 각 실에 나누어 연주하는 잘못을 깨닫지 못한 채, 각 실 악장을 추가로 지을 것을 청하기까지 하고, 마침내 9장외에 선조宣祖 악장을 지어 1성을 더하였다. 그래서 지금에 이르러 문란하였던 것이 더욱 문란해지고 만 것이다.

한편, 추가로 지은 선조 악장은 효종실孝宗室에 썼고, 11실과 12실에 이르러서는 10개의 악장을 이미 다 썼기 때문에 다시 목조穆祖와 익조翼祖 악장을 써서 더욱 심하게 어긋나게 되었다. 이에 9장을 종묘의 묘실에 두루 연주하고, 9장외에 잘못 첨가한 1장을 없애야 한다고 하였다.

이런 문제들이 바로잡아 고쳐져야겠지만 흔히들 악관을 밝히는 것은 마땅하고 악음을 밝히는 것은 부당하다고 하였다. 이것은 악관은 중요하게 여기고 악음을 밝히는 것은 뒷전인 것이다. 왜냐하면 악음을 밝히는 것은 말단에 해당되었기 때문이다

한편 황윤석은 종묘제례악의 일무에 대해서 다음과 같이 묘사하였다.

"오늘 임금이 彝儀에 친히 행차하셨을 때 왕세손이 곁에서 모시며
특별히 典樂에게 전교를 내려 文舞와 武舞, 양쪽으로 樂生을 각각

128) 『영조실록』 권57 영조 19년 윤4월 23일(丙子).

2명씩 이끌고 籥과 翟, 槍과 劒을 쥐고【文舞는 48명으로 이루어지는
데 각각 6명이 한 열을 이룬다. 모두 왼손에는 籥을 쥐고 오른손에는
翟을 잡는다. 武舞 또한 6열이다. 앞의 두 열은 모두 목검을 쥐고
뒤의 두 열은 모두 목창을 쥐며 마지막 두 열은 모두 활과 화살을
쥔다.】임금 앞에 나아가 춤을 추고 노래를 부르게 하였다. 그리고
태평소를 불었다."129)

종묘제례악이 연주되는 동안, 문무인 보태평지무保太平之舞와 정대업
지무定大業之舞를 춘다. 보태평지무는 선왕들의 문덕을 칭송한 내용이고
정대업지무는 선왕들의 무공을 찬양하는 내용을 악장으로 삼았다. 황윤
석은 이렇게 종묘제례의 음악과 일무에 대한 그의 마음에 품고 있는 회포
를『이재난고』에 담았는데, 그의 이러한 소회는 평소 그가 가진 음악에
대한 관심의 결과라고 볼 수 있겠다.

2) 연향악宴享樂에 대한 관심

연향의식宴享儀式이 국가전례서에 해당하는『국조오례의』및『국조속
오례의國朝續五禮儀』에 실린 것으로 미루어보면130), 조선시대의 연향이
성리학적 이상 국가를 건설하는 데 필요한 하나의 요소로 여겨졌음을 알
수 있다. 연향은 설행목적에 따라 회례연會禮宴・양로연養老宴・진연進
宴・사객연使客宴 등으로 나뉘고, 참여자에 따라 외연外宴과 내연內宴으로
나뉜다.131) 황윤석이 본 연향악은 진연의 연향악이었다. 따라서 진연의

---

129) 황윤석,『이재난고』3책 권18 406쪽. 今日 親臨肄議時 王世孫侍座 特敎典樂
引文舞武舞兩樂生各二人 搏籥翟槍釰「文舞四十八人各六人成一佾 俱左手執
籥 右手秉翟其武舞亦六佾 前二佾俱持木釰 後二佾俱木槍 又後二佾俱弓矢」
進至御前歌舞 因吹大平簫.

130)『국조오례의』에는 正至會議, 養老宴儀, 宴朝廷使儀, 宴隣國使儀 등 다양한 종
류의 의식이 보인다.

131) 김종수,『조선시대 궁중연향과 여악 연구』, 서울: 민속원, 2001, 43~45쪽.

자료를 중심으로 황윤석이 연향악에 대해 어떤 관심을 갖고 있었는지 살펴볼 필요가 있다.

황윤석이 김원행의 문하에 들어가고 아직 벼슬이 없었던 시절에 국가에서 진연의 행사가 있었는데, 황윤석은 이를 잘 기록해 두었다. 세손 정조正祖가 할아버지 영조를 위해 진연을 열 것을 여섯 차례 상소한 사실이 있다. 영조는 결국 세손의 간청에 못 이겨 윤허하였는데, 황윤석이 이 광경이 아름다워서 기록하였던 것이다. 영조는 진연을 행하게 되면 많은 물자가 소용되므로 위민정치爲民政治에 위배된다고 보고서 진연을 열지 않았으며, 이러한 이유에서 영조는 진연을 요청하는 신하에게 아첨한다 하여 파직시킨 실록기사가 기록되어 있다.[132] 이런 상황에서도 세손 정조는 진연을 베풀 것을 여러 번 요청했던 사실이 다음에 제시되어 있는 〈표 3-11〉에 보인다.

〈표 3-11〉 왕세손[正祖]의 進宴을 요청

	날짜	연도	실록기사 내용
1	영조 41년 1월8일	1765	왕세손이 상소하여 진연할 것을 청하다.
2	영조 41년 9월 28일	〃	왕세손 등이 진연례를 행할 것을 상소하다.
3	영조 41년 10월 1일	〃	왕세손이 상소하여 진연하기를 청하다.
4	영조 41년10월 2일	〃	빈청에서 진연할 것을 하루에 두 번 아뢰고 왕세손이 진연하기를 청하다.
5	영조 41년 10월 3일	〃	빈청에서 아뢰고 왕세손이 또 상소하여 진연하기를 청하다.
6	영조 41년 10월 4일	〃	세손이 여러 날 음식을 폐하자 11일에 경현당에서 진연을 행하게 하다.(윤허함)

〈표 3-11〉에 제시된 내용에 의하면, 정조는 세손시절(영조 40년) 영조

---

132) 영조 권105 영조 41년 1월 20일(乙酉).

에게 진연을 요청하는 상소를 올렸다. 그러나 이 상소는 우여곡절 끝에 1년이 지나 겨우 영조에게 윤허를 받았다. 이 상소에 대한 내용을 실록을 통해서 살펴보면, 5회의 상소를 올린 끝에 10월 4일에 영조가 진연을 허락한 것으로 되어 있으며, 이 진연을 영조가 윤허하고 진연이 행한 날을 기념하기 위해 황윤석은 율시를 다음과 같이 지었다.

황윤석은 이 시에 대해 '국가에서 잔치를 베푸는 날(1765년 8월 27일)로, 미천한 신하는 동쪽 골짜기에 벼슬이 매어있어 대궐의 반열에 나아가 참여할 수 없어서 이에 삼가 두 편의 율시律詩를 지어 회포를 푼다.'133)고 하였다. 즉 세손과 할아버지의 겸사하는 아름다운 모습이 대궐에서 베풀어졌을 것이라는 사실에, 벼슬 없는 황윤석은 이 광경을 보지 못한 안타까운 마음을 율시로 지은 것이다.

"四十二年七十三　임금이 즉위한지 42년, 임금의 춘추는 73세
吾王功化與天參　우리 임금의 공덕과 교화는 하늘과 나란하지.
向來請宴春宮疏　예전부터 세손께서 잔치 청하는 상소 올리더니
今日歌豊野老談　오늘에야 시골 노인은 풍성한 연회를 얘기하네.

【갑신년(1764, 영조 40) 겨울에 세손저하께서 進宴을 요청하는 상소를 올렸는데 을유년(1765, 영조 41)에 특별히 進酌을 윤허하셨다. 올해의 농사는 최근 5, 6년에 비해 풍년이었다.】"134)

황윤석의 율시는 그의 연향악에 관한 관심과 영조와 세손간의 소통을 노래한 시이다. 물론 이러한 시가 나오게 된 배경은 그의 음악에 관한 관심에 기초한 것이 된다. 즉 일상의 음악에 관한 관심이 국가 음악에

133) 황윤석, 『이재난고』 1책 권7 425쪽. (八月二十七日) 卽國家進宴之期也 賤臣縻職東峽 不得進參外班 謹成二律遺懷.
134) 황윤석, 『이재난고』 1책 권7 425쪽. 甲申冬 世孫邸下 疏請進宴 乙酉特許進酌 今年農事 視五六年爲優.

대한 관심으로 옮겨 갔다고 할 수 있다.

황윤석은 국가음악의 차원에서 연향악에 관심을 가진 것뿐만 아니라 당상관의 권유로 전라도 지방의 상마연上馬宴에 참석하였으며, 정재 공연의 일면을 다음과 같이 기록하였다.

"당상관이 관찰사와 함께 東軒에서 上馬宴을 열었다. 당상관은 나에게 자리를 함께 하자는 글을 띄웠다. 내가 도착하자 臨陂縣의 參禮가 差使員으로서 왔고 長興府使 李普溫이 陞補試官으로서 왔다. 내가 자리에 나아가니 관찰사가 안으로 이끌어 主客의 예로써 마주 보았다. 道內에 파견된 관원의 자리가 매우 좁았기 때문에 당상관은 내가 여러 관원을 인솔하여 東軒에 따로 앉을 것을 요구하였다. 방 밖의 북쪽 벽 아래에 큰 병풍을 세우고 기녀의 춤을 관람하였다. 그리고 樂拍舞와 響鈸舞, 舞鼓舞, 蓮花鍾舞, 行船曲舞를 차례대로 관람하였다. 李士則과 愼君慶, 溫叟, 壽兒, 箕와 駿 두 조카, 여러 시종하는 사람은 내 등 위에서 함께 관람하였다. 잔치가 끝났을 때 나는 아우 溫에게 부탁하여 제사상 위의 마른 음식 중 부드럽고 맛있는 것을 柳器에 담아 집으로 돌아가 부모님께 드리게 하였다."[135]

상마연上馬宴은 보통 중국사신이 본국으로 돌아가는 경로에서 베푸는 것이다. 그러나 위인용문의 상마연은 전라도 지역에서 행한 것으로, 중국 사신을 위한 상마연은 아님을 알 수 있다. 황윤석이 국가음악의 진연에는 직접 참석하지는 못했지만, 위에서처럼 상마연에 참석하여 지방 정재呈才인 박무拍舞, 향발무響鈸舞, 무고무舞鼓舞, 연화종무蓮花鍾舞, 행선곡무行船

135) 황윤석,『이재난고』3책 권16 250쪽. 堂上與方伯開上馬宴于東軒 堂上 傳語于余 邀與同席 余旣赴 則臨陂參 ○ 禮以差使員來會 長興李倅普溫 以陞補試官 來會 余就座 方伯引入 以主客禮相見 以道內諸差員座次甚窄 堂上要余率諸差員 別坐于東軒 房外北壁下 間以大屛 觀妓舞 次觀樂拍舞 響鈸舞 舞鼓舞 蓮花鍾舞 行船曲舞 而李士則愼君慶 及溫叟壽兒箕駿二甥 及諸從者 自余背後同觀 宴罷托溫弟 以床卓中乾物軟美者 盛以柳器 歸供甘旨.

曲舞 다섯 종목의 공연을 관람한 사실을 알 수 있다. 황윤석은 거문고를 연주하고 노래하는 것뿐만 아니라 지방 정재인 향악정재와 당악정재에도 관심을 갖고 기록한 것을 보면,[136] 황윤석은 지방의식 음악에도 관심을 갖고 있음을 알 수 있으며, 그의 음악에 대한 관심은 폭넓고 다양했음을 알 수 있다.

3. 금악에 대한 태도

금악今樂은 현재 쓰이고 있는 아악雅樂 및 속악俗樂을 가리킬 때도 있고, 민간에 새롭게 유행하는 음악을 가리킬 때도 있다. 앞서 살펴본 고악과 금악의 개념에 의하면, 금악은 거문고로 연주하면서 노래하는 향속의 금가 등 백성들이 평소에 즐기는 음악임을 알 수 있다. 여기서는 황윤석이 당시 민간음악에 대해 어떠한 인식을 가지고 대했는지 살펴보고자 한다.

황윤석은 어린 시절부터 말년까지의 일들을 일기 형식으로 기술한 문헌인 『이재난고』에는 국어에 대한 관심이 꾸준히 나타난다. 그는 『이재난고』에서 '어원語原'을 밝히기도 하였으며, 순수한 우리말(고유어)로 된 지명을 꾸준히 기록하기도 하였다. 그리고 한편으로는 자작의 시조를 담기도 하였으며, 수는 얼마 되지 않으나 은어까지 기록해 두었다.[137] 이러한 생활습관 속에서 황윤석은 민간음악, 특히 민요와 시조에도 자연스럽게 관심을 두게 되었다.

황윤석의 『이재난고』에는 민요와 창부타령倡夫打令에 대한 기술이 보인다. 오늘날의 창부타령은 경기민요의 대표적인 노래로, 경기민요의 음

136) 임미선, 앞의 논문 105쪽.
137) 강신항, 「황윤석의 국어인식」, 『『이재난고』로 보는 조선 지식인의 생활사』, 성남: 한국학중앙연구원, 2007, 95쪽.

악적인 특징이 잘 나타나있는 노래이다. 본래 한강 이북에서 불리던 무가
巫歌로서, 옛날에는 무가의 사설을 그대로 썼으나 차츰 순수한 민요 사설
로 바꾸어 부르게 되었다. '창부'는 무당의 남편이나 악기를 연주하는 사
람을 뜻하는 것으로, 광대의 혼령을 뜻하는 '광대신'을 가리킨다. 광대신
인 창부를 불러서 재수가 있게 해달라고 비는 굿을 '창부굿'이라 하고,
마을의 수호신인 서낭과 창부를 함께 모시는 굿을 '창부 서낭'이라고 하는
데, 〈창부타령〉은 이러한 굿판으로부터 시작되었다.138) 이것이 그간의
학계에 알려진 창부타령에 대한 내용이다. 하지만 황윤석은 무가로서의
창부타령이 아닌 민요로서의 창부타령을 다음과 같이 기록하고 있다.

> "나라의 풍속에 창부타령은 속된 말을 써서 긴 노래[長歌]로 만든
> 것이다. "약산의 동대 위에는 일본 철쭉이라!(藥山東臺倭躑躅)"라는
> 구절이 있는데, 倭躑躅은 바로 일본의 철쭉꽃이다. 나무는 躑躅 또는
> □□라고 한다. 와전되어 '鐵竹'이라고도 부른다. 지난번에 전적 李光
> 鉉(1732~미상)이 말하기를, "근래에 어떤 사람이 이것은 이괄의 난을
> 예측한 참어라고 말하는 것을 들었오."라 하였다. 약산은 영변으로
> 평안도 감영이 예전에 이곳에 있었다. 임진왜란 이후 나라에서는 항복
> 한 왜병 3000명을 이곳에 머물게 하였다. 甲子년에는 도적 이괄이
> 병마절도사로서 왜병을 몰아 선봉이 되어 대궐을 침범하였다. 躑躅은
> 허약한 돼지가 날뛴다는 뜻과 같다.139) 대개 만력 연간 말기에 이미
> 이 노래가 있었는데 이때에 이르러 증험되었다."140)

---

138) 신소희, 「경기민요 창부타령에 관한 연구」, 용인: 단국대학교 석사학위논문, 2007,
2쪽.

139) 『周易』「姤卦」"허약한 돼지가 날뛴다.(羸豕孚蹢躅)".

140) 황윤석, 『이재난고』2책 권10 240쪽. 國俗倡夫打令 用俚語作長歌 有曰藥山東
臺倭躑躅一句 倭躑躅 即日本躑躅花 木名躑躅 亦作□□ 訛呼鐵竹 頃日李典籍
光鉉言 近聞有人云 此乃适亂時 讖語也 藥山者 寧邊也 平安兵營 舊在于此
壬辰後 國家處降倭三千名 久矣 甲子賊álä 以兵使駈倭爲先鋒 用之犯闕 躑躅如
羸豕 孚蹢躅之義 蓋萬曆末 已有此歌 至是驗焉.

앞서 살펴본 바와 같이, 현재의 창부타령은 무가로서 불렸던 곡이 차츰 순수한 경기민요로 자리매김한 곡이다. 하지만 황윤석이 말하는 창부타령은 장가長歌로서 긴 노래이다. 현재의 창부타령과 황윤석이 말하는 창부타령의 공통점은 두 가지로 볼 수 있다. 하나는 둘 다 노래 사설이 길다는 점과, 또 다른 하나는 곡명이 같다는 점이다. 먼저, 노래사설이 길다는 점에서 살펴보면, 현재 창부타령의 사설내용은 주로 남녀 간의 사랑, 이별의 아픔, 자연의 아름다움, 세월의 덧없음 등과 같은 내용들로 88절로 구성되어 있다.141) 그러나 황윤석이 언급한 창부타령은 '약산의 동대 위에는 일본 철쭉이'라는 사설 한 구절만 있을 뿐이다. 이 내용은 1624년(인조 2)에 일어난 '이괄李适의 난'이 일어날 것을 예언한 노래인 것이다. 이괄이 병마절도사로서 왜병을 이끌고 대궐에 침범한 사실에 대한 내용을 참어讖語하기 위해 불러졌던 노래인 것이다. 또한 척촉躑躅은 일본 철쭉을 뜻하며 이괄을 지칭하고 허약한 돼지가 날뛴다는 뜻이 담겨져 있는 민요이다.

이처럼 황윤석이 언급한 창부타령은 광해군 말기인 1618년~1620년 사이에 일어난 이괄의 난을 예언하여 불린 곡으로, 오늘날의 창부타령과 내용적면에서 어떤 관련성도 없다는 것을 알 수 있다. 그리고 황윤석이 창부타령을 언급한 것으로 보면 그가 평소에 가지고 있는 서민음악에 대한 관심을 알 수 있다.

황윤석은 민요뿐만 아니라 동요에 대해서도 관심을 가졌다. 즉 민간에 떠도는 동요를 그는 전대의 시요詩妖, 곧 시지詩讖라고 생각하였다. 황윤석은 화성火星의 기운이 아이들에게 내려 노래를 전파하게 한 것이라 여기고 조선후기에 성행한 동요를 여러 편 채록하고 그 의미를 밝히기도 하였다.142)

---

141) 신소희, 앞의 논문 9~13쪽.
142) 『이재난고』 3책 109쪽, 7책 621쪽, 8책 274쪽, 440쪽 등에서 동요에 대한 자세한

한편, 황윤석은 민요뿐만 아니라 시조에 대해서도 관심을 가졌다. 그는 당시 유행했던 송순(宋純, 1493~1582)의 시조의 종류와 가치를 다음과 같이 기록하였다.

"〈致仕歌〉 3편과 〈夢見主上歌〉 1편, 〈五倫歌〉 5편, 〈俛仰亭長歌〉 1편, 〈短歌〉 7편, 〈雜歌〉 2편 및 〈少時玉堂受賜黃菊歌〉 1편, 〈春塘臺觀耕應製農歌〉 1편이 있는데 方言과 古語가 뒤섞여 오르내리고, 풍류와 정취가 넘치고 곡진하다. 그리하여 風敎를 도탑게 만들고 나약하고 우둔한 무리를 바로 세우기에 충분하니, 다만 한때 악기에 연주되는 수준일 뿐만이 아니다. 지금 그의 詞曲은 여전히 널리 전파되어 사라지지 않고 있다. 송강 정철의 〈訓民歌〉 제1장과 제2장은 또한 인용하여 채집할 만한 것이다. 그 〈農歌〉의 음절은 감상하기에 충분한데, 송강의 고향 시골에 전해지자 농부들이 입으로 흥얼대고 귀로 알아차리며 "이것은 宋氏 어르신께서 남기신 음악이로구나."라 말하였다."[143]

위의 인용문을 보면, 황윤석은 송순의 국문시가인 시조를 매우 좋아하여 그 장점을 언급한 것을 알 수 있다. 송순은 현대의 국문학자들은 말할 것도 없고 조선조의 평자評者들도 높이 평가하는 인물인데, 그 대표적인 평자 중에 황윤석도 포함된다. 송순은 조선조 국문시가에서 가장 선두의 자리에서 한국 국문시가를 이끌었던 벼리의 역할을 담당하였던 인물이다.[144] 그래서 정철(鄭澈, 1536~1593)도 백성의 교화를 위한 노래 〈훈민가

기사를 찾아 볼 수 있다. 이종묵, 「황윤석의 문학과 『이재난고』의 문학적 가치」, 『『이재난고』로 보는 조선 지식인의 생활사』, 성남: 한국학중앙연구원, 2007, 162쪽.
143) 황윤석, 『이재난고』 6책 권32 330쪽. 有致仕歌三篇 歌・俛仰亭長 夢見主上歌一篇 五倫歌五篇 俛仰亭長歌一篇 短歌七篇 雜歌二篇 及少時玉堂受 歌・玉堂受賜 賜黃菊歌一篇 春塘臺觀耕應製農歌一篇 方言古語 錯綜 抑揚 風流情致 溢發委 黃菊歌・春塘曲 有足以惇風敎立懦頑 而不徒一時被之筊弦而已 今其詞曲尙流播未泯 而松江臺觀耕應製農歌 鄭公澈訓民歌第一等二章 亦有引而採者其農歌音節 尤足聽聞 傳諸故里 農夫口 鄭澈 訓民歌受耳認曰 此宋爺遺聲也

訓民歌〉를 지으면서 송순의 〈오륜가五倫歌〉 2수를 그대로 인용할 정도였다.

시조라고 하면 시조의 창작에 능숙했던 사대부士大夫들 중 비교적 제한된 숫자의 인사들이 즐겨 불렀던 노래로서, 일반생활의 정서를 담는 그릇으로 알려져 있다. 즉 사대부들의 여기餘技로 생각해왔던 것이다. 그러나 〈농가農歌〉에 대한 황윤석의 기록을 보면, 가객歌客이란 전문적 가창자歌唱者가 등장하기 전까지는 시조의 가창자를 사대부로 한정할 필요는 없을 것 같다.145) 『이재난고』의 기록을 통해서도 황윤석은 시조를 사대부뿐만 아니라 일반백성들도 함께 불렀던 갈래로 인식하고 있었음을 알 수 있다. 시조는 정악의 한 갈래로서, 대체로 사대부들이 시회詩會에서 불렀지만 일반백성들이 농사지으면서 부르는 노래이기도 하였다.

일찍이 황윤석은 노론 낙론계에 의해 인물성동론人物性同論을 추구하였고, 노론 낙론계의 인물로서 동론同論을 주장하였다. 그래서 인성人性의 중요성 못지않게 물성物性의 중요성도 함께 고려하였다. 이러한 인물성동론은 그의 학문적 배경을 형성하는 사상 중의 하나였는데, 황윤석이 민民에 대해 중요하게 생각하는 것은 이러한 배경에서 나온 것임을 알 수 있다.

황윤석과 학문적으로 교감하였던 홍대용이 우리 한시와 우리말 노래를 수집하여 편찬하면서 「대동풍요서大同風謠序」를 쓰고 풍요의 중요성을 개진하였다.

"노래란 그 정情을 말하는 것이다. 정이 말에서 우러나오고, 말이

---

144) 김성기, 「면앙 송순 시조의 전승 연구」, 『시조학논총』 제 16집, 서울: 한국시조학회, 2000, 49쪽.
145) 강명관은 시조시의 가창방식 즉 음악적 형식이 『靑丘永言』 이후 고도의 전문성을 얻게 되기 이전에는 시조의 가창자를 굳이 사대부로 한정할 필요는 없다는 주장을 한 바 있다. 강명관, 「조선전기 고려가요의 전승과 시조사의 문제」, 『조선시대 문학예술의 생성 공간』, 서울: 소명출판사, 1994, 90쪽.

글에서 이루어지는 것을 일러 노래라 하였다. 기교와 졸렴함을 버리고
선악善惡을 잊으며 자연스러움에 의지하여 천기天機를 표현하는 것
이 좋은 노래이다. 그러므로 『시경詩經』의 「국풍國風」은 이항里巷의
가요로부터 나온 것이다. … (중략) 도리어 사대부가 고치고 또 고쳐
다듬어, 말만 하면 옛 것을 들먹여 마침내 그 천기天機를 깎아 없애는
것보다 더 낫다"146)

여기서 홍대용은 풍요 즉 우리의 노래는 이언俚諺이므로 사대부들은
옛 것만 좋아하여 이를 천속하다고 여기고 취하지 않는 다는 것이다. 그
리고 이 시경의 국풍에 의거해 노래를 옹호했던 점은 속악俗樂을 부정적
으로 보았던 사대부들의 태도를 의식한 때문이다. 자연스런 정이 솟구치
는 노래를 성정의 정正이 아니라고 부정했던 사대부들을 반격으로 자연
스런 정이 천기라고 주장하고 그런 천기의 발현이 노래의 진정성임을 역
설했던 것이다.147) 그리고 풍요는 민간에서 유행되는 고유의 노래를 뜻
한다 할 수 있을 것이다. 즉 초동이나 농부 등이 부르는 노래를 말하므로
결국 황윤석이 말하는 민요와 홍대용이 말하는 풍요는 같은 맥락에서 나
왔다고 볼 수 있다.

한편 황윤석은 목천현 사창司倉의 벽에 씌어진 시詩에서 백성을 대하는
태도를 분명히 밝히고 있다. "백성 보기를 손자같이 하여서 손자에게는
마땅히 어여쁨을 받도록 해야 한다"148)고 하였고, 또한 "백성을 해치는
자는 또한 반드시 자식을 해치게 된다."149)고 하였다. 이것은 백성들을

146) 홍대용, 『담헌서』 「대동풍요서」. 『조선후기문집의 음악사료』, 전통예술원 역,
　　서울: 민속원, 2002, 51~53쪽. 歌者言其情也 情動於言 言成於文 謂之歌 舍巧拙
　　忘善惡 依乎自然 發乎天機 歌之善也 故詩之國風 多從里歌巷謠…反復勝於士
　　大夫之點竄敲推言則古昔而適足以斲喪其天機也.
147) 길진숙, 앞의 책 335~336쪽.
148) 황윤석, 『이재난고』 6책 권30 137쪽. 〈題司倉壁雜聯〉 視民如孫 孫在當憐.
149) 황윤석, 『이재난고』 6책 권30 137쪽. 〈題司倉壁雜聯〉 殃民者 亦必殃者.

편안하게 돌보라는 뜻이고 백성들에게 해를 끼치지 말라하는 뜻이다. 이 대목을 통해 황윤석이 백성들을 얼마나 아끼고 사랑했는지를 알 수 있다.

　보통 유가儒家의 악론樂論에서 의미하는 악은 아악雅樂을 염두에 둔 것이며, 그에 반하는 비판의 대상은 속악俗樂이었다. 따라서 유가들에게 음악에 관한 논쟁의 대상은 일차적으로는 아악이었다. 그리고 이차적으로 향악 혹은 속악에 대한 가치평가의 문제를 다루었기 때문에, '초동과 농부'의 노래는 그 대상에도 포함되지 못하였다.150) 그러나 황윤석은 홍대용과 같이 민요와 시조를 통하여 민民들의 음악을 논의의 대상으로 끌어들였다. 즉 황윤석의 음악에는 민民에 대한 의식이 포함되어 있었다는 의미이기도 하다.

---

150) 전지영, 앞의 논문 143~144쪽.

마치며

황윤석黃胤錫은 조선후기 영·정조대의 實學者였다. 그는 다양한 학문 세계를 구축한 다재다능한 학자였다. 그가 관심을 가진 학문 세계는 음악도 포함된다. 『이재난고頤齋亂藁』와 여러 그의 저술을 통해 음악에 관한 그의 식견을 드러냈다. 특히 그의 음악에 관한 인식세계는 『이재난고』에 잘 담겨있다.

이 연구는 그의 이러한 음악에 대한 인식을 『이재난고』를 중심으로 살펴보아 영·정조대를 살아간 한 학자의 음악 세계에 담긴 음악인식音樂認識을 조명해 보려는 목적을 가지고 출발하였다.

황윤석 음악인식의 학문적 배경에 해당하는 서기西器에 대한 관심은 14살에 부친으로부터 '임영林泳이 11살에 『서전書傳』의 기삼백朞三百을 알았다'는 질책을 받고 역법曆法 공부를 시작하여 서양학까지 포괄하였다. 이에 대한 적극적인 행동은 자명종自鳴鐘을 구입한 뒤로, 황윤석은 그 유통경로를 밝혔고 자명종 전체를 해체하여 구조를 관찰하였다. 황윤석이 자명종에 애착을 가진 것은 자명종의 구조가 선기璇璣의 운행이라 할 정도의 내부 기구로 되었기 때문이었다. 이러한 서기에 대한 관심은 황윤석 자신은 완물상지玩物喪志라고 자책하지만 이것은 이수理藪와 관계된 완물이었기 때문에 가능하였고 황윤석의 거문고 제작과도 무관하지 않으며 직접적인 영향을 주었다.

심설心說에서는 황윤석이 고문古文에서 심자心字 해석을 성즉리性卽理를 확인하고 이理가 기氣를 타고 발하는 것으로 설명하였다. 즉 조선초기에는 심자를 성性과 정情, 의意로 설명하였고, 황윤석은 심자를 성과 선악善惡, 이기理氣, 정으로 더 정밀한 해석을 하였다. 심이란 기의 정상精爽에서 더 나아가 기의 신령스러운 곳이 심이라고 규정하였다. 신령스럽다는 표현은 신체와 같은 구체적 형상의 제한을 넘어선 심의 자유로운 활동성을 의미한다. 이러한 현상은 17-18세기에 이뿐만 아니라 심과 물物 그리고 기라고 하는 현실세계를 구성하는 개념으로 관심이 확대되었기 때문이다. 이 과정에서 인간의 도덕성 회복이 강조되면서 심의 존재가 더욱 부각된 측면이 있어서 18세기 조선의 성리학이 심학화의 경향이 두드러졌던 것이다. 이렇게 부각된 심의 존재로 인하여 황윤석은 초년부터 박학할 수 있는 시야를 가졌으며 자신의 금도琴道를 만고심萬古心으로 바탕하여 표현하였다.

황윤석은 독서를 통해서 다양한 서학서西學書를 접하였다. 이때 황윤석의 관심은 천문학과 수학분야뿐만 아니라 음악이론에도 관심이 있어서 그는 청대清代의 『율려정의律呂正義』와 『반궁예악전서泮宮禮樂全書』를 열람하여 악률을 논하기도 하였고, 명대明代의 『악선금보樂仙琴譜』와 청대의 『송풍각금보松風閣琴譜』・『대악원음大樂元音』・『희금순보羲琴舜譜』를 김용겸을 통해서 필사하였다. 서학에 대한 관심과 열정은 격물과 박학정신의 발로였고 이 격물은 도덕적 실천과 결부되어 수양론적 의미도 물론 있지만 구체적 사물들의 실제적 탐구를 중시하는 새로운 경향으로 나타났다.

인물성동론人物性同論은 황윤석이 서양 천문학을 수용하는 사상적 배경이었으며 또 그의 음악인식을 연구하는 데도 중요한 이론적 배경이 되었다. 인물성동론은 북학파에 사상적 근거를 제공함과 동시에 황윤석과 같이 북학파가 아닌 실학자들에게도 서양문물을 받아들이는 데 사상적 배경으로 작용하였다. 인물성동론은 인물성동이 논변에서 나온 하나의 갈래로 사람과 금수, 초목 사이에 원초적인 차이를 설정하여 이들 관계를 차별적으로 인식한 것이 호론湖論계의 주장이다. 반면에 낙론洛論에서는 인성과 물성 모두에 오상五常이 있다고 보고 그들 사이의 근원적 차이를 부정하였다. 낙론에서 이러한 생각이 새로운 물론物論으로 나아간 것은 아니지만 황윤석은 인물성동론을 그의 상수학象數學 연구와 연결시키면서 낙론에 더 적극적인 의미를 부여하였다. 이러한 인물성동론은 황윤석의 학문적 경향이 과학적이고 실용적인 방향으로 나아가는 데 영향을 주었고, 이것은 인간의 심성心性만을 학문의 대상으로 삼던 기존의 학문 경향에서 벗어나 물物도 학문의 대상이 될 수 있다는 새로운 학문경향의 이론적 토대가 구축되어 가고 있음을 보여주었다. 이러한 물론의 부각에 의해 황윤석은 서학을 긍정적으로 평가하며 적극적으로 수용하였다. 따라서 황윤석이 음악인식을 갖게 된 내재적 요인은 인물성동론이요, 외재적 요인은 서학의 수용이었다.

황윤석의 학문적 교유는 어린 시절 백시덕과 정후와의 교유와 김원행·김용겸·서명응·홍대용과의 관계로 나누어 살펴볼 수 있었다. 백시덕은 유형원에게 학문을 배웠던 인물로 황윤석의 학문적 성장은 유형원의 가르침을 받은 백시덕을 통해서 이루어졌다. 황윤석 집안은 선대부터 노론의 핵심인물이었던 김창협의 문하로서 수학하여 노론계 내에서도 낙론계이었다. 이러한 당색에 의해 처족인 정후와 서신으로 학문적 교유를 하였다. 특히 정후와는 호락학심성설湖洛學心性說을 얻어 듣고서 득실을 분별하였다. 여기서 황윤석은 사람이 사물과 다른 중요한 차이를 지적 영명성靈明性에서 찾았고 이것은 기존의 유학자들이 사람과 사물의 차이를 도덕성 내지 선천적 양심에서 찾았던 것과는 구별되는 관점이었다. 이러한 황윤석의 가치관은 그의 실학적 관점에서 나왔으며, 실학적 관점으로 인해서 거문고 음악을 이해하여 『현학금보』를 필사하였고 또 악률에 대한 연구도 탐구하였다.

황윤석은 많은 사람들과 교분을 나누었다. 그 중에서도 황윤석의 음악 인식과 관련해서 영향을 준 지식인은 김원행, 김용겸, 서명응, 홍대용 등으로 압축되었다. 이러한 학문적 교유가 가능했던 것은 그들의 학문적 태도와 사상이 동일한 선상에 있었기 때문에 가능하였다.

황윤석의 학문적 경향은 가학을 통한 이수학理藪學의 시작에서 출발하여 상수학象數學과 명물도수지학名物度數之學의 수용하였다. 황윤석의 선조는 송시열, 기정익, 김창협의 학문적 전통을 이어받았고 이런 가학을 황윤석이 계승하였다. 황윤석은 숙부인 황재중에게도 공부하였고 황재중은 송시열에서 기정익으로 전해지는 학통을 계승하였고, 황전도 숙부를 통해 송시열의 학맥을 동일하게 계승하였다. 황전은 송시열과 김창협, 김창흡으로 이어지는 학통의식을 강하게 지니고 있었다. 그의 나이 14세 때에는 이수에 관심을 갖기 시작하였는데, 이때부터 이기理氣와 상수象數에 관심을 갖게 되었다. 황윤석은 이수를 중요하게 여겨 『성리대전』을 공부하여 『이수신편理藪新編』을 편찬하였다. 따라서 황윤석은 어려서부터 출세를 위한 과거공부 보다는 이에 대한 탐구에 매진하면서 가학을 이어받아 이수학을 시작하였다.

상수학과 명물도수지학에 대한 황윤석의 관심은 김원행 문하에 들어오기 전부터 이미 가학을 통하여 형성되었다. 황윤석은 명분과 의리를 의미하는 이도 중요하지만, 이 이를 현실에 구현할 수 있는 '수數'도 중요하다는 인식을 갖고 있었다. 이처럼 황윤석의 학문적 경향은 조선전기 성리학자들이나 악률의 본질적 가치를 경시하였던 당대 일반 학자들과는 많은 차이를 보였다. 그리고 황윤석은 국가적 차원보다 개인적인 차원에서 악률에 대해 관심을 가졌는데, 이러한 관심의 배경에는 그 당시 낙론의 학풍과 사상이 있었다. 황윤석에게 있어 악률樂律은 학문 세계에 들어서면서

부터 계속되는 화두였으며, 이러한 관심은 다른 학자들의 견해를 수용하면서 한 단계 더 나아가 자신만의 독자적인 악률에 대한 견해를 제시하게 된 배경이 되었다. 이것은 조선전기 때 국가적 차원에서 악률에 대해 관심을 갖던 것과는 차원이 다른 발전이었다. 황윤석에게 있어 악률은 애초부터 상수학과 깊은 관련성을 갖는 것으로, 그의 음악에 대한 관심은 단순한 예술의 문제가 아닌 상수학과 명물도수지학에 대한 관심의 연장선상에서 이해되었다.

앞서 말했듯이 황윤석의 악률인식은 국가적 차원보다는 개인적 관심에서 형성되었다. 황윤석은 이수학에 관심을 갖고 채원정蔡元鄭의 『율려신서律呂新書』를 주해註解하였고, 『악학궤범樂學軌範』과 『동국문헌비고東國文獻備考』 등의 악서를 접하고 상수학에 기초하여 전대前代의 악률이론을 수용함과 동시에 비판을 제기하는 악률인식을 형성하였다. 특히 황윤석은 12율 산출법 중에 삼분손익법三分損益法과 황종黃鐘이 가지는 상징적인 의미, 즉 군자君子의 상象을 가지는 상징성에 의미를 두었다. 또한 변율變律에서 바뀔 수 있도록 작용하는 수인 729를 강조하여 수리적數理的 개념과 황종이 내포하는 상징성을 동시에 아우르는 악률인식을 가졌다. 황윤석의 전대 악률이론은 황종율관의 제작방법 중에 누서법累黍法과 후기법候氣法, 측영법測景法에 대한 자신의 의견을 개진한 것이다. 누서법과 측영법에 대해서 부정하고 비판하였다. 기장으로는 천지의 기氣와 조화될 수 없기 때문에 누서법을 비판하였고, 해 그림자의 장단長短과 척촌尺寸에 의해서 12율관을 구하는 측영법 자체를 부정하였다. 이 두 가지 방법을 비판할 수밖에 없었던 또 다른 이유는 채원정의 『율려신서』에서 '황종관의 길이가 90분이라는 설'과 '12율관의 둘레와 지름이 모두 같다는 설'을 정론으로 삼았기 때문에 누서법과 측영법을 부정하고 비판하였던 것이다. 또 측영법은 조선 중화주의 사상에 입각하여 이적夷狄인 청淸의 조정에서 수용한 율관제작법으로 인식하였기 때문에 부정적인 입장이었다.

   반면, 황윤석은 후기법에 대해서는 수용하는 입장을 표방하였다. 이것은 율관의 제작에 필요한 기는 정밀하면서도 은미하고 유무의 경계에서 없는 듯 있는 듯하니, 바로 그 '기'가 율려律呂의 핵심이라고 보았기 때문에 그는 '기'를 포기할 수 없었던 것이다. 황윤석이 기호학학계에 속하여 '기가 발하여 이가 따른다'라는 인간과 사물에 대한 이해를 주기론主氣論을 따랐기 때문이다. 그래서 그는 '기'를 포기할 수가 없었다. 또 황윤석은 기를 천지의 마음이고 역易의 마음이라고 생각했기 때문에 전통적인 역법에서 24절기節氣는 12절과 12기로 구분되고 이 12기가 12율관과 서로 상응한다. 따라서 후기候氣는 천지의 원기元氣를 헤아리기 때문에 채원정과 황윤석은 후기에 기초할 수밖에 없었다. 후기를 구하는 장소를 북극36도가 아닌 34도에서 찾았으며 조선의 전라도와 충청도 지역에서도 구할 수 있다고 보았다.

   황윤석은 홍대용과는 동문수학한 사이였지만, 전대 악률이론에 대한 견해는 서로 달랐다. 홍대용은 전체적으로 전대 악률이론을 비과학적이라 부정하였다. 서명응은 전대 악률이론을 모두 수용하는 입장으로 홍대용과는 상반되는 견해를 가지고 있었고, 황윤석과는 후기법만 서로 수용하는 입장이었다. 홍대용은 서양천문학과 기하학에 대한 이해가 심화되어 이로 인해 상수론과 삼분손익三分損益의 부정, 수에 대한 새로운 이해로 발전하였기 때문에, 전대 악률이론에 대해 모두 부정하였다. 결과적으로 황윤석은 전대 악률이론 중에 누서법과 측영법을 부정하고 후기법만을 긍정적으로 고수하는 선택적 수용을 하였다. 또 황윤석은 서학을 수용하였으나 중국과 서양의 과학을 조화시켜 이해하고자 하는 중국원류설中國源流說을 주장하였기 때문에 홍대용과는 입장차이가 있었다. 황윤석은 31세에 진사시에 합격한 뒤로부터 그의 서울생활이 시작하여 실학자들과 교유하며 많은 서학서를 접하였고, 김원행 문하에 들어가 인물성동론의 영향으로 상수학과 명물도수지학을 추구하였다. 이런 학문적 교유와 경향을 통하여 황윤석의 악률이론에 대한 지식이 넓혀졌다. 그러나 그는 후기법만은 포기하지 못하고 고수하였다. 이것은 『율려신서』가 주희와 채원정에 의해서 편찬되었고, 또 율은 기장에서 나오는 것이 아니라 성기 지원聲氣之元에서 구해야 한다는 채원정의 입장을 따랐기 때문이다.

하지만 최근 학자들의 후기법의 실험 결과에서 물리적인 공진현상共振現象과 뉴튼의 만유인력 연구 그리고 고대의 점후학적占候學的 측면에서 언급한 사례가 있었다. 황윤석은 서학의 과학성을 깊이 공부하였고 점후학 즉 천문학도 통독한 것을 보면, 당시의 많은 유학자들이 보았듯이 주희와 채원정의 이론에서는 벗어나지 못한 한계를 갖는 것이 아니라 물리적인 공진현상이나 뉴튼의 만유인력의 영향, 혹은 점후학적 측면에서 이해한 것은 아닌가 하는 의문이 든다. 그리고 이 문제는 많은 의문의 여지를 가지고 있고, 기존의 학계에서 후기법에 대한 견해가 편견을 가지고 있는 것은 사실이다. 그 편견의 틀에서 벗어나기 위해 후기법에 대해 재조명돼야 할 것이다.

황윤석은 율과 도량형度量衡이 실생활에 꼭 필요한 내용이라고 보고서 『이재난고』에 정리해 두었는데, 이것은 조선시대 과학과 음악에서 율과 도량형의 관계가 중요하다는 점을 인식하였기 때문이었다.

황윤석의 거문고 음악의 수용 자세와 금도에 대해서는 황윤석은 추성秋城의 송씨宋氏로부터 『양금신보梁琴新譜』를 입수한 뒤 이를 필사하여 『현학금보玄鶴琴譜』라고 명명하였다. 그는 이 『현학금보』에 자신의 입장에 기초한 주註를 달았으며, 각 장과 악곡명을 한글로 표기하였고, 감군은을 『현학금보』에 수록된 악곡들과 구분지어 별개의 곡으로 이해하였다. 또 기존의 『양금신보』에서 중국 칠현금七絃琴의 현絃 사수絲數와 조현법調絃法 등을 기록한 것과는 별개로 『현학금보』에는 조선 거문고의 현 사수와 〈이호선李好善 시용악부時用樂部〉를 기록하였다. 이것은 거문고의 각 줄의 사수는 중국의 칠현금과는 다르다. 기존의 『양금신보』 필사본에서는 중국 칠현금의 실의 수를 그대로 기록하였으나 『현학금보』에는 조선의 거문고 현의 사수를 기록하였다. 이것은 황윤석이 중국의 칠현금보다는 조선의 거문고에 대한 인식이 뚜렷하였으며 또 황윤석이 『양금신보』를 단순히 복사의 목적으로 필사한 것은 아니다. 『현학금보』는 황윤석 자신의 음악적 성과물이자 음악에 대한 애호와 지식의 결과물이었다. 또 『현학금보』는 황윤석이 음악에 대한 태도와 가치관 등을 가질 수 있게 만든 하나의 매개물이다. 이와 같이 황윤석은 성리학뿐만 아니라 역사, 지리, 음운, 철학, 음악 등 여러 학문 분야에서 관심을 가졌으며, 특히 음운 분야에서 황윤석의 학문적 체계와 특징은 독자적으로 형성된 것이 아니라 당시 음악의 시대정신을 표현한 것과 동시에 황윤석 자신의 실용정신을 추구하는 모습을 담고 있었다. 즉 『현학금보』에서 우리말 표기와 국악용어의 우리말 표현, 그리고 조선의 현 사수 등은 중국문화에 대응하여 조선의 전통문화를 재발견하고자 하는 조선 중화주의의 일환으로 황윤석의 음악인식에는 조선 중화주의 사상이 깃들어 있음을 의미한다.

영조 당시에 『양금신보』의 4조調 중심이었던 선법旋法을 〈이호선의 시용악부〉에 우조羽調와 평조平調, 계면조界面調로 3조 중심으로 나타는 시도를 소개했으며, 경안법輕按法과 역안법力按法뿐 만 아니라 차안법差按法이라는 거문고의 새로운 주법을 소개함으로써 당대의 음악에 대한 식견을 보여주었다. 이렇게 황윤석이 당대의 음악적 흐름을 『현학금보』에 담은 사실은 그의 당대 음악에 대한 시의적절하고도 실용적인 태도를 보여준 것이라 하겠다. 따라서 이러한 영조 당시에 사용되는 연주기법과 조현법 등의 내용은 한국 전통음악의 악조와 거문고 주법의 변천과정을 살피는데 중요한 전거가 되므로 『현학금보』가 갖는 음악사적 의의는 고악보 연구에 대한 하나의 기폭제 역할을 할 수 있겠다.

황윤석은 『현학금보』의 필사하여 금도에 입문하였다. 황윤석 초년기의 금도는 만고심이다. 만고심은 『무이도가武夷櫂歌』9곡 중에 5곡에 해

당하는 것인데, 이것은 『서경書經』의 「홍범구주洪範九疇」에서 황극皇極에
속하는 것과 같은 맥락이다. 이러한 뜻에서 주희의 『무이도가』 9곡 중에
중심이 되는 중앙에 배치하여 심의 의미를 강조하였다. 초년기 이후의
금도는 정인심正人心과 양성정養性正이라는 조선전기의 문인들의 일반화
된 금도에 벗어나지 않았다. 홍대용도 진세의 시름을 달래고자 하였는데
이 또한 정인심과 양성정을 지니기 위한 하나의 수단이었다. 또 황윤석은
자신의 금도를 복괘復卦와 예괘豫卦를 다 포함하는 이괘頤卦를 부각시켜
놓았다. 이괘는 산뢰이괘山雷頤卦로 산 아래에 우레가 있는 상象으로, 거
문고의 형상이 주역 64괘중에 '이괘'의 상에 가장 잘 부합되는 양정養正을
뜻하였다. 즉 고금의 앞판은 이괘의 상구上九로 오동나무인 성삼문을, 뒤
판은 산뢰이괘의 초구初九로 밤나무인 박팽년을 뜻한다. 거문고 위와 아
래 판을 성삼문과 박팽년으로 사람을 사물에 비유하여 묘사하였다. 황윤
석은 사람과 사물의 차이를 지적 영명성에서 찾았기 때문에 사물에 동물
과 같은 생물체만을 포함시킨 것이 아닌 무생물체도 포함된다는 측면에
서 사물을 보았다. 이 오동나무와 밤나무에는 성삼문과 박팽년의 꿋꿋한
정기가 이면에 내포되어 있기 때문에 이 고금의 울림이 다른 고금의 울림
과는 차원이 다르다. 즉 만고심을 가슴 중앙에 두고 사람의 마음을 바르
게 하여 사람의 성정을 길러서 간사하고 더러운 것을 깨끗이 씻는다는
말이다. 그렇다고 황윤석이 조선 전기의 문인들과 금도가 동일한 것은
아니다. 왜냐하면 이 만고심이란 「홍범구주」의 9극 중에 5극이기 때문에
기울어지거나 치우침이 없고 위배되거나 편벽되지 않는 중용中庸의 의미
도 포함하고 있다. 이런 결과를 통해서 황윤석은 유가의 이상향을 구현하
기 위해서 금도를 마음에 두었음을 알 수 있었다.

황윤석은 『현학금보』를 필사했을 당시에는 독락獨樂하는 풍류방식을
선택하여 거문고와 함께 무현금無絃琴의 세계로 나아가길 원했고 또 지음
知音을 구해서 구양수歐陽脩의 시문詩文의 세계와 악樂을 즐기는 유유자적

함을 추구하는 풍류방식을 하였다. 이런 풍류방식을 선택한 이유는 자연과 하나 되고 또 거문고와 하나 되기 위한 것이 주목적이기 때문이었다. 이러한 풍류의 세계는 홍대용의 '인물균人物均' 사상과 무관하지 않았다. 홍대용이 무생물체인 거문고를 '물物'로 보고 자신과 거문고가 서로 균등均等하다는 사상이다. 이 사상은 황윤석의 인물성동론과 연결 지을 수 있었는데, 황윤석은 인성뿐만 아니라 물성도 중요하게 인식하였기 때문에 홍대용과 같이 거문고와 하나 되고자 하였다. 홍대용이 실학하기 위해 음악을 하였듯이 황윤석 또한 실천적 삶을 살았다. 황윤석은 19세 때『양금신보』를 필사하여『현학금보』를 엮었고 거기에 발문도 지었다. 이 발문에서 오동나무를 심어서 금도에 입문하고자 했던 마음이 담겨져 있었다. 이러한 사실들은 '서자서書自書' 혹은 '아자아我自我'와는 다르다. 즉 황윤석은 음악 만들기와 즐기기를 실천한 선비였으며, 이론과 실기 그리고 확고한 음악인식을 갖춘, 음악적 입장에서 볼 때 음악과 관련된 지행합일知行合一하는 실학자의 면모를 갖춘 학자였음을 알 수 있었다.

황윤석에게서 고악古樂은 삼대三代의 음악이나 선왕先王의 음악이 아니라 장악원掌樂院에서 아악이나 연향악 등을 연주하는 음악들을 말한다. 황윤석은 능제, 사직과 종묘제향에 참여하여 제례의 절차와 악에 대해 기술하였고,『문헌비고文獻備考』악고樂考를 교정까지 하였다. 이러한 국가음악에 관련된 내용을 교정하도록 요청했다는 사실은 황윤석이 음악에 대한 지식뿐만 아니라 전문가적 식견을 가지고 있었기 때문에 가능하였다. 황윤석은 거문고만을 연주하는 즉 금악今樂만을 논할 수 있는 차원이 아니라 고악도 함께 논할 수 있는 그러한 차원이었다. 그리고 황윤석은 지방의식 음악에도 관심을 갖고 있었으며, 그의 음악에 대한 관심은 폭넓고 다양하였다. 황윤석은 노론 낙론계의 인물성동론의 영향으로 민民에 대한 중요성을 인식하여 금악今樂 중에 민요와 시조에 관심을 가졌으며, 민요와 시조를 통하여 일반백성의 음악을 논쟁의 대상으로 끌어들이는 등 민요와 시조를 통해서 민民에 대한 의식을 부각시켰다. 황윤석이 추구하는 금악은 일상생활에서 거문고를 연주하고 노래하며 문인이나 벗들과 여민동락與民同樂할 수 있는 소박한 차원에서의 금악이었다.

황윤석의 음악에 대한 인식은 한국음악학계에서 북학파나 근기남인계 실학파들의 그것보다 음악사적으로 중요하게 부각되지 못한 것이 사실이다. 그러나 황윤석의 음악인식에 담긴 그의 민民에 대한 의식, 조선 중화주의, 실용성을 중시하는 정신 세계 등에 기초한다면 황윤석에 대한 재평가가 이루어질 필요가 있다고 생각한다.

그동안 한국음악학계에서 거의 주목받지 못했던 황윤석의 음악인식과 음악에 대한 태도를 다양한 접근을 통해 시도하였다는 점에서 이 연구의 의의가 있다. 뿐만 아니라 황윤석의 음악인식을 살펴보는 과정에서 정치·문화·사회·역사·예술 등 다양한 학문분야에 영향을 끼친 황윤석의 학문 세계를 두루 살펴보았다는 점에서도 본 연구의 의의가 있다.

본서에서는 조선후기 영·정조대 인물인 황윤석을 중심으로 학문과 음악에 대한 이해의 깊이를 더하기 위하여 그의 저작 『이재난고』의 음악기사 등을 중심으로 고찰하였다. 이를 통해서 황윤석의 음악인식의 형성 배경을 비롯하여 황윤석의 악률인식과 황윤석의 거문고 음악의 수용과 금도 및 당대 음악에 대한 인식 등을 밝힐 수 있었다. 그러나 『이재난고』의 방대한 자료를 통해서 황윤석의 학문과 음악을 모두 밝히는 데는 한계가 있으므로, 황윤석의 학문과 음악인식에 대한 연구는 시작에 불과하다. 따라서 이러한 한계점을 보완하기 위하여 『이재난고』에 남아있는 음악 자료들을 더 검토하여 황윤석의 학문과 음악을 바탕으로 그의 음악사상과 후기법이 공진현상이나 뉴튼의 만유인력, 점후학적 측면에 대한 연관성을 밝혀보기를 기대한다.

부록

『현학금보玄鶴琴譜』

　『현학금보玄鶴琴譜』는 황윤석黃胤錫 19세 때(1747년, 영조 23) 양덕수梁德壽의 『양금신보梁琴新譜』를 입수하여 전사한傳寫한 금보琴譜이다. 이 『현학금보』에서 황윤석의 자字인 '영수永叟'와 발문跋文인 「금보후서琴譜後序」에 '서명산인황영수찬병서西溟散人黃永叟撰幷書'라고 호號와 자字를 함께 근서謹書한 기록이 있어서 황윤석이 직접 필사하였다는 사실을 알 수 있다.

　『현학금보』의 서지사항을 살펴보면, 크기는 20×25.5㎝, 전체 장수張數는 앞뒤 표지를 제외하고 황윤석의 '이호선시용악부李好善時用樂部' 인용부분을 포함해서 총 29장이다. 제목은 빛바랜 황색표지에 전서篆書와 해서楷書로 '현학금보玄鶴琴譜'이라고 묵서墨書하였다. 장정裝訂은 종이끈을 이용하여 오침안五針眼으로 묶었다. 기존의 『양금신보』 필사본에서 나타나지 않는 '금보琴譜'라는 판심제가 보인다. 금보책의 종류는 사본寫本으로, 바탕이 된 책을 옆에 놓고 보면서 그대로 닮게 베껴 쓴 것인 임사본臨寫本에 해당된다. 『현학금보』는 1747년에 필사한 것이지만 보관 상태는 전체적으로 양호한 편이며, 금보의 내용적 손상은 거의 없는 것으로 확인되었다. 또 이 『현학금보』는 황윤석에 의해서만 필사되었고 다른 이에 의해 가필加筆된 부분은 전혀 없었다. 이 사실은 '황윤석의 유품인 『이재난고頤齋亂藁』나 『현학금보』 등은 집안대대로 후손들이 가필을 하지 못하도록 하였다'는 황윤석의 8대손 황병관黃炳寬의 대화를 통해서 확인할 수 있었다.

『현학금보』의 내용적 특징은 네 가지 점에서 기존의『양금신보』와 차이점이 있다. 첫째 없는 주註를 달아 논점과, 둘째 악곡명과 그 용어를 순 우리말로 병기한 점, 셋째 감군은 평조 4편을 수록한 곡들과 구분지어 본 점, 넷째 현絃의 사수絲數와 영조英祖 때 평조계면조平調界面調와 우조계면조羽調界面調를 하나로 통일되었던 점을 보여주는 〈이호선 시용악부〉의 인용이 있는 점이다.

이상에서 『현학금보』는 서지학 측면과 한국음악학 측면에서 사료적 가치를 가진다. 특히 한국음악학 측면에서는 고악보古樂譜 연구에 중요한 사실을 밝혀주는 금보로서 그 사료적 가치가 클 것으로 보인다.『현학금보』의 존재는 1969년 권오성權五聖 교수에 의해서 확인되어 경향신문(10월 11자)에 보도되었고, 이후 강한영姜漢永에 의해 재확인된 바 있으나 한국음악학계에 제대로 소개된 적은 없었다. 이 책에 부록한『현학금보』는 황윤석의 8대손 황병관(全羅北道 高敞郡 星內面 槽東里 590 - 2)이 소장하였다.

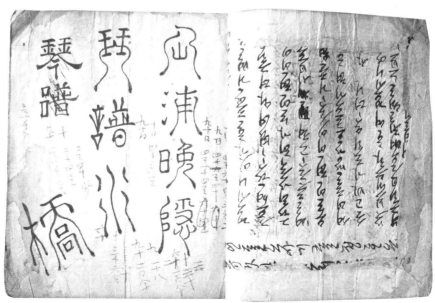

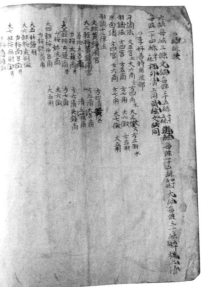

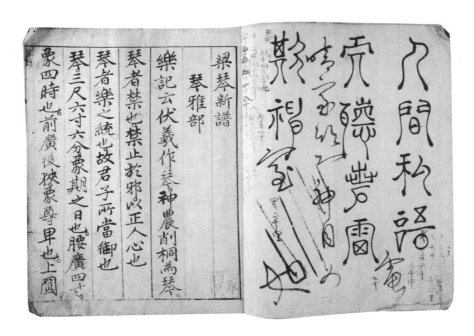

梁琴新譜

琴雅部

樂記云伏羲作琴 神農削桐爲琴

琴者禁也 禁止於邪 以正人心也

琴者樂之統也 故君子所當御也

琴三尺六寸六分 象期之日也 腰廣四寸

象四時也 前廣後狹 象尊卑也 上圓

下方象天地也絃有五象五行也徽十有
三象十二律也餘一閏也大絃為君小絃
為臣文王武王各加一絃是謂七絃
玄琴鄉部
初晉人以七絃琴送高句麗人不知
鼓之法時第二相王山岳改易其法制兼
製曲以奏之於是玄鶴來舞遂名曰玄鶴

琴後但云玄琴又有王寶高者入地理山
學琴五十年傳續命得之傳貴金之
亦入地理山不出王恐琴道之不傳以
興遣長清安諸山中學之傳其所秘
伊湌允興為南原守俾傳其業允
飄風等三曲安清傳其子克宗之所
製音曲有平調羽調高麗毅宗

朝郎中鄭敍謫東萊召命久不至
敍乃撫琴作歌詞極悽惋後人名
其曲曰鄭瓜亭時用大鸞慢中數
皆出於鄭瓜亭三機曲中
號

玄琴
平調散形

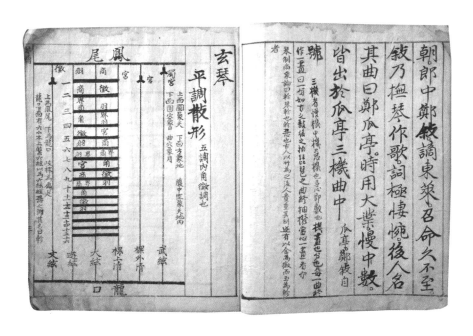

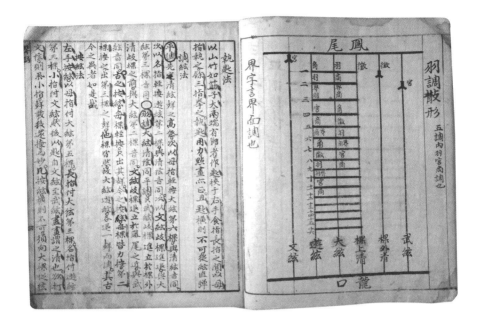

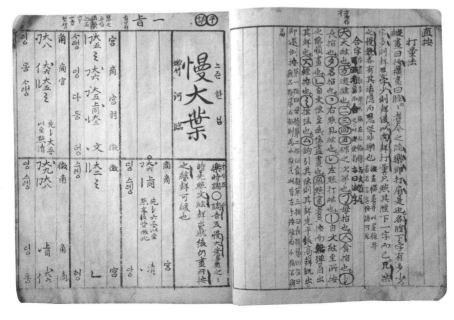

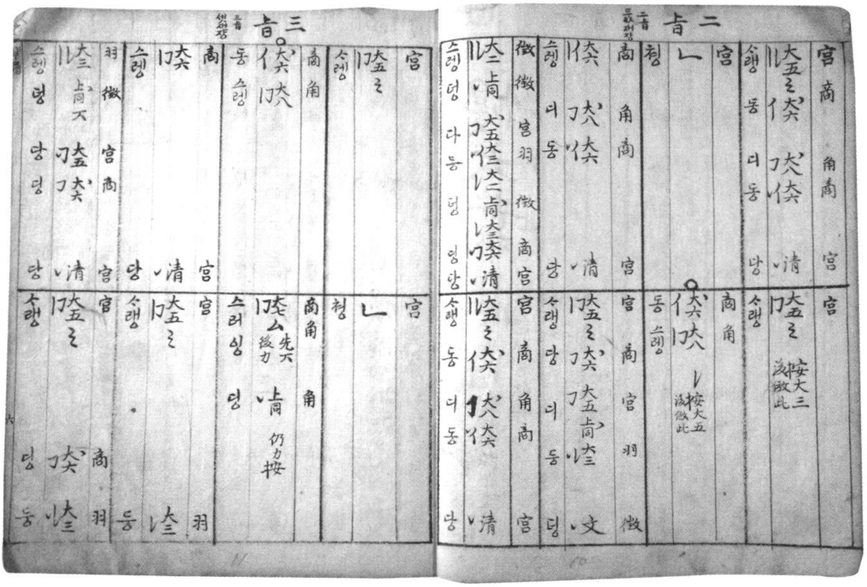
三旨
二旨

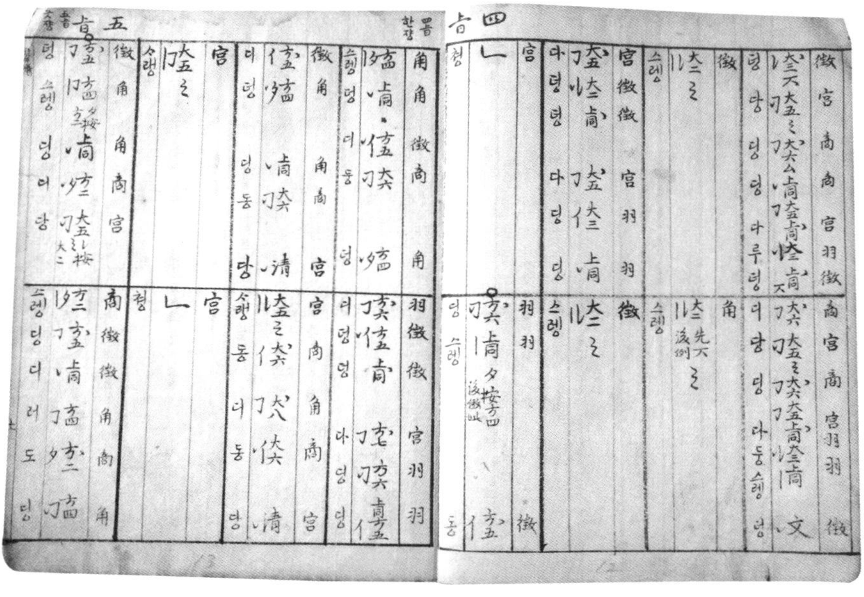
五旨
四旨

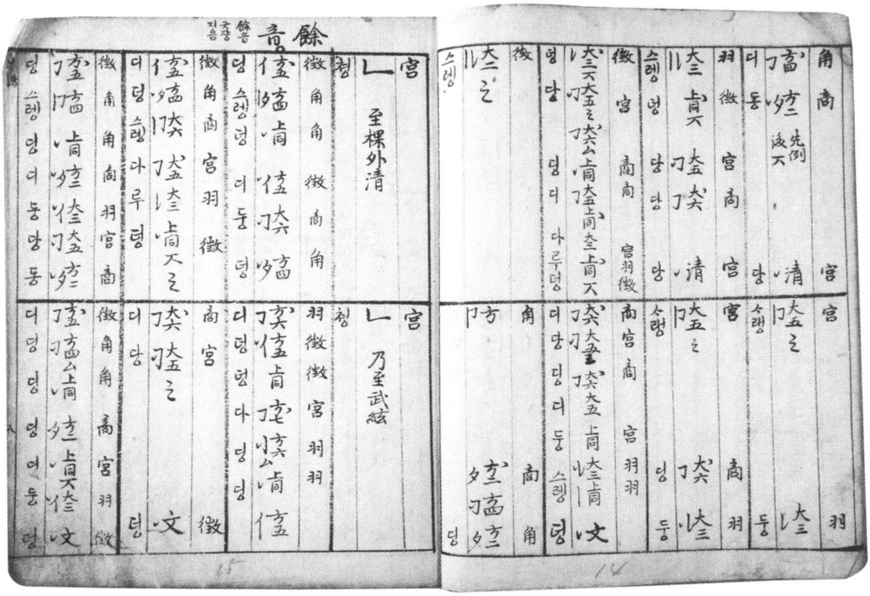
餘音
至棵外清
乃至武絃

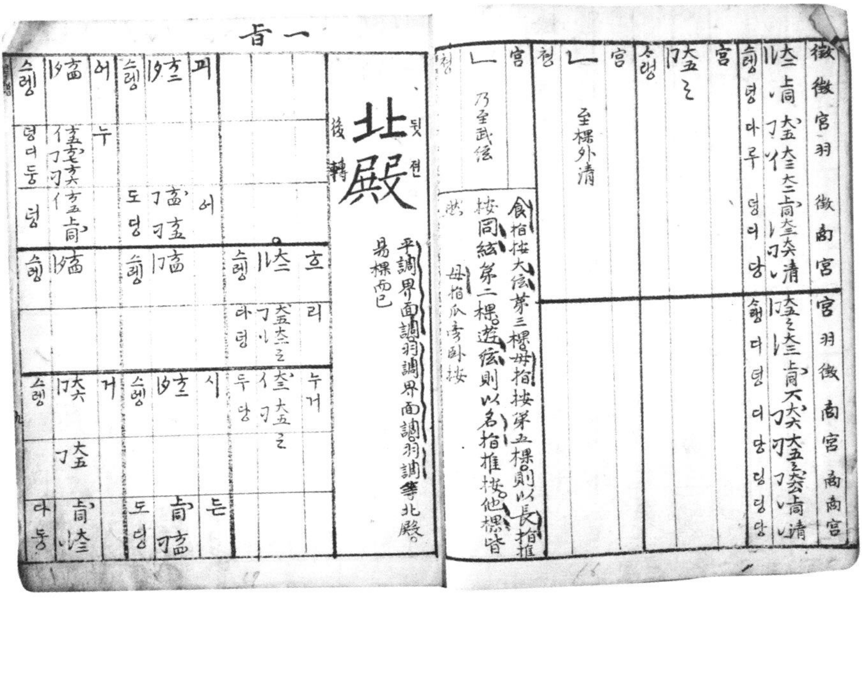
一旨
北殿
後轉
平調界面調羽調界面調羽調皆北殿
至棵外清
乃至武絃

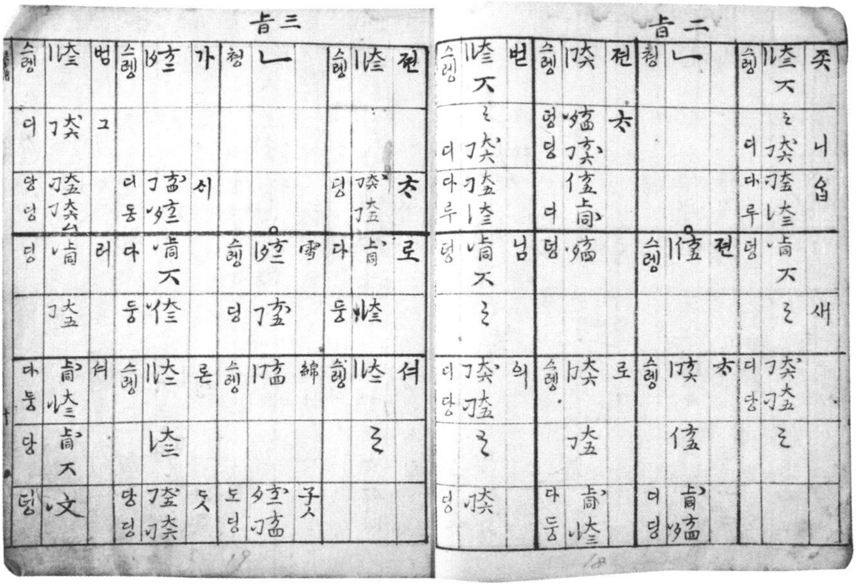
三旨
二旨

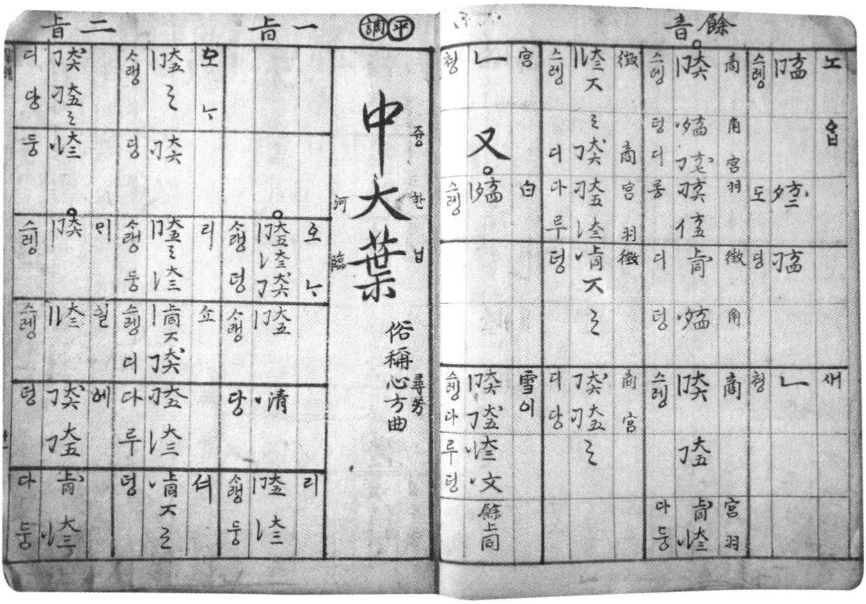
二旨
一旨
平調
餘音
中大葉
俗稱心方曲

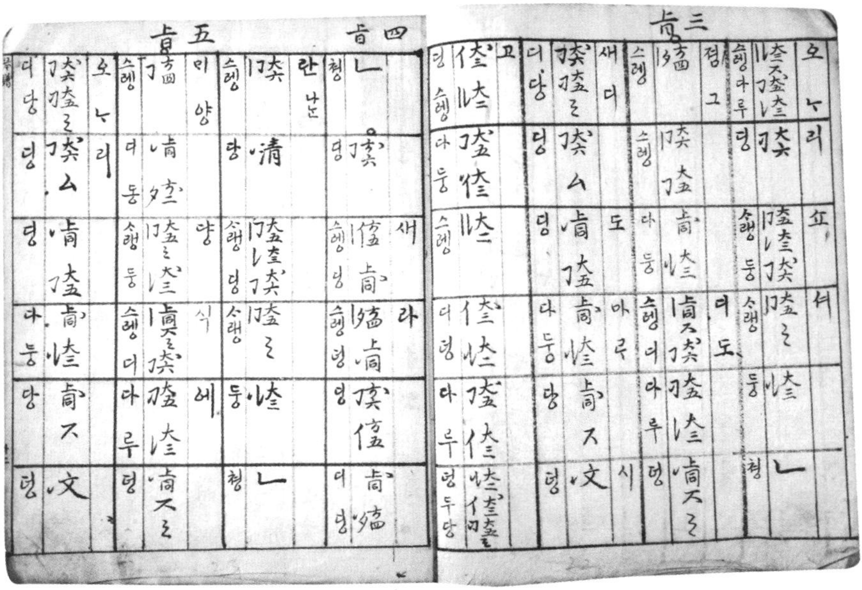

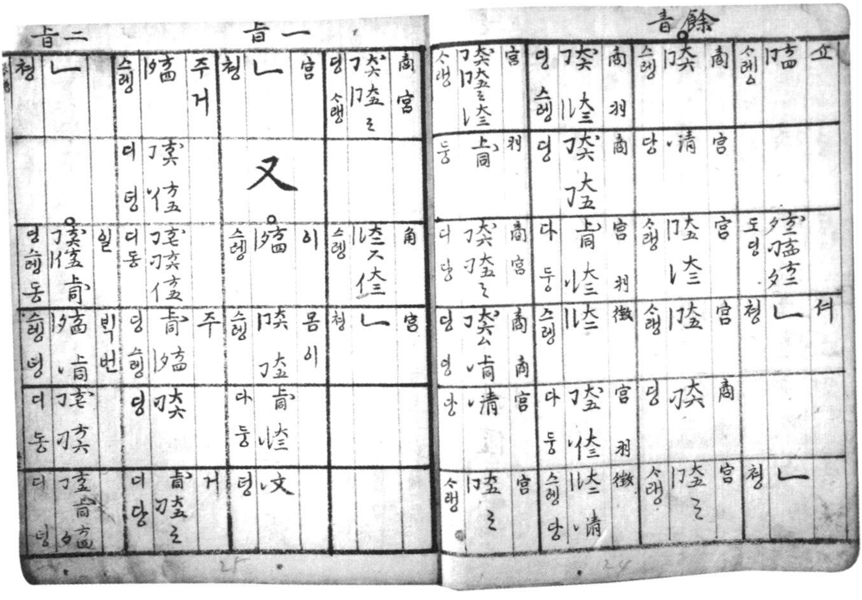

中大葉

羽調

河臨

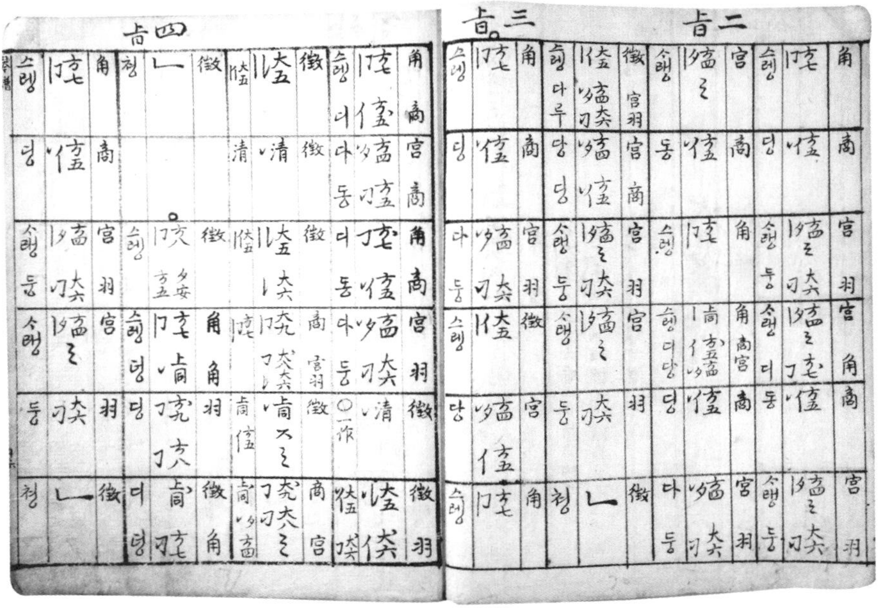
四旨
三旨
二旨

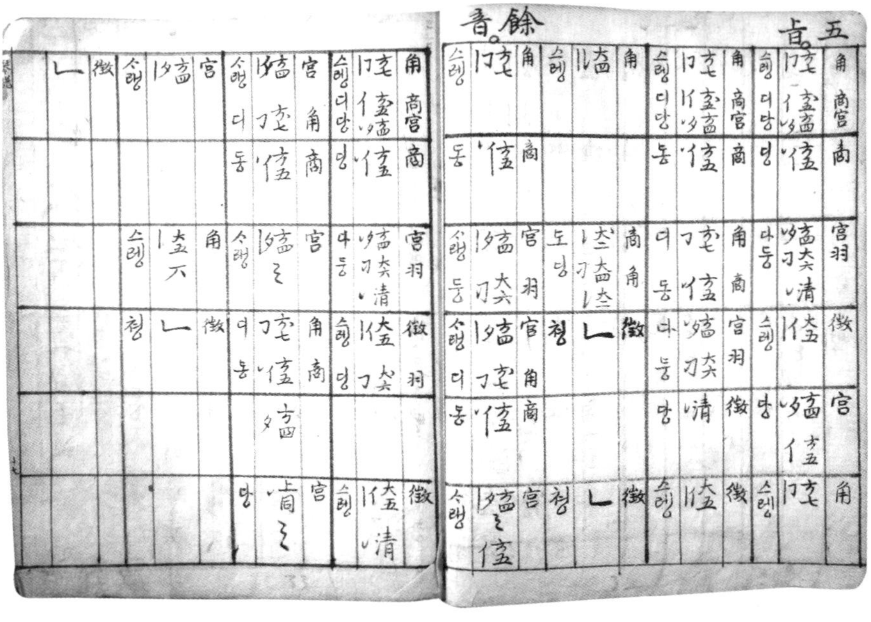
餘音
五旨

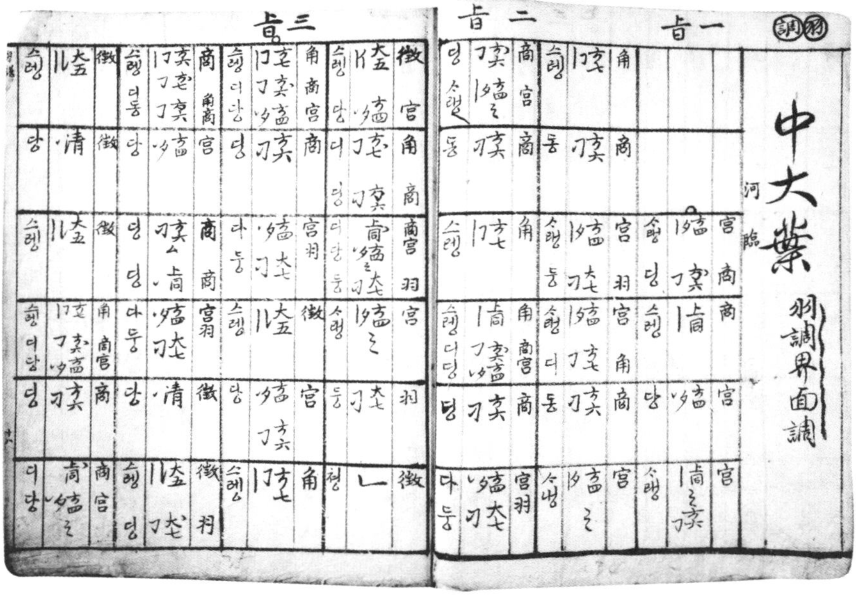
中大葉
羽調界面調
河臨

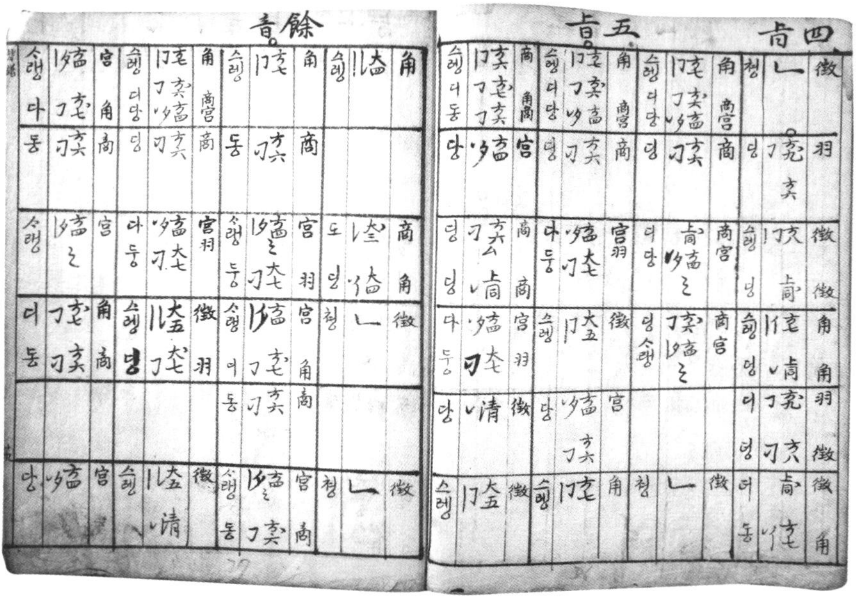
餘音

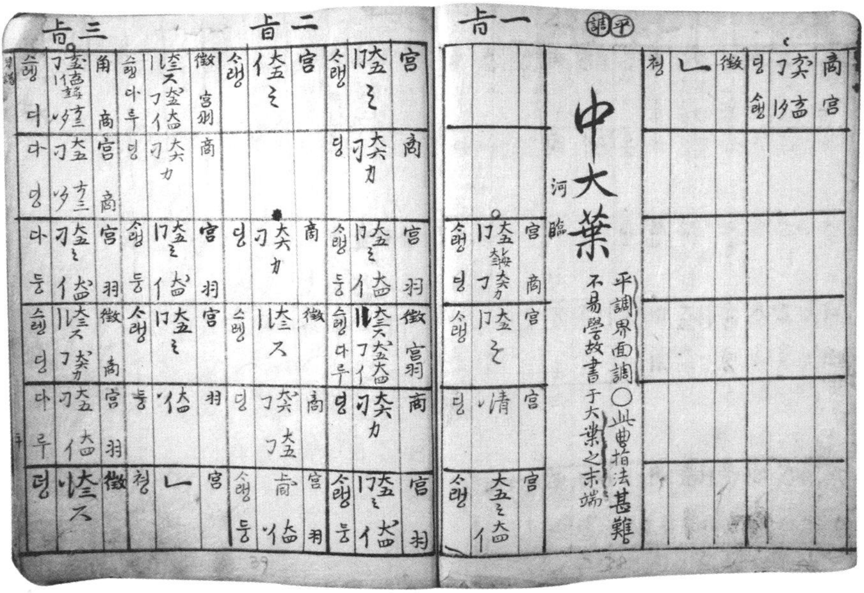
三旨
二旨
一旨
平調
中大葉
河臨
平調界面調○此曲指法甚難
不易學故書于大葉之末端

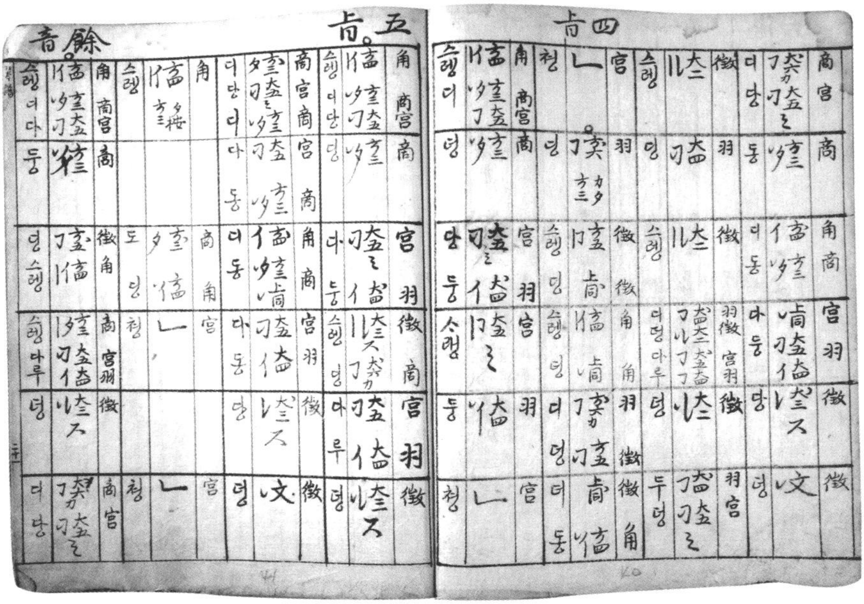
餘音
五旨
四旨

調音

俗稱 다스림 ○調音似當書于大業
之于末
即連音調弦也

數大業與民樂失虛子靈山會上等曲用柃舞
踏之卽非學琴之先務姑識之

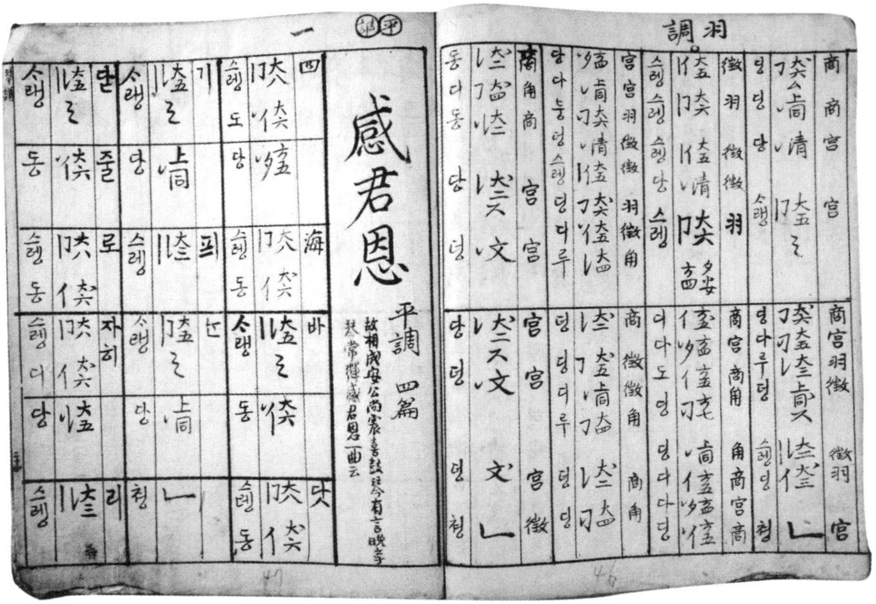

羽調
感君恩
平調 四篇

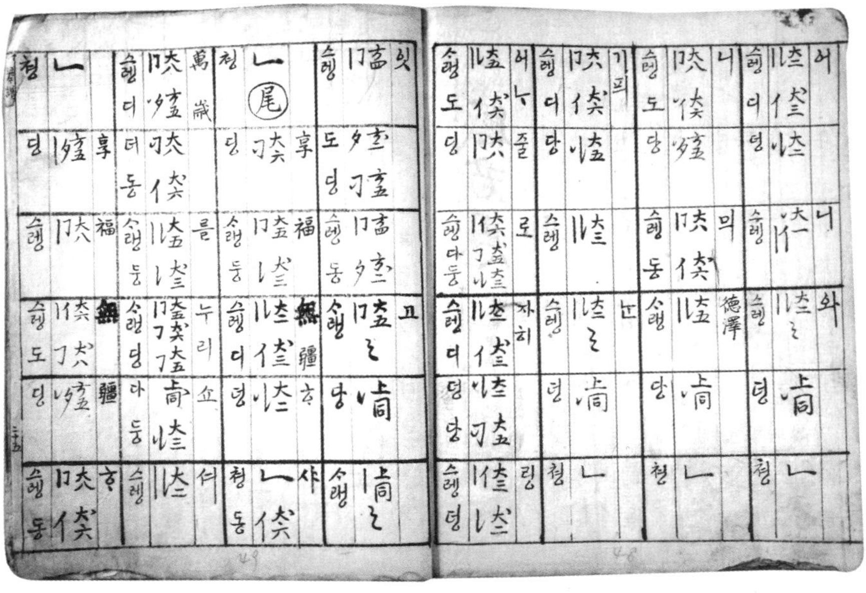

尾

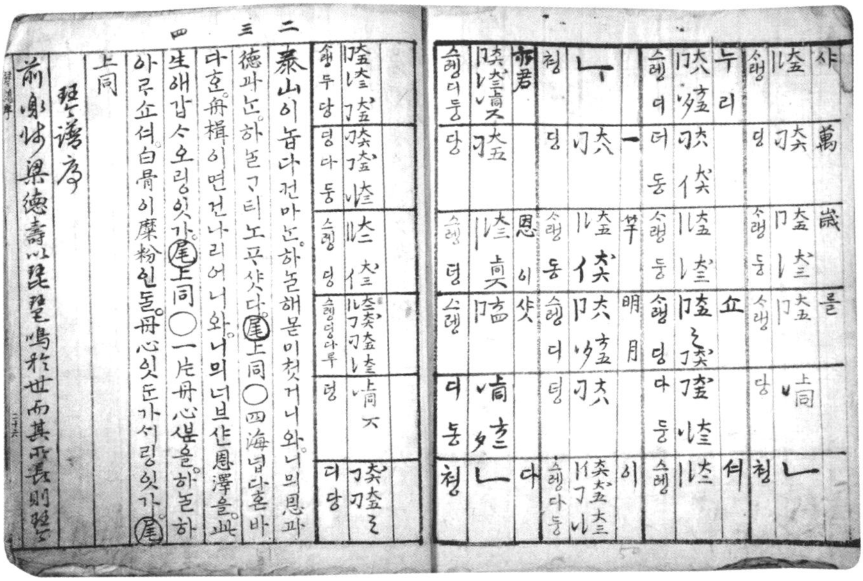

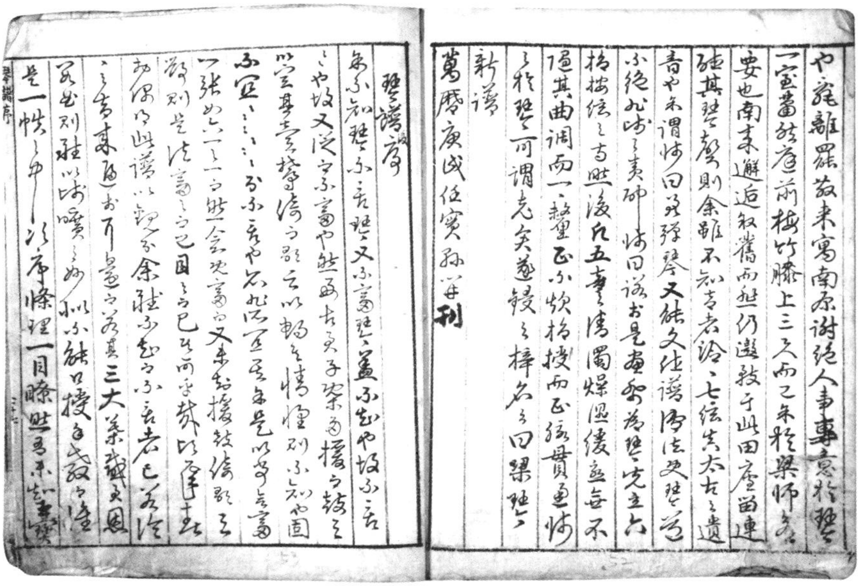

참고문헌

1. 1차 資料

1) 黃胤錫 文集 사료

『理藪新編』上・下(황윤석, 아세아문화사, 1976)

『頤齋亂藁』(황윤석, 한국학중앙연구원 1~9, 2004).

『頤齋續稿』(황윤석, 조선춘추사, 1943).

『頤齋遺稿』(황윤석, 한국문집총간 246, 민족문화추진회, 2000).

『頤齋全書』Ⅰ・Ⅱ・Ⅲ(황윤석, 경인문화사, 1975).

『增補解凍異蹟』(역주 신해진・김석태, 서울: 경인문화사, 2011.

2) 그 외 사료

『論語』(학민문화사, 2002).

『陶庵集』(李縡, 한국문집총간 194~195, 민족문화추진회, 1998).

『晚隱先生文集一』(黃壤,『韓國歷代文集叢書』1018, 서울: 한국문집편찬위원
　　　회, 경인문화사, 1973).

『孟子』(학민문화사, 1998).

『文獻通考』上・下(馬端臨 撰, 中華書局, 2006).

『瓶窩歌曲集』(李衡祥, 東大韓國學硏究所, 1978).

『書傳』(학민문화사, 1998).

『律呂新書』(蔡元定,『性理大全』2, 중국: 山東友宜書社, 1989).

『入學圖說』(權近)

『周易』(학민문화사, 1990).
『春官通考』上(대동문화연구원, 1975).
『皇極內篇』(蔡沈, 『性理大全』 2, 중국: 山東友宜書社, 1989).

3) 음악학 자료

『琴譜 單』, 『韓國音樂學資料叢書』17(서울: 은하출판사, 1985).
『琴譜』, 『韓國音樂學資料叢書』19(서울: 은하출판사, 1985).
『琴譜』, 『韓國音樂學資料叢書』2(서울 은하출판사, 1980).
『南薰遺譜』, 『韓國音樂學資料叢書』18(서울: 은하출판사, 1985).
『樂章要覽・虛舟琴譜吳熹常琴譜・峨洋古韻・蒼下遺筆』, 『韓國音樂學資料
　　叢書』39(서울: 국립국악원), 2004.
『梁琴新譜』(서울: 通文館, 1959).
『梁琴新譜』(서울대규장각, 가람古貴 780.951-Y17y).
『梁琴新譜』(한국학중앙연구원, 장서각, 貴 C10F 6).
『平調中大葉譜 외』, 『韓國音樂學資料叢書』34(서울 : 국립국악원), 1999.
『韓國民俗綜合調査報告書』(全羅北道 篇), 文化公報部 文化財管理局, 1971.

4) 國譯書와 譯註書 등

國譯 『國朝人物考』7(세종대왕기념사업회 편, 서울 : 세종대왕기념사업회, 2001)
國譯 『湛軒書』(홍대용, 서울: 민족문화추진회, 1974).
國譯 『燕巖集』(박지원, 서울: 민족문화추진회, 2004).
國譯 『星湖僿說』(이익, 서울: 민족문화추진회, 1978).
國譯 『新增東國輿地勝覽』(노사신 등, 서울: 민족문화추진회, 1969).
國譯 『頤齋漫錄』上(박순철・노평규・김영 譯, 전북대학교 이재연구소, 서울:
　　신성출판사, 2012).
國譯 『頤齋遺稿』Ⅰ(박순철・노평규・김영 譯, 전북대학교 이재연구소, 서울:
　　신성출판사, 2011).
國譯 『人政』(최한기, 서울: 민족문화추진회, 1980).

國譯 『陟州誌』(배재홍옮김, 삼척: 삼척시박물관, 1997).

國譯 『弘齋全書』(정조, 서울: 민족문화추진회, 1997).

譯註 김근, 『呂氏春秋』(서울: 민음사, 1993).

譯註 『詩樂和聲』(김종수・이숙희, 서울: 국립국악원, 1996).

譯註 『增補文獻備考』上下(김종수, 서울: 국립국악원, 1994).

전통예술원, 『조선후기 문집의 음악사료』(서울: 민속원, 2000).

조남권・김종수 공역, 『禮記』 「樂記」(서울: 민속원, 2005).

5) 사전

『中國音樂辭典』(북경: 인민음악출판사, 1985)

『中文大辭典』 제5권(中華學術院, 1973)

南廣祐, 『古語辭典』, 서울: 교학사, 1997.

6) 전자자료

『國朝五禮儀』, 한국역사정보시스템 왕실도서관 장서각 디지털 아카이브
     (http://yoksa.aks.ac.kr)

평해황씨 인터넷 족보(http://hwang.ne.kr).

한국국학진흥원, 「조선시대 선비들의 풍류」(http://story.ugyo.net).

한국의 지식콘텐츠(출처 : www.krpia.co.kr).

한국학중앙연구원, 『한국민족문화대백과사전』 CD, 성남: 한국학중앙연구원,
     1991.

한국학중앙연구원, 『한국향토문화전자대전』, 「디지털남원문화대전」
     (http://www.grandculture.net).

2. 2차 자료

1) 單行本

강신항 외, 『『이재난고』를 통해본 지식인의 생활사연구』, 성남: 한국학중앙연

구원, 2007.

구만옥, 『조선후기 과학사상사연구 Ⅰ-朱子學的 宇宙論의 變動-』, 연세국학총서 40 서울: 혜안, 2004.

금장태, 『한국유교의 이해』, 서울 : 민족문화사, 1989.

김문식, 『朝鮮後期 知識人의 對外認識』, 서울: 새문사, 2009.

김병호강의·김진규구성, 『亞山의 周易講義』 上, 부산: 소강출판사, 1999.

김수현, 『조선시대 악률론과 『시악화성』』, 서울: 민속원, 2012.

김영식편, 『중국 전통문화와 과학』, 서울: 창작과 비평사, 1986.

김종수, 『조선시대 궁중연향과 여악 연구』, 서울: 민속원, 2001.

길진숙, 『조선전기 시가예술론의 형성과 전개』, 소명출판사, 2002.

南廣祐, 『古語辭典』, 서울: 교학사, 1997.

노대환, 『東道西器論 형성 과정 연구』, 서울: 일지사, 2005.

노혜경, 『조선후기 守令 行政의 實際-黃胤錫의 『頤齋亂藁』를 중심으로-』, 서울: 혜안, 2006.

도 일, 『七絃琴經』, 서울: 티웰, 2011.

리우짜이성[劉再生]지음/김예풍·전지영 옮김, 『중국음악의 역사』, 서울: 민속원, 2004.

문석윤, 『湖洛論爭 형성과 전개』, 서울: 동과서, 2006.

朴齊家, 전관수옮김, 『北學義』, 서울: 두산동아, 2010.

서지학개론편찬위원회, 『서지학개론』, 서울: 한울아카데미, 2009.

송방송, 『증보한국음악통사』, 서울: 민속원, 2007

송지원, 『정조의 음악정책』, 서울: 태학사, 2007.

양 인리우 지음·이창숙 옮김, 『중국고대음악사』, 서울: 솔, 1999.

유봉학, 『燕巖一派 北學思想 연구』, 서울: 일지사, 1995.

이동복, 『韓國 古樂譜 研究』, 서울: 민속원, 2009.

이완재, 『18세기 조선지식인의 문화의식』, 서울: 한양대학교 출판부, 2001.

李元淳, 『朝鮮西學史研究』, 일지사, 1986.

이재연구소, 『頤齋 黃胤錫의 學問과 思想』, 서울: 경인문화사, 2009.

이형상저·김동준 편저, 『樂學拾零』, 서울 : 東大韓國學硏究所, 1978.

이혜구, 『증보한국음악연구』, 서울: 민속원, 1996.

장사훈, 『增補韓國音樂史』, 서울: 세광출판사, 1994.

정성희, 『조선시대 우주관과 역법의 이해』, 서울: 지식산업사, 2005.

천혜봉, 『韓國書誌學』, 서울: 민음사, 2006.

최삼룡 외, 『頤齋 黃胤錫-영·정 시대의 호남실학-』, 서울: 민음사, 1994.

최영성, 『한국유학통사(중)』, 서울: 심산, 2006.

허탁·이요성 역주, 『朱子語類』 우주와 인간에 대한 토론1』, 서울: 청계, 1998.

현상윤지음·이형성교주, 『조선유학사』, 현음사, 2003.

홍만종, 『海東異蹟』, 『을유문고』241, 서울: 을유문화사, 1982.

許興植編著, 『韓國金石全文』, 성남: 亞細亞文化社, 1984.

2) 硏究論文

강명관, 「조선전기 고려가요의 전승과 시조사의 문제」, 『조선시대 문학예술의 생성 공간』, 서울: 소명출판사.

강신항, 「황윤석의 국어인식」, 『『이재난고』로 보는 조선 지식인의 생활사』, 성남: 한국학중앙연구원, 2007.

권오영, 「18세기 洛論의 學風과 思想의 계승양상」, 『진단학보』108호, 서울: 진단학회, 2009.

_____, 「黃胤錫의 학문생활과 사상경향」, 『『이재난고』로 보는 조선 지식인의 생활사』, 성남: 한국학중앙연구원, 2007.

_____, 호락논변의 쟁점과 그 성격, 『기호유림의 사상과 활동』, 서울: 돌베개, 2003.

권태욱, 「다산 정약용의 음악사상 연구-『樂書孤存』을 중심으로-」, 경산: 영남대학교 박사학위논문, 2000.

금장태, 「동서교섭과 근대한국사상의 추이에 관한 연구-18·19세기 조선사회에 있어서 유학과 서학의 교섭을 중심으로-」, 서울: 성균관대학교 박사학위논문, 1978년.

김낙진, 「황윤석의 동서양 자연학의 절충과 시대적 한계」, 『도설로 보는 한국 유학』, 서울: 예문서원, 2000.

김도형, 「頤齋 黃胤錫의 記 연구」, 『韓國言語文學』, 제88집, 한국언어문학회, 2014.

_____, 「황윤석의 학문적 경향과 작품 양상 : 漫錄과 渼上錄을 중심으로」, 『韓國言語文學』, 제84집, 한국언어문학회, 2013.

김문석[외저], 「국가제례의 변천과 복원」, 『서울 20세기 생활·문화변천사』, 서울시립대학교서울학연구소[공편]서울시정개발연구원, 2001.

_____, 조선후기 지식인의 對外認識, 『한국실학연구』 제5집, 서울: 한국실학학회, 2003.

김문용, 「18세기 주자학적 천인관계론의 향방 : 頤齋 黃胤錫의 경우를 중심으로」, 『한국철학논집』, 제39집, 한국철학사연구회, 2013.

김성기, 「면앙 송순 시조의 전승 연구」, 『시조학논총』 제 16집, 서울: 한국시조학회, 2000.

김세중, 「'송씨이수삼산재본'계 거문고보 淺見錄」, 『한국전통음악학』 제6호, 서울: 한국전통음악학회, 2005.

김수현, 「黃胤錫의 일기 『頤齋亂藁』 에 언급된 樂律에 대한 고찰」, 『유교사상문화연구』, 58집, 서울: 한국유교학회, 2014.

_____, 「『시악화성』의 악률론 연구」, 성남: 한국학중앙연구원, 한국학대학원 박사학위논문, 2010.

김영운, 「漢文 讀書聲(聲讀)의 音樂的 硏究」, 『한국음악연구』 제36집, 서울: 한국국악학회, 2004.

김윤정, 「18세기 예학 연구-洛論의 예학을 중심으로-」, 서울: 한양대학교 박사학위논문, 2011.

김은자, 「조선시대 使行을 통해 본 韓·中·日 음악문화」, 성남: 한국학중앙연구원 한국학대학원 박사학위논문, 2011.

남상숙, 「律學의 研究成果와 研究方向」, 『한국음악사학보』, 서울: 한국음악사학회, 제32집, 2004.

노혜경, 「황윤석의 문헌자료 검사-문집을 중심으로」, 『장서각』 제9집, 2003.

唐繼凱, 「候氣法疑案之發端」, 交響-西安音樂學院學報, 2003.

민주식, 「조선시대 지식인의 미적 유토피아-'武夷九曲'의 예술적 표현을 중심으로-」, 『미학』 제26권, 서울: 한국미학회, 1999.

박권수, 「조선후기 象數學의 발전과 변동」, 서울: 서울대학교 박사학위논문, 2006.

박명희, 「頤齋 黃胤錫의 시조 漢譯詩에 나타난 指向 의식과 의의」, 『한국고시가문화연구』, 제34집, 한국고시가문화학회, 2014.

박순철, 「頤齋 黃胤錫의 詩書畵觀 研究 : 中國 詩書畵觀의 影響을 中心으로」, 『中國學論叢』,제48집, 韓國中國文化學會, 2015.

박현순, 「지방 지식인 黃胤錫과 京華士族의 교유」, 『韓國史研究』, 163, 韓國史研究會, 2013.

박흥수, 「李朝尺度에 관한 연구」, 『대동문화연구』 제4집, 서울: 성균관대학교 대동문화연구원, 1967.

서동일, 「『이재난고』에 나타난 조선후기 호락논쟁」, 『고문서연구』 20집, 서울: 한국 고문서학회, 2002.

성기련, 「18세기 판소리 음악문화 연구」, 『한국음악연구』 34집, 서울: 한국국악학회, 2003.

성영애, 「『律呂新書』에 대한 黃胤錫의 見解-『頤齋亂藁』를 중심으로-」, 『온지논총』 제26집, 서울: 온지학회, 2010.

송방송, 「Ⅲ. 문학과 예술의 새 경향」, 『한국사』35권, 국사편찬위원회, 1997.

_____, 「『율려신서』해제」, 『온지논총』 제10집, 서울: 온지학회, 2009.

송지원, 「시악묘계를 통해 본 서명응의 詩樂論」, 『한국학보』 26권 3호, 서울: 일지사, 2000.

_____, 「성대중이 묘사한 18세기 음악사회의 몇 가지 풍경」, 『문헌과 해석』 봄 통권22호, 2003.

송혜진, 「조선시대 文人들의 거문고 수용 양상 -詩文과 산수인물화를 중심으로-」, 『이혜구박사구순기념 음악학논총』, 서울: 이혜구학술상 운영위원회, 극동문화사, 1998.

신대철「거문고와 그 음악에 관련된 연구동향」(국악원논문집』제10집, 서울: 국립국악원, 1998.

신소희, 「경기민요 창부타령에 관한 연구」, 용인: 단국대학교 석사학위논문, 2007.

신현남, 「『양금신보』의 사료적 가치」,『국악과 교육』제29집, 서울: 한국국악 교육학회, 2010.

심소희·구현아, 「조선시기 최석정과 황윤석의 성음인식 비교 : 『皇極經世· 聲音唱和圖』에 대한 훈민정음 표음체계의 분석을 중심으로」, 제 45집, 『中國言語硏究』, 한국중국언어학회, 2013.

안대옥, 「18세기 正祖期 朝鮮 西學 受容의 系譜」,『東洋哲學硏究』, 제71집, 東洋哲學硏究會, 2012.

오수경, 「18세기 서울 文人知識層의 性向-'燕巖그룹'에 관한 硏究의 一端-」서 울: 성균관대학교 박사학위논문, 1990.

옥영정, 「『임원경제지』현존본과 서지적 특성」,『풍석 서유구와 임원경제지』, 서울: 소와당, 2011.

유기상, 「頤齋 黃胤錫의 풍수지리 인식」,『韓國思想史學』, 제50집, 한국사상 사학회, 2015.

유봉학, 「燕巖一波 北學思想의 연구」, 서울: 서울대학교 박사학위논문, 1992.

유영옥, 「鄕儒 黃胤錫의 京科 응시 이력」,『대동한문학』, 제44집, 대동한문학 회, 2015.

유재영, 「이조후기 국어학에 공헌한 실학사상-특히 이재 황윤석을 중심으로-」, 논문집 4집, 익산: 원광대학교, 1969년.

이봉호, 「서명응의 先天學 體系와 西學 解釋에 관한 연구」, 성균관대 박사학 위논문, 2005.

이상봉, 「이재 황윤석 한시의 두보시어 활용 양상」,『대동한문학』, 제43집, 대동한문학회, 2015.

_____, 「청년 황윤석의 한시에 나타난 經世 포부와 자기반성」,『東洋漢文學

研究』, 제39집, 東洋漢文學會, 2014.

이선아, 「18세기 실학자 黃胤錫家의 학맥과 湖南 洛論」, 『지방사와 지방문화』, 제15권 2호, 역사문화학회, 2012.

_____, 「영조대 정국 동향과 호남지식인 황윤석의 학맥과 관료생활」, 『지방사와 지방문화』 13권 2호, 부산: 역사문화학회, 2010.

이숙희, 「茶山 丁若鏞의 樂律學 및 中國古代樂律學의 비교연구」, 대구: 경북대학교 석사학위논문, 1992.

_____, 「조선후기 군영악대의 형성과 전개 연구」, 성남: 한국학중앙연구원 한국학대학원 박사학위논문, 2003.

이숭녕, 「이수신편해제」, 『理藪新編』, 서울: 아세아문화사, 1975.

이영춘, 「세종대의 제도 문물정비」, 『세종시대의 문화』, 성남: 한국정신문화연구원, 태학사, 2001.

이왕무, 「조선후기 국왕의 능행연구」, 성남: 한국학중앙연구원 한국학대학원 박사학위논문, 2008.

이종묵, 「황윤석의 문학과 『이재난고』의 문학적 가치」, 『『이재난고』로 보는 조선 지식인의 생활사』, 성남: 한국학중앙연구원, 2007.

이지양, 「18세기의 古樂論과 今樂論」, 『한예종논문집』 2, 서울: 한국예술종합학교, 1999.

_____, 「黃胤錫의 書籍 筆寫 및 購入으로 본 京鄕 간의 知識 動向 : 1768년~1771년까지의 한양 생활을 중심으로」, 『韓國漢文學研究』, 제53집, 한국한문학회, 2014.

이혜구, 「正樂의 槪念」, 『한국음악사학보』 제11집, 서울: 한국음악사학회, 1993.

임미선, 「음악학적 측면에서 본 『이재난고』의 사료적 가치」, 『한국음악연구』 제44집, 서울: 한국국악학회, 2008.

_____, 「『유예지』에 나타난 19세기초 음악의 향유 양상」, 『18세기 조선지식인의 문화의식』, 한국학연구소, 서울: 한양대출판부, 2001.

_____, 「조선후기 지방의 연향」, 『한국음악연구』 제46집, 서울: 한국국악학회, 2009.

임수철, 「거문고의 악도」, 『인문과학연구』 32집, 강원: 인문과학연구소, 2012.

은석민, 「候氣法에 대한 연구」, 한국의사학회지 19권 2호, 2006.

전경원, 「「소상팔경」 한시의 함의와 정서적 기여-평사낙안을 대상으로-」, 『겨레어문학』 27집, 서울: 겨레어문학회, 2001.

전지영, 「조선시대 문인의 음악 담론 연구」, 성남: 한국학중앙연구원 한국학대학원 박사학위논문, 2006.

정 민, 「18세기 조선 지식인의 '癖'과 '癡' 추구 경향」, 『18세기 연구』 제5, 6호, 2002.

정성희, 「조선후기 서양과학의 수용」, 『『이재난고』로 보는 조선지식인의 생활사』, 성남: 한국학중앙연구원, 2007.

정소연, 「황윤석의 〈목주잡가〉에 나타난 시(詩)지향성의 시조사적 조명 : 18세기 시조의 시(詩)지향성 발견을 중심으로」, 『고전 문학과 교육』, 제28집, 한국고전문학교육학회, 2014.

정수환, 「18세기 황윤석의 매매정보 수집과 소유권으로서의 매매명문 활용」, 『民族文化論叢』, 제52집, 영남대학교민족문화연구소, 2012.

정우락, 「조선시대 선비들의 풍류방식과 문화공간 만들기」, 『퇴계학논집』 제15호, 서울: 퇴계학연구원, 2014.

조성산, 「18세기 洛論系의 『磻溪隧錄』 인식과 洪啓禧 經世論의 思想的 基盤」, 『조선시대사학보』 제30집, 서울: 조선시대사학회, 2004.

조유미, 「금도의 전통적 개념과 현대적 해석」, 『음악과 문화』 제21호, 서울: 세계음악학회, 2009.

조준호, 「경기지역 서원의 정치적 성격-석실서원으로 중심으로-」, 『국학연구』 제11집, 안동: 한국국학진흥원, 2007.

_____, 「조선후기 노론의 정치사상과 경세론」, 『한국유학사상대계』 정치사상편, 안동: 한국 국학진흥원, 2007.

조희영, 「『율려신서』에 나타난 圖書·象數理論」, 서울: 한중철학회 정기학술발표회, 2009.

지두환, 「경연과목의 변천과 진경시대의 성리학」, 『우리 문화의 황금기진경시대』 I, 돌베개, 1998.

천기철, 「이재 황윤석의 서학 인식과 특징」, 『동양한문학연구』, 27권, 부산: 동양한문학회, 2008.

최덕경, 「戰國・秦漢시대 도량형제의 정치사적 의미와 그 변천」, 『釜山史學』 제23집, 부산: 부산사학회, 1999.

최범호, 「『이재난고』를 통해 본 황윤석의 한국 고대사 서술 유형 분석」, 『全北史學』, 제40호, 全北史學會, 2012.

최영성, 「頤齋 黃胤錫의 학문 본령과 성리학적 경세관」, 『溫知論叢』, 제43집, 溫知學會, 2015.

_____, 「황윤석 실학의 특성과 상수학적 기반」, 『이재 황윤석의 학문과 사상』, 서울: 경인문화사, 2009.

최전승, 이재 황윤석의 「화음방언자의해」와 『이수신편』등에 반영된 어휘 연구의 성격」, 『이재 황윤석-영・정시대의 호남실학』, 서울: 민음사, 1999.

하우봉, 「이재 황윤석의 사상과 사회개혁론」, 『건지인문학』, 제14집, 전북대학교 인문학연구소, 2015.

_____, 「이재 황윤석의 사회사상」, 『이재 황윤석-영・정시대의 호남실학-』, 서울: 민음사, 1994.

한명희, 「거문고 음악의 精神性에 대한 再吟味」, 『국악원논문집』 제10집, 서울: 국립국악원, 1998.

한영호, 「서양 기하학의 조선 전래와 홍대용의 『주해수용』」, 『역사학보』 제170집, 서울: 역사학회, 2001.

허남진, 「이재 황윤석의 서양과학 수용과 전통학문의 변용」, 『철학사상』, 서울: 서울대학교 철학사상연구소, 2003.

찾아보기

● 저자소개

성영애
동아대학교 농생물학과 졸업
부산대학교 대학원 음악학석사
한국학중앙연구원 한국학대학원 문학박사
현 숭실대학교 한국문학과 예술연구소 연구원

주요논문
「白湖 尹鑴의 北伐論에 대한 心性史的 탐구−庶兄 尹鍈의 자료를 통해서−」(2005)
「『律呂新書』에 대한 黃胤錫의 見解−『頤齋亂藁』를 중심으로−」(2010)
「黃胤錫의 音樂觀」(2012) 등

숭 실 대 학 교
한국문예연구소
학 술 총 서 ㊿

황윤석의 학문과 음악

1판 1쇄 발행 2016년 9월 30일
1판 2쇄 인쇄 2017년 7월 20일
1판 2쇄 발행 2017년 7월 28일

지 은 이 | 성영애
펴 낸 이 | 하운근
펴 낸 곳 | 學古房

주   소 | 경기도 고양시 덕양구 통일로 140 삼송테크노밸리 A동 B224
전   화 | (02)353-9908 편집부(02)356-9903
팩   스 | (02)6959-8234
홈페이지 | http://hakgobang.co.kr/
전자우편 | hakgobang@naver.com, hakgobang@chol.com
등록번호 | 제311-1994-000001호

ISBN   978-89-6071-615-5   94670
        978-89-6071-160-0 (세트)

값 : 23,000원

이 도서의 국립중앙도서관 출판예정도서목록(CIP)은 서지정보유통지원시스템 홈페이지(http://
seoji.nl.go.kr)와 국가자료공동목록시스템(http://www.nl.go.kr/kolisnet)에서 이용하실 수 있습니다.
(CIP제어번호 : CIP2016023117)

■ 파본은 교환해 드립니다.